10대를 위한

1일
1페이지
논어 論語
50

10대를 위한

1일 1페이지 논어 50 論語

최종엽 지음

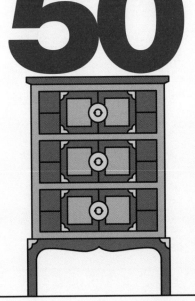

리더가 되고 싶다면
논어부터

"지금 하고 있는 공부도 힘든데 『논어』까지 알아야 할까요?"

"부모인 나도 잘 모르는데 아이에게 도움이 될까요?"

청소년은 뜻을 세우는 나이지만 질문을 해야 하는 나이기도 합니다. 대학생이 되고 나면 중학교 때 무엇을 열심히 해야 좋을지 깨닫습니다. 그러니 무엇을 하면 좋을지 모르는 청소년이라면 대학생 형이나 누나 혹은 부모님이나 선생님께 한 번쯤 진지하게 물어야 합니다. 건성으로 대답해줄 인생 선배는 없을 것입니다.

그냥 열심히 하라고밖에 해줄 말이 없는 인생 선배들은 긴장해야합니다. 대답에 따라 한 사람의 소중한 삶이 달라질 수 있기 때문입니다. 한 사람의 미래가 바뀔 수도 있기 때문입니다.

어떻게 해야 하지, 어떻게 해야 할까

6년이 60년을 좌우합니다. 중고등학교 6년은 20세부터 80세까지의 60년을 좌우합니다. 60년 인생의 질이 청소년기 6년에 비례하는 나라에 살고 있습니다.

그러니 현재의 1년을 대충 보내면 미래의 10년이 힘들어집니다. 현재의 1년을 힘들게 살아내면 미래의 10년이 편안해집니다. 청소년기를 어떻게 보내는가에 따라 미래 60년의 경제, 권력, 시간, 자유가 결정됩니다.

현재의 자유가 미래의 시간 억압을 가져올지도 모릅니다. 아이의 질문이 미래를 정하고 부모의 대답이 미래를 만듭니다.

공부가 힘들지 않은 사람은 없습니다. 성적이 좋아도 나빠도 고민과 걱정이 많습니다. 세상이 그렇습니다. 학생은 학생이라 어렵고, 부모는 부모라 어렵고, 선생님은 선생님이라 어렵습니다. 공부가 재능일 수도 기술일 수도 있지만, 공부는 여지하(如之何) 정신에 달려 있다고 해도 과언이 아닙니다.

'어찌해야 할까?' 어려움 속에서도 누군가는 어려움을 풀어내려 하고 방법을 찾아보려 애쓰고 있습니다. 궁리에 궁리를 더하며 해결책을 찾아내려 노력하고 있습니다.

공자조차도 스스로 방법을 찾으려고 궁리하지 않으면 누군가 옆에서 아무리 도와주고 싶어도 어찌할 방도가 없다고 했습니다.

그러니 중요한 건 방법이 아니라 문제를 바라보는 '마음'입니다. '정말 어떻게 하지? 어떻게 해야 하지?'를 반복했던 게 공자의 방법이었습니다.

학교와 친구가 필요한 이유

학교는 친구를 사귀고 친구가 되고 친구를 만드는 곳입니다. 학교는 협동을 배우고 타인과 어울려 사는 방법을 배우는 곳입니다. 학교는 연대를 배우고 인성을 배우고 심신을 수련하는 곳입니다. 코로나 시기를 겪으면서 학교는 그저 단순한 지식 충전소가 아님을 증명했습니다.

우리 아이가 예쁘면 다른 아이도 예쁘다는 걸 알아야 어울려 살수 있습니다. 학교에서 우리 아이만 선생님께 특별한 관심을 받아야 한다고 생각하는 순간 우리 아이는 어울려 사는 방식을 배울 기회를 놓칠 것입니다. 세상에 나보다 못한 사람은 없다는 겸손한 마음을 갖는다면 세상 사람 모두가 스승이 될 수 있습니다.

그중 선한 자에게선 선함을 배우고 선하지 못한 사람을 보면 나를 고치면 된다고 생각하는 게 공자의 방법이었습니다.

『논어』는 단 하나지만 『논어』 해석서는 수없이 나왔습니다. 2천 년 이상을 내려오면서 수많은 사람이 당대에 맞게 『논어』를 해석하면서 읽었습니다.

한나라에는 한나라의 『논어』가, 송나라에는 송나라의 『논어』가, 조선에는 조선의 『논어』가 있었습니다. 퇴계 이황 선생도, 율곡 이이 선생도, 다산 정약용 선생도 『논어』를 당대에 맞게 해석했습니다.

지금도 수많은 학자와 작가들이 자신만의 시각에서 『논어』를 읽고 해석하고 또 적용하고 있습니다.

『논어』는 하나지만 정치가의 『논어』가 있고, 경영자의 『논어』가 있고, 예술가의 『논어』가 있는 것입니다. 그러니 50대를 위한 『논어』가 필요하고, 청소년을 위한 『논어』가 필요합니다.

그런데 『논어』는 누구에게나 어색하게 다가옵니다. 말도 안 되는 억지를 부리며 찾아오기도 합니다. 저 역시 한때 『논어』는 아무것도 아니었습니다. 작은 관심조차 없었습니다.

주변의 어느 누구도 『논어』를 말하지 않았습니다. 『논어』 없이도 삶에 아무런 문제가 없었습니다. 나이를 조금 먹은 저도 그러니 청소년에게 『논어』는 더 말할 여지가 없을 것 같습니다.

하지만 변화 속에서도 변하지 않는 게 있습니다. 사랑할 때 느끼는 감정, 용서할 때 느끼는 마음, 이해할 때 느끼는 안정 같은 것입니다. 부모 자식 간의 사랑과 갈등, 조직 내의 갈등과 이해, 삶과 죽음의 문제, 인생의 크고 작은 근심 걱정과 해결에 관한 문제들은 지금이나 2천 년 전이나 다르지 않습니다.

『논어』는 공자가 거창한 걸 말하려고 만든 책이 아닙니다. 현실과 동떨어진 별나라 꿈동산을 말하려는 게 아닙니다.

'어떻게 하면 공부를 잘할 수 있을까?' '리더다운 리더로 성장할 수 있을까?' '서로 마음 상하지 않고 웃으면서 평화롭게 잘 살아갈 수 있을까?' 등에 관한 지혜가 담겨 있는 이야기입니다.

『논어』에는 리더에 대한 구체적인 가르침이 100번 넘게 반복됩니다. 리더의 조건, 리더의 자격, 리더의 학습, 리더의 태도, 리더의 품성, 리더가 되는 3단계, 리더의 말, 리더의 행동 등 그동안 출간된 그 어떤 리더에 관한 책보다 풍부하면서도 핵심을 찌르는 기준과 방법이 들어 있습니다. 그러니 미래 세대의 리더가 될 청소년들은 변하지 않는 기준을 알아야 할 것입니다.

논어가 건네는 50가지 삶의 정석

동양 최고의 인문 고전 『논어』가 고민하는 청소년에게 보내는 50가지 삶의 정석입니다. 기준이 모호할 때 찾아보면 마음을 굳힐 수 있는 50가지 이야기입니다.

2천 년을 내려오며 수많은 사람에게 긍정적인 영향을 준 인생의 정석과 다름 아니었던 『논어』 50개 어구를 찾아 청소년의 눈높이에 맞게 풀어냈습니다.

가난, 경계, 과정, 거울, 건강, 궁리, 균형, 긍정, 기반, 기준, 기회, 끈기, 능력, 맹목, 목표, 미움, 반복, 발전, 배움, 변화, 분노, 비전, 사람, 생각, 선택, 성찰, 순리, 시기, 신뢰, 실수, 실천, 역할, 우애, 유익, 의지, 이익, 인생, 일상, 자세, 자중, 잘못, 준비, 지식, 추구, 친구, 평형, 평계, 학문, 행동, 행복의 소주제를 '선택' '변화' '학습' '기회' '도전'으로 구분했습니다.

들어가며

리더가 되고 싶다면 논어부터   4

1강
중요한 건 뜻과 목표가 명확한지다 │ 선택

목표 │ 청소년이 건네는 최초의 인생 질문		16
의지 │ 중요한 건 뜻과 목표가 있는지다		24
균형 │ 겉과 속이 조화를 이뤄야 할 때		31
준비 │ 나라는 연장을 예리하게 가는 시기		37
가난 │ 젊어서 고생은 사서도 한다는 말		43
건강 │ 건강이야말로 최우선이어야 한다		49
우애 │ 우애 있는 사람이 월등히 앞선다		57
기반 │ 그림은 흰 바탕 위에서 시작된다		64
유익 │ 세상에서 가장 유익한 3가지 일		71
과정 │ 모두 같은 길을 가는 건 아니다		80

2강

잘못을 고치지 않는 게 잘못이다 | 변화

변화 ┃ 우리 모두는 리더여야 한다   88

성찰 ┃ 원망할 것이냐 해결할 것이냐   96

생각 ┃ 흔들리는 마음을 다잡아주는 것들   102

잘못 ┃ 잘못을 고치지 않는 게 잘못이다   111

반복 ┃ 반복적인 연습이 인생을 바꾼다   117

행동 ┃ 말이 행동을 넘어설 때 부끄럽다   125

실수 ┃ 같은 실수를 저지르지 않으려면   131

능력 ┃ 당당히 일어설 수 있는 능력을 키워라   137

미움 ┃ 청소년기에는 잘못을 고칠 수 있다   144

인생 ┃ 바라지 않는 걸 타인에게 바라지 마라   150

3강

생각 없는 공부는 끝이 허무하다 | 학습

시기 ┃ 마냥 흐르는 시간을 잘 보내는 법   158

배움 ┃ 배우고 익히니 기쁠 수밖에 없다   165

선택 ┃ 생각 없는 공부는 끝이 허무하다   171

이익 ┃ 청소년기에 해야 할 10가지 일   178

자세 │ 배운 걸 잃을까 봐 두려운 마음으로   184

자중 │ 말과 행동을 신중하게 한다는 것   190

지식 │ 모르는 걸 모른다고 말하는 용기   196

실천 │ 가르침을 실천해 보려는 마음가짐   202

일상 │ 나를 만드는 매일의 반성 3가지   208

거울 │ 나부터 좋은 사람이 되어야겠다   214

4강
누구에게나 기회는 찾아온다 │ 기회

기회 │ 열매를 맺는 사람이 되어야 한다   222

역할 │ 스승은 스승답고 학생은 학생다워야 한다   228

경계 │ 젊어서 경계해야 할 3가지 일   233

맹목 │ 맹목적이지 않고 목적이 분명한 공부   241

학문 │ 다시 배울 줄 알아야 한다   247

분노 │ 스스로를 조절하고 다스리는 법   254

사람 │ 사람을 알고 사랑한다는 것   260

신뢰 │ 신뢰가 없다면 더 볼 것도 없다   266

친구 │ 청소년기에 사귀었으면 하는 친구들   273

발전 │ 어제보다 더 나은 내일이 되기 위해   280

5강
간절하다면 문제될 게 없다 | 도전

긍정 | 역부족을 이기는 징검다리 전략   288

끈기 | 포기도 성취도 내가 하는 것   296

궁리 | 어떻게 해야 하지, 어떻게 해야 할까   303

순리 | 어려운 일을 먼저 하는 지혜   309

핑계 | 간절하다면 문제될 게 없다   315

기준 | 인생이 모호할 때 필요한 기준 2가지   321

행복 | 즐거움이 좋아함을 이긴다는 진리   327

평형 | 일과 학습, 그리고 직업과 공부   333

비전 | 결국 좋아하는 걸 따라야 하는 이유   340

추구 | 올바른 방법만이 정답이다   346

나가며

10대에 논어를 접해야 하는 이유   353

논어 원문   358

1강

중요한건
뜻과
목표가
명확한지다

선택

청소년이 건네는 최초의 인생 질문

공자께서 말씀하셨다.
"나는 열다섯에 학문에 뜻을 두었고,
서른에 일어섰으며, 마흔에는 흔들림이 없었고,
쉰에는 천명을 알았으며, 예순에는 귀가 순해졌고,
일흔에는 마음이 하고자 하는 대로 따라도 법도를 넘지 않았다."

_「위정」 4장

子曰	자왈
吾十有五而志于學	오십유오이지우학
三十而立 四十而不惑	삼십이립 사십이불혹
五十而知天命 六十而耳順	오십이지천명 육십이이순
七十而從心所欲不踰矩	칠십이종심소욕불유구

子	曰
아들 자	가로 왈

吾	十	有	五	而	志	于	學
나 오	열 십	있을 유	다섯 오	말이을 이	뜻 지	어조사 우	배울 학

三	十	而	立	四	十	而	不	惑
석 삼	열 십	말이을 이	설 립	넉 사	열 십	말이을 이	아닐 불	미혹할 혹

五	十	而	知	天	命	六	十	而	耳
다섯 오	열 십	말이을 이	알 지	하늘 천	목숨 명	여섯 육	열 십	말이을 이	귀 이

順	七	十	而	從	心	所	欲	不	踰
순할 순	일곱 칠	열 십	말이을 이	따를 종	마음 심	바 소	하고자할 욕	아닐 불	넘을 유

矩
법도 구

‧
‧
‧

'지금까지의 인생을 한두 단어로 말해 보라'는 질문을 받았다고 가정해봅니다. 나이 열다섯 혹은 열여덟 인생에서 가장 중요하게 생각하는 단어를 떠올려봅니다.

청소년을 자녀로 둔 40대 혹은 50대 학부모가 누군가로부터 '지금까지의 인생을 서너 단어로 말해 보라'는 질문을 받았다고 가정해봅니다. 대나무 마디처럼 10대, 20대, 30대, 40대의 자신을 상징할 수 있는 네 단어를 말해 보라는 질문, 누구에게나 적용되는 공통의 단어가 아닌 자신을 가장 잘 대변할 수 있는 단어를 떠올려봅니다.

어떤 학생은 시험이 떠오를지 모르겠습니다. 성적, 대학, 학교, 친구, 아이돌, 축구, 연주, 과외, 새벽, 부모님, 선생님, 늦잠, 휴일, 여행, 피곤, 재미, 꿈, 노력, 목표, 독서가 떠오를지도 모릅니다.

어떤 학부모는 졸업, 취업, 대리, 과장이 떠오를지 모르겠습니다. 고교, 대학, 전공, 승진, 전직, 유학, 박사, 교수, 임용, 주무관, 사무관이 떠오를지도 모릅니다.

학생도 학부모도 자녀도 부모도 금방 대답하기 쉽지 않습니다. 인생을 한두 단어 혹은 서너 단어로 말하기란 쉬운 일은 아닙니다.

인생을 정리하는 여섯 문장

　73년 파란만장했던 인생을 여섯 문장으로 깔끔하게 정리한 사람이 있습니다. 마흔 글자로 여섯 문장을 만들어 자신의 삶을 명료하게 정의했습니다. 바로 공자(孔子)입니다. 공자의 문장은 수많은 사람에게 인생의 기준이 되기도 했습니다.

> 나는 열다섯에 학문에 뜻을 두었고, 서른에 일어섰으며, 마흔에는 흔들림이 없었고, 쉰에는 천명을 알았으며, 예순에는 귀가 순해졌고, 일흔에는 마음이 하고자 하는 대로 따라도 법도를 넘지 않았다.

　저는 『논어』의 이 어구를 10대 중반 중학생일 때 처음 접했습니다. 하지만 그때는 전혀 이해할 수 없었습니다. 여섯 문장 중 가장 먼저 등장하는 '열다섯에 학문에 뜻을 두었다'라는 지우학(志于學)조차도 도대체 무슨 의미인지 가름하기 어려웠습니다.

　학생인데 당연히 배움에 뜻을 두는 게 아닌가? 새삼스럽게 배움에 뜻을 뒀다고 하니 도대체 무슨 말인가? '공부 열심히 하라는 말이겠지'라고만 생각했습니다. 그리고는 골치 아픈 '공자님 말씀'은 저와는 아무런 상관 없는 명언으로만 남아 잊혀 갔습니다.

사마천이 기록한 공자의 인생

공자의 일생을 처음으로 연구하고 기록한 사람은 한(漢)나라 사람 사마천(司馬遷)이었습니다. 사마천은 기원전 100년 즈음에 활동했던 동양 최고의 역사학자로 『사기(史記)』의 저자입니다.

『사기』는 중국 상고 시대 황제 때부터 한무제 때까지의 중국과 주변 민족의 역사를 포괄해 저술한 책입니다. 인문 역사 선생님들이 수업 시간에 해주신 옛날이야기의 단골 메뉴가 바로 『사기』라 할 만큼 재밌고 교훈적인 이야기가 무궁무진합니다.

『사기』에는 공자와 관련된 두 편의 중요한 자료도 들어 있습니다. 공자의 일생을 기록한 「공자세가(孔子世家)」와 공자의 제자 일흔두 명 행적을 기록한 「중니제자열전(仲尼弟子列傳)」입니다.

『사기』 「공자세가」에서 사마천이 기록한 공자의 인생을 요약하면 다음과 같습니다.

공자는 가난하고 비천했다. 첫 번째 직업은 창고지기였다. 30대 중반에 제나라와 주나라를 다녀왔다. 50대 초반에 관직을 시작해 대사구가 되었다. 55세부터 천하를 주유한 후 68세에 돌아왔다. 『춘추』를 쓰고 73세에 죽었다.

공자의 이름은 구(丘), 자(字)는 중니(仲尼)입니다. 공자(孔子)는 존칭입니다. 공자는 어려서 가난하고 비천했습니다. 10대 후반에 결혼했고 초기 직업은 노나라 대부의 창고지기와 가축을 기르는 축사지기였습니다. 30대에 주나라와 제나라를 다녀왔습니다. 40대는 특별한 기록이 없고, 50대가 되어 비로소 조국 노나라에서 관직 생활을 시작해 54세쯤에는 대사구(大司寇, 지금의 법무부 장관)가 되었지만 55세에 노나라를 떠납니다.

그로부터 14년 동안 일곱 개 나라를 돌아다니면서 자신의 정치사상을 실현해보려 노력했지만, 뜻을 이루지 못한 채 68세에 노나라로 돌아와 노나라 역사책『춘추(春秋)』를 쓰고 73세에 죽었습니다. 사마천이 본 공자의 모습입니다. 겉으로 보인 공자의 삶은 화려하지도 고귀하지도 않았습니다.

그런데 공자 스스로는 이렇게 말했습니다.

나는 열다섯에 학문에 뜻을 두었고, 서른에 일어섰으며, 마흔에는 흔들림이 없었고, 쉰에는 천명을 알았으며, 예순에는 귀가 순해졌고, 일흔에는 마음이 하고자 하는 대로 따라도 법도를 넘지 않았다.

'나는 열다섯에 공부를 결심해 서른에 학문적, 가정적, 사회적으로 일어섰으며, 마흔에는 사람을 제대로 볼 줄 아는 지혜를 갖게 되어 사람에 휘둘리지 않을 수 있었고, 쉰에는 함께 잘 살아가는 나라를 만들고자 관리로서의 소명을 실천했고, 예순에는 타인이 뭐라 하든 이해할 수 있었으며, 일흔에는 스스로 원하는 대로 살아도 세상의 규범 안에 있었다.'고 말입니다.

공자 스스로가 쓴 인생 이력서입니다.

최초의 인생 질문을 건네는 청소년에게

어렵고 힘든 유년기를 보냈기에 공자 스스로 열다섯 나이에 열심히 공부하기로 결심할 수도 있지만, 누군가로부터 조언을 들었을 수도 있습니다. 스스로 정했다면 대단한 일이지만 누군가의 조언을 듣고 결심했다고 해도 대단한 일이 아닐 수 없습니다.

선생님의 조언, 부모님의 조언, 책의 조언이 필요한 시기가 바로 청소년기가 아닐까 생각합니다. 그러니 선생님, 부모님은 "그냥 열심히 해라"가 아닌 열심히 할 그 무엇을 정하는 데 도움을 주고 기준도 함께 줄 수 있어야 합니다.

대개 대학생쯤 되면 중학생 때 무엇을 열심히 했어야 좋을지 알고 있습니다. 중고등학생 자식을 키우는 학부모가 되면 중학생일 때 혹은 고등학생일 때 집중해야 할 일 한 가지 정도는 알고 있습니다.

그러니 무엇을 할지 무엇을 정해야 좋을지 모르는 청소년이라면 대학생 형이나 삼촌, 부모님이나 선생님께 한 번쯤은 물어봐야 합니다. 인생에 관한 가장 중요한 질문을 건네는 10대 청소년에게 건성으로 대답해줄 대학생 형이나 누나는 거의 없을 겁니다. 건성으로 대답해줄 부모님이나 선생님 또한 거의 없을 겁니다.

10대는 뜻을 세우는 나이기도 하지만 질문을 해야 하는 나이기도 합니다. 최초의 인생 질문을 누구에게 하느냐에 따라 길이 갈릴 수 있습니다. 최초의 인생 질문을 어떻게 하느냐에 따라 인생이 갈릴 수 있습니다.

중요한 건 뜻과 목표가 있는지다

공자께서 말씀하셨다.
"삼군의 장수는 빼앗을 수 있으나,
필부에게서 그 뜻을 빼앗을 순 없다."
_「자한」 25장

子曰	자왈
三軍可奪帥也	삼군가탈수야
匹夫不可奪志也	필부불가탈지야

子	曰				
아들 **자**	가로 **왈**				
三	軍	可	奪	帥	也
석 **삼**	군사 **군**	옳을 **가**	빼앗을 **탈**	장수 **수**	어조사 **야**
匹	夫	不	可	奪	志	也
짝 **필**	지아비 **부**	아닐 **불**	옳을 **가**	빼앗을 **탈**	뜻 **지**	어조사 **야**

'지우학'을 열다섯 살 때 스스로 정의하기란 쉬운 일이 아닙니다. 물론 전혀 불가능한 일도 아니겠지만 중학생이 학문에 뜻을 두기란 결코 만만한 일이 아닙니다. 부모님의 성화에, 선생님의 독촉에 따라가기도 벅찬 현실에서 자진해 공부를 열심히 하겠다고 결심한다는 건 너무나도 어려운 일입니다.

그러니 일생 배움으로 인생의 뚜렷한 목표를 달성하겠다고 결의할 수 있다면 공자의 10대와 흡사하다고 생각해도 무방할 것입니다. 당시 열다섯 나이의 공자를 보면서 그가 동양 최고의 성인이 될 거라고 생각할 수 있는 사람은 거의 없었을 테니까요. 단지 가난하고 비천했던 아이에 불과했기에 더욱 그렇습니다.

가난하고 천했던 그를 대단하다고 여기는 사람은 없었지만, 공자 스스로는 열다섯 살에 학문을 뜻을 두고 공부에 집중하기로 굳은 결심을 했다고 말하고 있습니다. 동양 최고의 성인이라는 큰 결과는 가슴속의 작은 뜻으로부터 시작되었음을 70세가 넘은 공자는 말하고 있습니다.

장수보다 강력한 필부의 뜻

공자는 열다섯 살에 공부로 뜻을 세웠지만, 학문으로 일어서기까지는 그로부터 15년이 지난 30세 무렵이었습니다. 공자는 서른 즈음에 학문적으로 독립했습니다. 물론 가정적으로나 사회적으로 독립했다는 뜻이기도 합니다.

공자는 열아홉 살에 결혼해 가정을 이뤘고, 서른부터는 제자를 가르치기 시작했다는 기록을 보면 학문적 독립과 더불어 경제적 여건도 어느 정도 가능해졌다는 걸 알 수 있습니다. 열다섯 때 학문에 뜻을 두었다는 지우학의 결심을 공자는 이렇게도 설명합니다.

삼군의 장수는 빼앗을 수 있으나, 필부에게서 그 뜻을 빼앗을 순 없다.

'삼군을 통솔하는 장수의 목은 벨 수 있어도, 필부의 가슴에 품은 간절한 뜻은 빼앗을 수 없다. 전쟁터에서 상대편 장수의 목을 벨 수는 있어도, 가슴에 새긴 뜻이 굳건하다면 아무리 평범한 사람이라 해도 빼앗기 어렵다'고 말입니다. 사회적인 지위나 권력이 중요한 게 아니라 얼마나 간절한 뜻을 담고 있느냐가 더 중요하다는 걸 빗대어 말하고 있습니다.

춘추시대 당시의 삼군은 좌군, 우군, 중군입니다. 그 우두머리 장수를 수(帥)라고 합니다. 삼군은 당시 제후국의 군주가 거느릴 수 있는 병력 규모로 1군은 약 12,500명이었다고 하니 3만 7천여 명의 군사를 통솔하는 수장은 대단한 힘을 가졌을 것입니다. 그에 반해 필부는 신분이 낮거나 경제적인 능력이 없는 보잘것없는 사람을 뜻합니다.

뜻을 둔다는 의미는 무엇일까요? 학생으로서 배움에 뜻을 두지 않은 청소년은 거의 없겠지만 뜻을 세운다는 게 현실적으로 애매하기도 합니다. 뜻을 세웠다고 보기도 애매하고 뜻이 전혀 없지도 않기에 그런 경우가 많습니다.

어떤 학생은 초등학교 때 관심 분야를 정하고, 어떤 학생은 중학생이 된 후에 정하며, 고등학생이 된 후에 정하기도 합니다. 늦고 빠름은 중요하지 않습니다. 중요한 건 간절함의 정도입니다.

고등학교 졸업 전에만 하고 싶은 분야를 정해도 늦지 않습니다. 공자처럼 열다섯에 정한다면 더할 나위 없이 좋겠지만 그렇지 않아도 큰 문제는 없습니다.

시간은 두 가지 특성이 갖고 있습니다. 하나는 소비의 시간, 다른 하나는 축적의 시간입니다. 그 기준은 뜻을 두었는가, 목표를 세웠는가, 간절한 꿈을 가지고 있는가에 달려 있습니다.

뜻과 목표가 없다면 시간은 안개처럼 사라지고 맙니다. 뜻과 목표가 정확하지 않다면 아무리 긴 시간을 보내도 남는 건 별로 없게 됩니다. 그 긴 시간이 무용지물이 되고 맙니다.

그러니 중요한 건 시간이 많고 적음의 문제가 아니라 목표가 있는지 없는지입니다. 목표가 간절하다면 장수 목도 벨 정도로 강력한 힘을 가지고 있지만, 목표가 없다면 풀 한 포기도 베기 어려운 게 시간의 힘이기 때문입니다.

뜻을 모아 목표까지

"나비의 한 종류인데 수컷보다 암컷의 개체 수가 훨씬 적은 나방이 있어. 생물학자들이 실험해봤는데 암컷 나방 한 마리를 가지고 있으면 밤에 수컷들이 암컷을 찾아서 날아왔대. 심지어 몇 시간씩 걸려서, 수 킬로미터 떨어져 있는 수컷들이 부근의 유일한 암컷을 알아차렸던 거야. 사람들이 그 사실을 설명해 보려고 노력했지만 어려운 문제였어. 뛰어난 후각을 가지고 있었다고 추측했지만, 수컷과 암컷의 개체 수가 비슷했다면 그렇게 예민한 후각을 갖게 되진 않았을 거야. 사람도 마찬가지야. 자신의 모든 의지력을 하나의 목표에 모으면 성취해낼 수 있어."

헤르만 헤세의 소설 『데미안』에서 데미안이 힘들어하는 주인공 싱클레어에게 '목표'에 대해 했던 말입니다. 『데미안』은 헤세가 마흔이 넘어 쓴 자전적 소설입니다.

서른에 비로소 일어선 공자

요즘도 다르지 않습니다. 열다섯에 뜻을 세워 마음의 각오를 다진 후에도 15년은 더 공부해야만 학문적, 가정적, 경제적 독립을 이룰 수 있습니다.

전공 분야에서 학문적으로 독자적인 연구나 목소리를 내는 데 박사 정도의 학력이 필요하다고 한다면 중학교(3년), 고등학교(3년), 대학교(4년), 석사(2년), 박사(3년)까지 족히 15년은 소요됩니다.

경제적인 독립을 위해서도 그만큼의 시간이 필요합니다. 고등학교(3년), 대학교(4년), 취업 후 사원(4년)이 지나 대리 정도는 되어야 업무적으로 독립하고 경제적으로도 독립할 수 있습니다.

열다섯에 뜻을 세워도 15년이나 더 걸리는데 뜻을 세우지 않는다면 독립하는 데까지 15년이 아니라 30년, 60년이 걸릴 수도 있을 것입니다.

말은 쉬워도 학문적, 가정적, 경제적으로 독립다운 독립을 하는 게 절대 쉬운 일이 아닙니다. 안타까운 일이지만 마흔다섯 살이 되어도 독립다운 독립을 하지 못하는 경우가 적지 않습니다. 60세가 되어도 마찬가지입니다.

공자는 자신의 인생을 사원-대리-과장-부장-퇴직과 같은 형태의 단어를 쓰지 않았습니다. 창고지기, 축사 지기, 중도재, 사구, 대사구, 주유천하, 춘추라는 말도 사용하지 않았습니다. 지우학, 이립,

불혹, 지천명, 이순, 종심이라는 아리송한 여섯 단어를 들었습니다.

그렇지만 공자의 정의를 이해하지 못한다고 해서 실망할 필요는 없습니다. 공자도 70세가 넘어 이 말을 했습니다. 70여 년을 살아보고 난 뒤 수천수만의 단어 속에서 찾아낸 단어입니다.

겉과 속이 조화를 이뤄야 할 때

공자께서 말씀하셨다.
"내면의 바탕이 외면의 꾸밈을 이기면 거칠고,
외면의 꾸밈이 내면의 바탕을 이기면 번지르르하다.
꾸밈과 바탕이 조화를 이룬 뒤에야 군자라고 할 수 있다."

_「옹야」 16장

子曰	자왈
質勝文則野 文勝質則史	질승문즉야 문승질즉사
文質彬彬 然後君子	문질빈빈 연후군자

子	曰
아들 자	가로 왈

質	勝	文	則	野	文	勝	質	則	史
바탕 질	이길 승	글월 문	곧 즉	들 야	글월 문	이길 승	바탕 질	곧 즉	사기 사

文	質	彬	彬	然	後	君	子
글월 문	바탕 질	빛날 빈	빛날 빈	그럴 연	뒤 후	임금 군	아들 자

글월 문(文)은 글, 문장 무늬, 채색, 조리, 현상, 외관, 꾸미다, 새기다의 의미.
바탕 질(質)은 바탕, 본질, 성질, 품성, 질박하다, 소박하다의 의미.

．
．
．

공부는 잘해도 인사조차 제대로 하지 못하는 학생이 있습니다. 명문대에서 좋은 성적으로 학위를 받아도 사람 노릇조차 제대로 하지 못하는 사람도 있습니다. 남들은 들어가기도 어려운 직장에서 높은 연봉을 받으면서도 대화 때마다 사람 속을 박박 긁어놓고 사과도 제대로 할 줄 모르는 직장인도 있습니다. 최고의 대학을 나와 최고의 자격증을 취득한 후 최강의 조직에 들어갔지만 욕심 채우기에만 급급한 엘리트도 있습니다. 겉으로는 멋져 보이지만 기본적인 관리조차 하지 못하는 리더도 있습니다.

'문질빈빈(文質彬彬)'이라는 말이 있습니다. 꾸밈과 바탕이 서로 조화롭게 어울림을 말합니다. 꾸밈은 겉을 의미하며 바탕은 속을 의미합니다. 겉과 속이 조화를 이룬 모양입니다.

내면의 바탕이 외면의 꾸밈을 이기면 거칠게 보이고, 외면의 꾸밈이 내면의 바탕을 이기면 사치스럽게 보입니다. 내면의 실력이나 지식이 출중해도 겉으로 드러나는 말투나 태도와 자세가 미치지 못하면 거칠거나 촌스럽고 천하게 보이기 쉽습니다.

역으로 유창한 언사와 말쑥한 차림을 해 겉으로는 반듯해 보여도 내면의 실력이나 행실이 미치지 못하면 말이나 행동에 실속은 없이 겉만 그럴듯하고 번지르르하게 보입니다.

그러니 겉과 속이 적절하게 조화를 이룬 뒤에야 군자라고 또 리더라고 할 수 있다고 공자께서 이른 것입니다.

공부는 멀리하며 몸치장에만 열중하는 학생도 있습니다. 변변치 못한 성적으로 간신히 학교를 졸업했으면서도 겉모습은 영화배우처럼 꾸미고 또 둘러대고 언변은 아나운서가 울고 갈 정도인 사람도 있습니다. 빈 수레가 요란합니다. 작은 돌덩이에도 덜컹덜컹 소리가 나기 때문입니다.

말만 번듯하게 하는 사람이 있습니다. 책임지지도 못할 약속을 보란 듯이 해대는 텅 빈 수레 같은 사람이 있습니다. 빛 좋은 개살구라는 말이 있습니다. 빛깔이 곱고 맛있어 보이지만 막상 한입 베어 물면 먹을 게 없는 과일을 의미합니다.

눈앞에선 몸 안의 쓸개까지 빼줄 듯 달콤하게 말하면서도 돌아서면 싸늘하게 무시하고 안하무인이 되는 사람도 적지 않습니다.

다가올 미래, 리더의 기준

다가올 미래에 나라와 사회를 짊어지고 나갈 리더는 어떤 기준에 합당한 사람이어야 할까요? 공자의 대답은 문질빈빈한 사람입니다. 문(文)과 질(質)이 잘 어우러진 사람을 가리킵니다.

겉과 속이 잘 어우러진 인재입니다. 지식과 인성을 골고루 갖춘 사람입니다. 말도 조리 있게 잘하지만, 논리적으로도 빈틈이 없는 사람입니다. 인사도 잘하면서 마음도 따뜻한 사람입니다. 공손한 모습을 보이면서도 당당한 사람입니다. 글을 잘 쓰면서도 이치에 합당한 바른 내용의 글을 쓰는 사람입니다.

공자께서 2,500년 전 문질빈빈을 말한 까닭은 무엇일까요? 그때도 그런 인재나 리더가 드물었기 때문입니다. 내면과 외면이 균형적으로 성숙한 군자를 찾기가 어려웠기 때문입니다. 아는 것도 별로 없으면서 겉만 번지르르한 사람들이 많았기 때문입니다. 간혹 내면의 바탕과 학문이 우수한 사람은 세상 밖으로 나와 시류를 타지 않았기 때문입니다.

2,500년 전 문질빈빈이 지금의 청소년에게 던지는 함의는 무엇일까요? 공부도 잘하면 좋겠지만, 공부만 잘하려고 다른 중요한 것을 포기한다면 좋은 결과를 내기 어렵습니다. 건강도 좋으면 좋겠지만, 건강만을 위해 다른 대부분을 포기하는 것 역시 좋은 결과를 내기 어렵습니다. 청소년기에는 공부가 전부라고 생각하기 쉬운 환경에 몰려 있지만, 공부가 전부는 아니라는 건 이미 모두가 알고 있는 상식입니다. 청소년기의 체력과 건강이 중요한 만큼 내면을 단단하게 하는 내적 강화도 중요합니다.

겉과 속이 조화를 이루는 청소년

청소년기야말로 문질빈빈, 즉 겉과 속이 조화를 이뤄야 하는 시기입니다.

튼튼한 체력, 밝은 인사, 바른 행동거지, 분명한 의사 표현, 깨끗하고 단정한 복장, 다양한 친구들과의 우정, 꾸준히 공부하는 모습 등이 바로 '문'입니다.

건강한 마음, 돈독한 실력, 이기적인 마음이 아닌 따뜻한 마음, 논리적인 지식, 꾸준한 독서, 친구를 이해하고 격려하는 품성, 좋은 성적과 지식의 함양 등이 바로 '질'입니다.

질은 바로 만들어지지 않습니다. 과정이 필요합니다, 시간이 필요합니다, 정성이 필요합니다. 다른 모든 걸 일시 멈춘 후 한 가지에만 집중한다고 해서 만들어지는 게 아니기 때문입니다.

말의 방법은 웅변이나 스피치 학원을 통하면 일시에 좋아질 수도 있지만, 말의 내용은 오랜 독서와 경험을 통해 만들어지는 이치와 같습니다.

인생에 너무도 중요한 친구 관계나 대인 관계 또한 마찬가지입니다. 과정과 정성과 시간이 필요합니다. 과정과 시간과 정성을 무시한 채 만들어진 관계는 오래가지도 유익하지도 즐겁지도 못할 것입니다.

명품의 조건은 문질빈빈

명품을 좋아하지 않는 사람은 많지 않을 것입니다. 명품은 성능과 외관이 모두 우수한 제품을 말합니다. 성능은 우수한데 겉모습이 매력적이지 못하면 사람들의 시선을 잡기 어렵습니다. 겉모습이 빼어나게 아름다워도 제품이 가지고 있는 고유한 기능이나 성능이 허접하면 사람들의 선택을 받기 어렵습니다. 고성능에 어울리는 멋진 디자인, 실용성과 아름다운 디자인에 어울리는 질 좋은 성능을 가진 제품이라야 명품 반열에 오를 수 있습니다.

아무리 좋은 자격을 인정받아도 자격을 제대로 쓸 수 있는 양심과 인품이 떨어진다면 사람들로부터 원망과 경멸의 대상이 되기 쉽습니다. 문은 준비가 잘 되었지만 질이 부족한 경우입니다. 아무리 멋진 자동차가 있어도 음주운전을 한다면 그 자동차는 자동차가 아니라 살인 흉기가 되는 이치와 비슷합니다. 겉모습은 그럴듯하게 보여도 속이 차지 않으면 겉모습은 거짓에 지나지 않습니다. 거짓을 가지고 세상을 이롭고 아름답게 만들 방법은 없습니다.

많은 사람에게 영향을 미치는 고위직이 되어서는 안 될 사람이 고위직의 리더 자리에 앉으면 불행한 일이 일어납니다. 문질빈빈하지 못한 사람이 리더의 자리에 있으면 자신은 물론 조직 전체가 위험해집니다. 인성을 갖추지 못한 사악한 사람이 자리를 꿰차고 있으면 인성 좋은 다수가 불행해집니다.

나라는 연장을 예리하게 가는 시기

자공이 인을 행하는 일에 관해 물었을 때 공자께서 말씀하셨다.
"기술자가 일을 잘하려면 반드시 먼저 연장을 갈아 놓아야 한다.
나라에서 잘 살고자 하면, 나라의 현명한 대부를 섬기고
나라의 어진 선비와 벗해야 한다."

_「위령공」 9장

子貢問爲仁 子曰	자공문위인 자왈
工欲善其事 必先利其器	공욕선기사 필선리기기
居是邦也 事其大夫之賢者	거시방야 사기대부지현자
友其士之仁者	우기사지인자

子	貢	問	爲	仁	子	曰			
아들 자	바칠 공	물을 문	할 위	어질 인	아들 자	가로 왈			
工	欲	善	其	事	必	先	利	其	器
장인 공	하고자할 욕	착할 선	그 기	일 사	반드시 필	먼저 선	이로울 리	그 기	그릇 기
居	是	邦	也	事	其	大	夫	之	賢
살 거	이 시	나라 방	어조사 야	모실 사	그 기	큰 대	아비 부	갈 지	어질 현
者	友	其	士	之	仁	者			
놈 자	벗 우	그 기	선비 사	갈 지	어질 인	놈 자			

「위령공」9장은 공자와 자공의 대화입니다. 자공(子貢)은 공자의 제자들 중 다섯 손가락 안에 뽑을 만큼 훌륭했습니다. 위(衛)나라 출신으로 성은 단목(端木), 이름은 사(賜)입니다. 자는 자공입니다. 공자보다 서른한 살이 적었습니다.

공문십철(孔門十哲)의 한 사람으로 언변과 외교술이 뛰어났습니다. 논리적인 언변으로 상업에 능해 노나라에서 제일가는 거부가 되기도 했습니다. 자공은 외교 무대에서 크게 활약했으며 노나라와 위나라에서 재상을 역임하기도 했습니다. 공자가 죽자 무덤 옆에 움막을 짓고 6년상을 치렀습니다. 『논어』에 등장하는 자공의 유명 어구로는 '절차탁마(切磋琢磨)'가 있습니다.

서른한 살이나 어린 제자가 공자에게 인(仁)을 행하는 방법을 물었습니다. 10대 후반의 제자가 오십을 바라보는 스승에게 인을 행하는 구체적인 방법을 물은 것이지요.

공자는 인에 관해 많은 말씀을 남겼는데 『논어』에 100번 이상 등장합니다. 어질다는 뜻의 인을 제대로 이해하려면 많은 공부가 필요하지만 간략하게 생각해보면 그리 어려운 개념은 아닙니다.

정약용의 해석을 빌리자면 인은 글자 속에 뜻이 들어 있다고 했습니다. 사람 인(人)과 둘 이(二)로 구성된 인(仁)은 두 사람을 의미합니다. 두 사람이 모였을 때 서로 싸우지 않고, 얼굴 붉히지 않으며, 사랑하고 이해해, 조화롭고 평화롭게 살아갈 수 있게 만드는 마음이 바로 어진 마음, 인이라고 했습니다.

세상 문제의 대다수는 이 둘 간에서 발생한다는 걸 쉽게 알 수 있습니다. 집에선 나와 부모님, 나와 형, 나와 동생, 나와 할머니 할아버지, 학교에선 나와 선생님, 나와 친구, 나와 선배, 나와 후배, 사회에선 나와 이웃, 나와 손님, 나와 고객, 나와 목사님, 나와 신부님, 나와 학교, 나와 국가까지도 다 둘 간의 관계입니다.

둘 간에 인의 마음이 있다면 갈등의 대부분이 줄어들 것입니다. 세상의 관계에는 늘 내가 중심이 됩니다. 언제든 어느 곳에서든 마찬가지입니다.

그래서 자공의 질문이 의미가 있습니다. 인의 중요성을 알고 있지만 알고 있는 것과 행하는 일은 다르기 때문입니다. 단순히 알고 이해하는 일보다 실천하는 게 더 어렵다는 걸 알고 있기 때문입니다. 이에 공자의 대답이 아주 명쾌합니다.

"예를 들어보겠다. 요리사가 음식을 잘하려면 요리하기 전에 사용할 조리도구를 준비하고 식칼을 예리하게 갈아 놓아야 한다. 목수 또한 마찬가지다. 가구를 제작하기 전에 반드시 먼저 끌과 정, 대팻날을 예리하게 갈아 놓아야 한다. 일류 요리사나 일류 목수라고 해도 식칼이나 대팻날이 예리하지 않으면 좋은 결과를 내기가 어렵다.

그러니 아무리 일류 요리사나 일류 목수라 해도 작업하기 전에 반드시 도구를 예리하게 갈아 놓아야 한다. 어떤 일을 하든지 준비를 먼저 해 놓아야 좋은 결과를 기대할 수 있는 것이다. 너 또한 마찬가지로 네가 지금 해야 할 일은 칼을 예리하게 가는 일에 열중하는 것이다. 그것이 인을 행하는 1단계다. 기본적인 준비를 하지 않으면 인을 실천하기란 어려운 일이다. 그 후 학업을 마치고 사회로 나가 잘살고자 한다면 다음 두 가지를 잊지 말아야 한다. 첫째는 현명한 상사를 잘 섬길 것, 둘째는 어진 사람들과 함께할 것. 이것이 인을 행하는 요체라는 걸 잊지 말아야 한다."

나라는 연장을 가는 시기

연장을 예리하게 갈 때는 적지 않은 힘이 필요합니다. 숫돌에 칼을 갈든, 기계에 칼날을 갈든 정성과 노력이 들어갑니다. 무딘 칼로는 목재는 고사하고 연필 하나 깎기도 어렵습니다. 무딘 칼로는 아무리 노력과 시간을 들여도 원하는 작품을 만들기가 어렵습니다. 그래서 공자는 기술자가 일을 잘하려면 반드시 먼저 연장을 갈아 놓아야 한다고 말한 것입니다.

우리 인생도 마찬가지입니다. 내가 원하는 멋진 인생을 만들기 위해선 반드시 먼저 '나'라는 연장을 예리하게 갈아 놓아야 합니다. 그

연장을 갈기에 가장 효과적인 시기가 바로 청소년기입니다. 나이가 어리면 공부를 해야 하는 이유를 모르기에 어렵고, 청소년기를 넘으면 시간이 기다려주지 않기에 어렵습니다.

연장을 가는 데는 눈에 보이는 것과 눈에 보이지 않는 두 가지로 나눌 수 있습니다. 먼저 건강한 몸을 만들어야 합니다. 주변 사람들이 싫어하지 않는 인성을 갖도록 노력해야 합니다. 주로 눈에 보이는 것입니다. 다음은 공부입니다. 독서와 학습으로 다양한 지식을 습득하고 지성을 높이는, 눈에 보이지 않는 것들입니다. 그런데 그게 그렇게 어렵습니다.

청소년이나 직장인이나 비슷합니다. 원하는 목표를 정조준해 꾸준하게 노력하는 건 여간 어려운 일이 아닙니다. 학생이 공부에 지치는 것처럼, 직장인은 매일 반복되는 일과 업무에 지칩니다. 지치면 쉬고 싶습니다.

하지만 편하게 쉴 수 없기에 학생이나 직장인이나 스트레스는 커지기 마련입니다. 그러니 정상이라고 여기는 궤도에서 벗어나는 건 누구에게나 피할 수 없는 일입니다. 어느 정도의 진폭은 인정해야 합니다. 어느 정도의 흔들림은 자연스러운 현상으로 받아들여야 합니다. 사람이 기계도 아닌데 어떻게 매일매일 똑같이 반복적으로 살 수 있겠습니까?

비행기의 자동항법장치는 처음부터 끝까지 일각의 벗어남도 없이 목적지로 가는 게 아니라, 궤도를 벗어나면 다시 정상 궤도로 회복

시키는 끝없는 반복을 통해 목적지에 도착하는 것입니다. 공부로 인생의 연장을 예리하게 갈기로 결심한 학생이나 그렇지 못한 학생이나 그들이 꿈꾸는 일상의 일탈은 크게 다르지 않을 것입니다.

문제는 일상의 반복에서 오는 스트레스와 방황을 얼마나 빠르게 다시 정상 궤도로 회복시키느냐입니다. 궤도에서 벗어난 자신을 일상의 정상 궤도로 되돌려 놓은 좋은 방법이 바로 '생각'입니다.

원하는 행복한 삶을 일구기 위해선 반드시 먼저 '나'라는 연장을 예리하게 갈아 놓아야 합니다. 2,500년 전부터 단 한 번의 예외가 없었습니다. 힘들지만 행복한 삶을 만든 사람들이 하나같이 사용한 비밀의 방법이 바로 그것이라면 따르지 않을 이유가 없습니다.

젊어서 고생은 사서도 한다는 말

공자께서 말씀하셨다.
"나는 어려서 빈천했기에
천한 일도 다양하게 할 줄 아는 것이다."
_「자한」 5장

子曰	자왈
吾少也賤 故多能鄙事	오소야천 고다능비사

子	曰							
아들 자	가로 왈							

吾	少	也	賤	故	多	能	鄙	事
나 오	적을 소	어조사 야	천할 천	연고 고	많을 다	능할 능	더러울 비	일 사

부자 아버지의 전폭적인 지원으로 부를 유지하는 건 그리 어려운 일이 아닙니다. 반면 가난한 아버지를 뒀지만 어려움을 이겨내고 부를 일궈내는 일은 쉬운 일이 아닙니다. 어렵지 않은 일을 해내는 건 그리 칭찬받을 만한 일은 아니지만 어려운 일을 해내는 건 칭찬받아 마땅한 일입니다.

나는 어려서 빈천했기에 천한 일도 다양하게 할 줄 안다는 공자의 말은 어려서 가난했지만 가난을 이겨내려 해보지 않은 일이 없기에 여러 가지 일에 능하게 되었다는 뜻입니다. 가난했기에 낙담하고 포기했다면 여러 가지 일에 도전하지 못했을 것입니다. 공자는 가난에 무릎 꿇는 쉬운 일을 선택하지 않았습니다. 동양 최고의 성인이 되기에 어려서의 가난은 장벽이 되지 못했습니다.

공자는 말합니다. 어려서의 가난이 도전의 이유가 되었고 그 도전이 성인 공자를 만드는 바탕이 되었다고 말입니다. 공자가 가난한 게 아니라 가난한 사람이 공자가 된 것입니다.

공자는 어려서 비천했다

『논어』에 등장하는 '오소야천(吾少也賤)'은 꽤 유명한 어구가 되었습니다. '나는 어려서 천했다'라는 뜻으로 젊어서 비천했다고 공자 스스로 밝혔습니다.

춘추시대 높은 벼슬이었던 초나라의 태재(大宰)가 자공에게 "공자께선 진정 성인이십니까? 어찌 그토록 다방면에 해박하십니까?"라고 물었습니다. 이에 자공은 "저의 스승은 하늘이 내린 성인에 가까운 분이기에 여러 면에 다재다능하십니다"라고 답했습니다. 조금은 과장되게 대답했던 것이지요.

나중에 공자가 이 말을 듣고는 말했습니다. "정말 태재가 나를 제대로 알고 있다고 생각하느냐? 아닐 것이다. 나는 어려서 가난하고 천했기에 어떤 일이든 다양하게 할 줄 알게 된 것이다. 나는 성인도 아니고 하늘이 내린 사람도 아니다."

공자 스스로는 하늘이 내린 사람이 아니라 세 살 때 아버지가 죽어 아버지는 기억에도 없고, 열일곱 살 때 어머니마저 잃어 먹고살기 위해 맨바닥에서 해보지 않은 일이 없어 여러 가지에 능하게 되었다고 했습니다.

인생에도 봄, 여름, 가을, 겨울 사계절이 있다고 합니다. 추운 겨울은 견디기 힘든 고난의 시기로 볼 수 있습니다. 누구나 춥고 힘든 고통의 시기가 없길 바라지만 누구도 인생의 겨울을 피해 가기가 쉽지 않습니다. 어떤 이는 어린 나이에 인생의 어려움을 겪고, 어떤 이는 인생의 황혼기에 힘든 삶을 삽니다.

자세히 살펴보면 아무리 힘들고 어려운 위기가 닥쳐도 적지 않은 사람들이 이겨내고야 맙니다. 어떤 이는 혼자의 힘으로, 어떤 이는 누군가의 도움으로 혹독한 어둠의 터널을 빠져나옵니다. 어떤 이는 숨 막히는 어둠의 질식에 포기하지만, 어떤 이는 어둠의 벽을 뚫고 극복해냅니다. 세상에 소중하지 않은 사람은 없습니다. 어둠에 묻힌 사람도, 어둠을 뚫고 나온 사람도 마찬가지입니다.

인간으로서 절대로 넘을 수 없는 극한 상황이라면 어찌할 수 없는 노릇이지만, 단 한 명이라도 극복했다면 모두에게 분명한 희망입니다. 누군가 가능했다면 나도 극복할 가능성이 있기에 그렇습니다. 막막하고 힘들어도 포기하지 말아야 할 이유이기도 합니다. 그 누군가가 나일 수도 있기 때문입니다. 세상에 희망을 주고 삶의 겨울을 이기게 만드는 힘이 그곳에 있기 때문입니다.

젊어서 고생은 사서도 한다

KBS 다큐 미니시리즈 〈인간극장〉에서 '46년 만에 엄마를 찾았습니다'라는 주제로 이야기를 전한 적이 있습니다.

열한 살 때 미국으로 입양 갔던 50대 중반의 한 여인이 46년 만에 고향으로 돌아와 평생을 그리던 친모를 만났습니다.

그녀는 어린 나이에 인생의 겨울을 겪어야만 했습니다. 그녀의 어머니는 다섯 살 때 아버지의 폭력을 이기지 못해 집을 나갔습니다. 여덟 살 때 굶주림과 아버지의 학대를 견디지 못해 스스로의 발로 보육원을 찾아갔고, 열한 살 때 미국으로 입양되었습니다.

그녀는 미국에서 성장해 결혼하면서 가정을 꾸렸고 손자, 손녀까지 둔 상태로 고향의 어머니와 동생을 찾아내 평생을 그리던 가족을 만났습니다.

5일 간의 미니시리즈를 보는 내내 가슴이 저리고 뭉클했습니다. 늦었지만 어머니를 찾아 행복한 노후를 함께 보내게 되어 시청자의 한 사람으로 너무나 고맙고 행복했습니다.

예로부터 가난하면 아첨하기 쉽고, 부유하면 교만하기 쉽다고 했습니다. 그러니 가난해도 아첨하지 않고 꿋꿋하고 당당하게 살아가는 건 쉽지 않지만 가치 있는 일입니다. 그런데 한참을 지나 나중에 생각해보면 가난이 그렇게 나쁜 건만은 아님을 알게 됩니다.

가난이 삶을 불편하게 하는 건 틀림없지만 그 가난을 어떻게 이용하느냐에 따라 결과가 달라지기 때문입니다. 사람들에게 좋은 영향을 줬던 사람들은 하나같이 가난으로 자신을 강화했습니다.

젊어서 고생은 사서 한다는 말이 있습니다. 멀리서 보면 맞는 말이지만 가까이서 보면 받아들이기 쉽지 않은 말입니다. 젊었든 늙었든 고생을 즐길 사람은 없기 때문입니다.

그런데 그 싫은 고생을 돈 주고 사서라도 해야 한다고 말하는 이유는 무엇일까요? PT나 헬스의 원리와 다르지 않습니다. 근육을 쓰지 않고는 근육을 강화하기 어렵기 때문입니다. 근육을 강화하고 싶다면 근육을 태우는 고생을 감내해야 합니다. 멋진 근육을 상상하며 시간과 돈을 쓰고 있는 것입니다.

불필요한 고생을 굳이 찾아서 할 필요는 없지만, 지금 주어진 상황이 고생스럽다면 생각을 조금 돌려보자는 것입니다. 공자도 젊어서 고생했고, 이이도 젊어서 고생했고, 정주영 회장도 청소년기에 고생을 했다고 말입니다. 지금 주어진 상황이 고생스럽다면 선택은 받아들이거나 거부하거나 두 가지뿐입니다.

부유해도 교만하지 않고 겸손하게 사는 건 쉬운 일이 아닙니다. 부자가 교만해지는 건 어렵지 않지만 겸손하게 사는 건 어렵고 가치 있는 일입니다. 타인에게 좋은 영향을 줬던 사람들은 하나같이 부를 교만한 마음이 아닌 타인을 돕고 빛나게 하는 데 이용했습니다.

건강이야말로 최우선이어야 한다

맹무백이 효를 물었다.

공자께서 말씀하셨다.

"부모는 오로지 자식이 아프지 않을까를 걱정한다."

_「위정」 6장

孟武伯問孝	맹무백문효
子曰	자왈
父母唯其疾之憂	부모유기질지우

孟	武	伯	問	孝
맏 맹	호반 무	맏 백	물을 문	효도 효

子	曰
아들 자	가로 왈

父	母	唯	其	疾	之	憂
아비 부	어미 모	오직 유	그 기	병 질	갈 지	근심 우

유(唯)는 다만, 질(疾)은 질병, 우(憂)는 근심, 걱정, 우려한다의 의미.

자식이 태어나면 부모는 단 1분도 마음 놓지 못하고 전전긍긍 3년 이상을 보냅니다. 순간의 방심이 아이에겐 치명타가 될 수도 있기 때문입니다.

아이가 자라면서 단 한 시간도 마음 놓지 못하고 10년 이상을 보냅니다. 어린이집을 보내도 유치원을 보내도 초등학교를 보내도 마찬가지입니다.

언제 어디서 어떤 상황이 아이에게 발생할지 모르기에 3분 대기조 생활을 10년 넘게 해야 합니다. 집에서나 밖에서나 마찬가지입니다.

아이가 성장해 청소년기에 접어들어도 마음 편히 보낼 수 없는 게 부모의 마음입니다. 아이가 청년이 되어 독립하기 전까지는 단 하루도 마음 놓지 못하고 20여 년 이상을 보내야 하는 게 부모입니다.

격랑의 사춘기를 함께 보내야 하고, 입시의 격렬함을 함께 보내야 하며, 취업의 어려움을 함께 겪어내야 합니다.

자식이 결혼해 세대가 분리되고 따로 살기 시작해도 단 일주일도 마음 놓지 못하고 평생을 살아갑니다. 이사하는 데 돈은 더 필요하지 않은지, 임신 후 입덧 때문에 힘든 딸이나 며느리에게 어떻게 해야 하는지, 육아와 일을 함께하는 자식들의 빠듯한 시간을 어떻게 도와줘야 하는지, 자식들의 승진도 이직도 퇴직도 전직도 함께 고민하고 속 쓰려 해야 하는 것까지 독립이 진정한 독립이 아님을 부모들은 잘 압니다.

아이는 웁니다. 세 살 아이는 단 1분도 부모를 생각하지 않습니다. 아니 생각할 수 없습니다. 울음이 그들의 언어이기 때문입니다.

열 살 아이는 단 한 시간도 부모를 생각하지 않습니다. 아직 모르기 때문입니다.

청소년이 되어도 단 하루도 부모를 생각하지 않습니다. 불만과 반항의 시기이기 때문입니다. 현실과 미래가 불투명해 부모까지 생각할 시간과 여유가 없기 때문입니다.

학교를 졸업하고 성인이 되어 직업이 생겨도 단 3일도 부모와 함께 시간을 보내지 못합니다. 부모는 당연히 거기 그렇게 있는 존재로 보이기 때문입니다.

그런데 결혼하고 아이가 생기면 달라집니다. 부모가 되면 서서히 달라집니다. '효(孝)'라는 글자가 보이기 시작합니다.

세상은 참으로 묘합니다.

건강이 최우선이어야 한다

자식이 할 수 있는 최고의 효도는 건강하게 오래 사는 것입니다. 나이 많은 부모가 아플 때 느끼는 자식의 아픔보다 나이 어린 자식이 아플 때 느끼는 부모의 아픔이 더 크다고 합니다. 부모는 늙어가는 세월을 탓할 수라도 있지만, 어린 자식은 그 어떤 것도 탓하기가 어렵습니다.

아픈 자식을 곁에 두고 있는 부모의 마음을 당해보지 않고는 그 안타까움의 깊이를 가늠조차 하기 어렵습니다. 죽은 자식을 가슴에 묻은 부모의 마음을 당해보지 않고는 그 슬픔의 깊이를 상상조차 하기 어렵습니다.

우등생은 되지 못해도, 좋은 대학을 나오지 못해도, 좋은 회사를 다니지 못해도 자식의 효도가 퇴색되는 건 아닙니다. 성적 때문에, 전공이나 대학 때문에, 직장 때문에 자식의 효도를 희미하게 생각하는 부모는 없습니다. 자식의 건강이 세상 그 어떤 것보다 먼저이고 우선이기 때문입니다.

부모가 할 수 있는 최고의 사랑 역시 건강하게 오래 사는 것입니다. 자식이 구구단을 물어오면 구구단을 알려주고, 자식이 미분 적분을 힘들어하면 전문가를 불러오고, 그들의 결혼식을 함께 준비하고 축하하고, 손자 손녀들에게 장난감을 사주며 여행에 동행해주는게 부모가 할 수 있는 최고의 자식 사랑입니다.

비싼 과외를 시켜주진 못해도, 신혼집을 사주진 못해도, 많은 유산 상속을 약속하진 못해도 부모의 사랑이 퇴색되는 건 아닙니다.

그러니 건강이 첫 번째입니다. 자식도 부모도 건강이 먼저입니다. 건강이 시작입니다. 자식이 아픔으로 사경을 헤매고 있는데 잘난 성적이 무슨 의미가 있습니까? 부모가 없다면 세상 그 누가 1g만큼의 사랑이라도 부모처럼 주겠습니까?

성공도 사랑도 살아 있어야 가능합니다. 건강하게 오래 살아야 성공할 수 있습니다. 건강하게 오래 살아야 사랑할 수 있습니다. 능력 있는 사람이 성공하기도 하지만 궁극적인 성공은 오래 사는 사람의 몫입니다. 전쟁도 역사도 왕조도 가문도 비슷합니다. 건강이 기본이 되지 못하면 세상만사가 물거품이 되기 쉽습니다.

효란 무엇입니까?

공자가 살았던 중국의 춘추시대나 지금이나 마찬가지입니다. 노나라에서 세 손가락 안에 드는 권력과 부를 가지고 있었던 대부 맹무백에게도 마찬가지였습니다. 그 권력자가 할아버지뻘 되는 대학자 공자에게 효가 무엇인지 물었을 때 돌아온 답은 너무나 평범했습니다.

부모는 오로지 자식이 아프지 않을까만을 걱정한다.

맹무백(孟武伯)은 맹의자(孟懿子)의 아들입니다. 시호가 무(武), 이름은 체(彘)로 '돼지'라는 뜻입니다. 이름처럼 그는 어려서부터 몸이 뚱뚱했다고 합니다.

공자가 서른네 살 때 열세 살이었던 맹의자와 함께 주나라를 방문했다는 『사기』「공자세가」의 기록처럼 공자는 맹의자보다 약 스무 살 정도 위입니다.

당시 공자는 노나라에서 지위가 아주 높은 맹손씨 가문의 가정교사였습니다. 하여 맹손 가문의 지원을 적지 않게 받았다고 합니다. 맹의자의 아들 맹무백은 공자와의 나이 차이가 할아버지와 손자뻘 정도입니다. 그 맹무백이 공자에게 효를 물었던 것입니다.

나이 차도 많고 몸 관리도 제대로 하지 못하면서 성질은 거칠고 급해 행실 또한 반듯하지 못했던 맹무백에게 공자가 에둘러 말을 전했습니다.

효란 그렇게 대단한 게 아니다. 혹여 자식이 아프면 부모의 마음은 그 것보다 더 가슴 아픈 일이 없는 법이다. 그러니 평소 몸 관리, 건강을 잘 관리해야 한다. 그게 바로 효라는 것이다.

2,500년 전 효의 실천

공자는 제자들에게 각자의 상황에 맞게 효를 가르쳤습니다.

부모가 살아 계실 때는 가급적 멀리 가지 않아야 하며, 멀리 갈 때는 반드시 미리 행방을 알려야 한다.

어느 집이든 자식이 돌아올 때가 되면 부모는 자식을 기다립니다. 자식이 멀리 여행이라도 가면 손에서 전화를 놓지 못합니다. 무사한 자식의 하루를 듣지 못하면 잠자리에 들지 못합니다. 그게 부모의 마음입니다. 그 마음을 헤아리는 게 효의 시작입니다.

요즘 사람들이 아침저녁으로 부모님께 밥상 차려드리는 것으로 효를 다하고 있다고 생각하는데 그건 문제가 좀 있다. 집에서 기르는 개나 소에게도 아침저녁으로 먹이를 챙겨주는데 부모님에 대한 공경의 마음이 빠진다면 개나 소에게 먹이를 주는 것과 무엇이 다르겠는가? 사랑하고 공경하는 마음이 없는 행위는 효도라 볼 수 없다. 효도의 근간은 물질에 앞서는 마음이란 말이다.

제자 자유(子遊)의 효에 관한 질문에는 이렇게 답했습니다.

부모 앞에서 한결같이 좋은 얼굴을 유지하기란 쉬운 일이 아니지만, 그걸 잘하는 게 효라 할 수 있다. 집안에 일이 있을 때 자식들이 부모의 노고를 대신하고, 맛있는 음식이 있을 때 부모께 먼저 드리는 것만으로 어찌 효를 다했다 하겠는가? 싫은 기색을 보이면서 부모의 일을 대신하고 있다면 그것을 보는 부모의 마음이 편하겠는가? 찡그린 자식의 얼굴을 보면서 음식이 입으로 제대로 넘어가겠는가?

제자 자하(子夏)의 효에 관한 질문에는 이렇게 답했습니다.

우애 있는 사람이 월등히 앞선다

유자가 말했다.

"그 사람됨이 효도하고 우애하면서

윗사람을 범하기 좋아하는 경우는 드물다.

윗사람 범하기를 좋아하지 않는 사람이

난을 일으키기 좋아하는 경우는 일찍이 없었다.

군자는 기본에 충실해야 하고 근본이 서면 도가 생긴다.

효제가 바로 인의 근본일 것이다."

_「학이」 2장

有子曰
其爲人也孝弟而好犯上者 鮮矣
不好犯上而好作亂者 未之有也
君子務本 本立而道生
孝弟也者 其爲仁之本與

유자왈
기위인야효제이호범상자 선의
불호범상이호작란자 미지유야
군자무본 본립이도생
효제야자 기위인지본여

有	子	曰
있을 유	아들 자	가로 왈

其	爲	人	也	孝	弟	而	好	犯	上
그 기	할 위	사람 인	어조사 야	효도 효	아우 제	말이을 이	좋아할 호	범할 범	윗 상

者	鮮	矣
놈 자	고울 선	어조사 의

不	好	犯	上	而	好	作	亂	者	未
아닐 불	좋아할 호	범할 범	윗 상	말이을 이	좋아할 호	지을 작	어지러울 란	놈 자	아닐 미

之	有	也
갈 지	있을 유	어조사 야

君	子	務	本	本	立	而	道	生
임금 군	아들 자	힘쓸 무	근본 본	근본 본	설 립	말이을 이	길 도	날 생

孝	弟	也	者	其	爲	仁	之	本	與
효도 효	아우 제	어조사 야	놈 자	그 기	될 위	어질 인	갈 지	근본 본	더불 여

공자의 제자 유자(有子)는 노나라 사람으로 이름은 유약(有若), 자는 자유(子有)이며 공자보다 마흔세 살이 적었습니다. 기억력이 뛰어났으며 옛 도를 숭상했습니다. 공자와 생김새가 닮아 공자가 죽은 뒤에 유약을 추대해 공자를 대신하려 했으나 일부 제자들이 동의하지 않았다는 일화가 전해집니다.

『논어』에는 공자의 제자 중에 오직 유자, 증자 두 사람만이 그들의 자(字) 대신 선생님이라는 의미의 자(子)를 붙였습니다. 유자와 증자의 제자들이 『논어』를 만드는 데 중추적인 역할을 했기 때문으로 알려져 있습니다.

인의 근본은 어디에 있을까요?

『논어』는 거창한 걸 말하려고 만든 책이 아닙니다. 현실과 동떨어진 별나라 이야기를 하고자 만든 책이 아닙니다. '어떻게 하면 화목하고 따뜻한 가정을 만들 수 있을까?' '어떻게 하면 사람들이 서로 마음 상하지 않고 웃으면서 평화롭게 잘 살아갈 수 있을까?' 등에 관한 대화와 토론으로 이뤄진 책입니다.

공자는 그것을 '인'이라 했습니다. 부모와 자식은 이 세상에서 가장 가까운 사이입니다. 그다음이 형제간입니다. 부모와 자식은 가정을 이루는 핵심 단위입니다. 부모와 자식, 형과 동생의 관계가 좋으면 가정이 행복하고, 관계가 삐걱거리면 가정의 행복에 금이 가기 시작합니다.

「학이」 2장은 관계를 다룹니다. 사람은 혼자 살 수 없는 사회적 동물로 관계의 중심엔 항상 내가 존재합니다. 그다음이 가족입니다. 이웃과 사회와 국가는 그다음입니다. 가족과의 관계에 금이 가면 살기가 너무 힘들어집니다. 부모님과의 관계가 매끄럽지 못하면 자식의 삶은 그야말로 최악으로 떨어집니다. 형제간의 관계가 소원해지면 세상에 의지하고 믿을 곳이 없어집니다.

「학이」 2장의 핵심 단어는 효제입니다. 효(孝)는 부모님에 관한 효도의 덕목입니다. 제(弟)는 형제간의 우애에 관한 덕목입니다. 사람을 향한 공손한 마음으로 확대할 수도 있습니다.

유자는 『논어』에서 행복한 가정엔 효제가 바탕이 되어야 한다고 주장하고 있습니다. 부모님에 대한 효와 형제간의 우애가 기본이 되어야 삶의 바른 도(道)가 생기고 밝은 미래가 펼쳐진다고 했습니다. 왜 그럴까요? 유자는 이렇게 말했습니다.

그 사람됨이 효도하고 우애하면서 윗사람을 범하기 좋아하는 경우는 드물다. 윗사람 범하길 좋아하지 않는 사람이 난을 일으키기 좋아하는 경우는 일찍이 없었다.

집안에서 부모에게 공경하는 마음으로 효를 다하고, 형제간에 우애가 돈독한 사람 치고 직장이나 조직에서 상사나 윗사람을 함부로 대하는 사람을 찾기 어렵습니다. 물론 모든 이가 그런 건 아니지만 부모를 어렵게 생각하고 나이 많은 형이나 언니를 공손하게 대하는 사람치고 사회생활을 망나니처럼 하는 사람이 적다는 말입니다.

인은 어디서 키울 수 있을까요?

가정이 아무리 작은 조직이라 해도 서로 간에 자기 주장과 욕심만 내세운다면 싸움과 불화는 너무도 분명합니다.

부모는 부모의 권위만 내세우며 자기 주장을 하고, 자식은 자식대로 자기 권리만 주장하며, 형은 형대로 자기 권위만 내세우고 동생은 동생대로 자기 권리만 주장하면 불평과 불만은 기본이 되고 급기야 가정 폭력이 일어나기도 합니다.

조화를 모르는 욕심은 싸움이 되고 폭력이 되어, 가정은 그야말로 생지옥이 될지도 모릅니다. 누구도 그렇게 되길 바라지 않지만, 하루아침에 삭막하고 살벌한 집안으로 바뀔 수도 있습니다.

집안이 화목해야 모든 일이 잘 이뤄진다는 '가화만사성(家和萬事成)'이 그냥 나온 말이 아닙니다. 가정불화를 조금이라도 겪어본 사람은 가정의 화목과 평화가 밖의 일에 얼마나 중요한 요소인지 너무도 잘 알고 있습니다. 학교에서의 공부는 물론이고 직장에서의 업무나 활동에 치명타를 입히고 맙니다. 평소에는 아무것도 아닌 것 같았던 일상의 평화가 집으로부터, 가정으로부터 특히 함께 살아가는 부모와 형제자매들과의 관계로부터 기인한다는 걸 알게 됩니다.

부모는 자식의 거울입니다. 형과 누나는 동생의 거울입니다. 오빠와 언니는 동생의 거울입니다. 그러니 부모는 자식의 거울이 되어야 합니다. 형과 누나는 동생의 거울이 되어야 합니다. 오빠와 언니는 동생의 거울이 되어야 합니다. 그런가 하면 모범이 되고 거울이 되는데도 자식은 불효를 저지르고 동생은 형과 언니를 무시한다면 그 원인은 자식과 동생에게 있는 바 가르쳐야 할 것입니다.

부모가 되어 자식에게 모범을 보이지 못한다면, 부모의 역할을 포기한 거나 마찬가지입니다. 형, 누나, 오빠, 언니가 되어 동생에게 모범을 보이지 못한다면 형, 누나, 오빠, 언니의 역할을 포기한 거나 마찬가지입니다. 부모가 되어 자식을 방치하고 형과 언니가 되어 동생을 무시하고 핍박만 한다면, 자식은 삐뚤어지고 동생은 남보다도 못한 존재로 바뀔 게 뻔합니다. 거기에 효가 들어서고 거기에 우애가 비집고 들어갈 틈은 없을 것입니다.

인은 어떻게 배양되는 걸까요?

화목하고 따뜻한 가정을 만드는 최고의 기술, 사람들과 마음 상하지 않고 평화롭게 잘 살아갈 수 있는 최고의 전략이 바로 인의 마음입니다.

'인의 근본은 어디에 있을까요?' '인은 어디서 키울 수 있을까요?' '인은 어떻게 배양되는 걸까요?'

인의 근본이 효제입니다. 부모님에 대한 효도, 형제간의 우애입니다. 응용해보면 학교에선 선생님과 제자 간의 문제입니다. 친구들과의 관계입니다. 선생님을 존경하고 친구들과는 우애롭게 지내는 것입니다. 직장에선 나와 상사, 나와 동료, 나와 부하, 나와 고객 간의 관계입니다.

군자는 기본, 즉 효도와 우애에 충실한 사람입니다. 리더는 효와 우애라는 가장 기본적인 것에 충실한 사람입니다.

기본에 충실하면 길이 열립니다. 사회생활의 기본적이지만 매우 훌륭한 자산이 되는 것이기에 도가 생기는 것입니다. 가정에서 효제를 키운 사람은 높은 직위에 올라가서도 좋은 인간관계를 가지고 유지할 수 있습니다. 사람과의 좋은 관계를 유지하면서 성공적인 인생을 만들어갈 것입니다.

그림은 흰 바탕 위에서 시작된다

자하가 시경의 한 대목을 공자에게 물었다.
"보조개 지은 미소, 반짝이는 아름다운 눈동자,
흰 바탕에 고운 무늬 이루었네."가 무슨 뜻입니까?
공자께서 대답하셨다.
"그림 그리는 일은 흰 바탕이 있고 난 뒤에 된다는 뜻이다."
자하가 물었다. "예는 그 정신이 먼저이고,
예의는 그다음이라는 말씀입니까?"
공자께서 말씀하셨다.
"나를 일깨워주는 사람은 상이로구나.
이제 너와 함께 시를 이야기할 수 있게 되었구나."
_「팔일」8장

子夏問 巧笑倩兮
美目盼兮 素以爲絢兮 何謂也
子曰 繪事後素 曰 禮後乎
子曰 起予者 商也
始可與言詩已矣

자하문 교소천혜
미목반혜 소이위현혜 하위야
자왈 회사후소 왈 예후호
자왈 기여자 상야
시가여언시이의

子	夏	問	巧	笑	倩	兮	美	目	盼
아들 **자**	여름 **하**	물을 **문**	공교할 **교**	웃음 **소**	예쁠 **천**	어조사 **혜**	아름다울 **미**	눈 **목**	눈예쁠 **반**

兮	素	以	為	絢	兮	何	謂	也
어조사 **혜**	본디 **소**	써 **이**	할 **위**	무늬 **현**	어조사 **혜**	어찌 **하**	이를 **위**	어조사 **야**

子	曰	繪	事	後	素	曰	禮	後	乎
아들 **자**	가로 **왈**	그림 **회**	일 **사**	뒤 **후**	본디 **소**	가로 **왈**	예도 **예**	뒤 **후**	어조사 **호**

子	曰	起	予	者	商	也	始	可	與
아들 **자**	가로 **왈**	일어날 **기**	나 **여**	놈 **자**	장사 **상**	어조사 **야**	비로소 **시**	옳을 **가**	더불 **여**

言	詩	已	矣
말씀 **언**	시 **시**	이미 **이**	어조사 **의**

공자의 제자 자하는 위나라 사람으로 성은 복(卜), 이름은 상(商)입니다. 자는 자하죠. 그는 공자보다 마흔네 살이나 어렸습니다. 공문 십철 중의 한 사람으로 시에 익숙해 그 뜻을 능히 통달했으며 문학으로 널리 이름이 났습니다. 성품은 넓지 못했으나 정미한 의론에 있어선 당대 그를 따를 사람이 거의 없었습니다.

공자 사후 황하의 서쪽 지역인 서하(西河)에서 제자들을 가르쳤는데, 위(魏)나라 제후인 문후가 자하를 스승으로 섬겼다고 합니다. 자하는 공자의 사상을 후세에 전하는 데 크게 공헌했습니다.

인성이 먼저, 성적은 다음

위나라 출신 자하가 위나라 노래의 한 대목을 들어 공자에게 질문하는 장면입니다. 1절과 2절로 구성된 아름다운 여인을 노래하는 『시경(詩經)』의 노래 가사 중 맨 마지막 세 소절에 관해 자하가 스승 공자께 물었습니다.

"보조개 지은 예쁜 미소, 반짝이는 아름다운 눈동자, 흰 바탕에 고운 무늬 이뤘네.'라는 위나라 노래가 있는데 이는 무슨 뜻입니까?"

"그림 그리는 일은 흰 바탕이 있고 난 뒤에 된다는 뜻이다. 그림은 하얀 도화지처럼 흰 바탕이 있어야 거기에 색을 입혀 아름답게 그릴 수 있다는 뜻이지. 그림은 완성된 뒤에야 흰 바탕의 중요성을 알게 되지."라고 공자가 답했습니다.

그러자 자하가 그 시의 의미를 들어 다시 물었습니다.

"그럼 이렇게 이해해도 될까요? 예(禮)는 그 정신이 먼저이고, 예의(禮義)는 그다음이라는 말씀입니까? 예라고 하는 건 겉으로 나타나는 형식적인 예의보다 내용이 더 중요하다는 뜻인가요?"

정곡을 찌르는 자하의 질문에 공자는 기쁜 마음으로 말했습니다.

"나를 또 한 번 일깨워주는 사람이 바로 너로구나. 이제 너와 함께 시를 이야기할 수 있게 되었구나."

아름다운 여인을 세세하게 묘사한 『시경』의 노래를 두고 형식보다 본질이 더 중요하다는 생각을 한 자하를 공자가 칭찬하는 대목입니다.

진정한 학문은 인성이 먼저이고 성적은 그다음이어야 합니다. 공부를 아무리 잘해도 사람을 이해하는 공감 능력이나 힘든 사람을 가엾게 여기는 마음이 없다면 허사일 수 있습니다.

그림은 흰 바탕 위에서 그려야 합니다. 그림을 그리는 동안에는 흰 바탕의 중요성을 잘 모를 수도 있습니다. 그림이 완성된 뒤에야 흰 바탕의 중요성을 알게 되기 때문입니다.

지금 당장은 바쁜 마음에 인성이 크게 중요하지 않게 보일 수 있으나 학창 시절이 끝나고 성인이 되어 사회에 나가면 중요성이 점점 커집니다. 주변에 사람이 죽어가도 또 주변에 일어나선 안 될 비극적인 사건이 터져도, 나만 아니면 된다는 이기적인 생각의 몰인정한 사람이 될 수 있습니다.

그런 사람이 좋은 성적과 학벌을 가지고 고위직에 올라 사회를 이끌어가는 리더가 되어 권력을 가진다면 더 큰 문제를 야기할 수 있습니다. 본인에게도 사회에도 큰 해악이 될지도 모르기 때문입니다.

청소년기에 이뤄야 할 과제

인생 100년을 산다고 하면 4등분으로 나눠 25세까진 인생의 바탕을 준비하는 시기입니다. 인생이라는 본격적인 그림을 그리기 위한 하얀 도화지를 준비하는 시기입니다.

25세부터 100세까지 인생이라는 그림을 마음껏 그리려면 25세까지의 준비 기간을 잘 보내야 합니다. 이때 중요한 건 훌륭한 인성을 배우고 공부를 열심히 하는 것입니다.

훌륭한 인성이란 이미 잘 알고 있듯 자신에겐 정직하고 근면하며, 친구에겐 믿음직하게 행동하고, 선생님을 존경하고, 부모님을 공경하는 마음을 말합니다.

이를 기준으로 청소년기에 이뤄야 할 중요한 과제를 네 가지로 구분해보겠습니다.

첫 번째는 훌륭한 인성과 우수한 성적을 내는 경우입니다. 이런 청소년기를 보낸다면 더할 나위 없이 감사하고 좋을 것입니다. 물론 쉽지 않겠지만, 인생에 이것만큼 의미 있고 가치 있는 일은 없을 것입니다. 부모와 자식이 함께 만들어가는 최고의 인생 작품이 될 것입니다. 미래 명작을 위한 최고의 하얀 도화지가 만들어진 것이나 다름없습니다.

두 번째는 인성은 훌륭하나 성적은 미달인 경우입니다. 누구나 공부를 잘할 수는 없습니다. 누구나 우등생이 되고 싶어 하지만 조건과 상황이 다르기에 모두 성적이 좋을 수는 없습니다. 청소년기에 훌륭한 인성을 갖추는 것만으로도 칭찬받아 마땅합니다. 인성만 제대로 갖췄다면 앞으로 인생을 살면서 도전할 기회가 무궁무진하기 때문입니다.

좋아하는 일을 만나면 그야말로 성적과 실력은 짧은 기간에도 완성될 수 있기에 그렇습니다. 26세부터 100세까지 수많은 기회가 기다리고 있기에 그렇습니다. 청소년기에는 비록 학업에 흥미를 덜 느껴 공부하는 방법을 미처 몰라 그랬다 해도, 하고 싶은 일이나 좋아하는 일을 만나면 상황은 180도 바뀌기에 그렇습니다.

비록 성적은 낮지만 하얀 도화지가 만들어졌기에 도전할 기회가 충분히 있습니다.

세 번째는 인성은 불량하나 우수한 성적을 내는 경우입니다. 우수한 성적을 낸다는 건 청소년기의 가장 큰 장점 중 하나지만 인성이 불량하다는 건 인생 전체를 두고 커다란 마이너스입니다. 타인에 대한 이해가 부족하거나 자기 자신만 생각하는 이기적인 마음을 가지고 있다면 공부를 아무리 잘해도 삶의 결과가 이기적일 확률이 높습니다.

보통 사람이 이기적인 것도 꼴불견이지만 조직이나 사회의 리더가 이기적이라면 그 폐해는 훨씬 크기에 사람들로부터 원망의 대상이 되기 쉽습니다. 이런 사람들은 열심히 하면 할수록 더 많은 사람에게 피해를 주기에 기피 대상이 됩니다. 검게 채색된 도화지에 그림을 아무리 정교하게 그린다고 해도 명화가 되기에는 애초부터 글러 먹었다 하겠습니다.

네 번째는 인성도 불량하고 성적도 미달인 경우입니다. 이 영역에 드는 청소년이 많진 않겠지만 정말 피해야 할 영역입니다. 바른 인성이 어렵다면 성적이라도 잡아야 하고, 성적이 어렵다면 인성이라도 제대로 길러야 합니다.

세상에서 가장 유익한 3가지 일

공자께서 말씀하셨다.

"좋아해서 유익한 세 가지와 좋아해서 해로운 세 가지가 있다.

예와 악을 절도 있게 좋아하는 것,

다른 사람의 장점 말하기를 좋아하는 것,

현명한 벗을 많이 사귀는 것, 이 세 가지는 유익한 것이다.

교만과 쾌락을 좋아하는 것, 하는 일 없이 놀기만 좋아하는 것,

연회와 향락을 좋아하는 것, 이 세 가지는 해로운 것이다."

_「계씨」5장

孔子曰	공자왈
益者三樂 損者三樂	익자삼요 손자삼요
樂節禮樂 樂道人之善	요절예악 요도인지선
樂多賢友 益矣	요다현우 익의
樂驕樂 樂佚遊	요교락 요일유
樂宴樂 損矣	요연락 손의

孔　子　曰
구멍 공　아들 자　가로 왈

益　者　三　樂　損　者　三　樂
더할 익　놈 자　석 삼　좋아할 요　덜 손　놈 자　석 삼　좋아할 요

樂　節　禮　樂　樂　道　人　之　善　樂
좋아할 요　마디 절　예도 예　노래 악　좋아할 요　길 도　사람 인　갈 지　착할 선　좋아할 요

多　賢　友　益　矣
많을 다　어질 현　벗 우　더할 익　어조사 의

樂　驕　樂　樂　佚　遊　樂　宴　樂　損
좋아할 요　교만할 교　즐거울 락　좋아할 요　편안할 일　놀 유　좋아할 요　잔치 연　즐거울 락　덜 손

矣
어조사 의

좋아할 요(樂)는 즐거울 낙, 좋아할 요, 노래 악 등 세 가지 의미.

●
●
●

이 문장은 요(樂)와 락(樂)으로 각각 풀이해볼 수 있습니다.

"좋아해서 유익한 세 가지와 좋아해서 해로운 세 가지가 있다. 예악으로 절제하는 걸 좋아하고, 타인의 장점 말하기를 좋아하고, 현명한 벗을 많이 사귀기를 좋아하는 세 가지는 유익한 것이다. 교만과 쾌락을 좋아하고, 편안하게 놀기를 좋아하고, 연회와 향락을 좋아하는 세 가지는 해로운 것이다."

"유익한 즐거움이 세 가지 있고, 해로운 즐거움이 세 가지 있다. 예악으로 절제하는 걸 즐기고, 타인의 장점 말하기를 즐기고, 현명한 벗을 많이 사귀기를 즐기는 세 가지는 유익한 것이다. 교만과 쾌락을 즐기고, 편안하게 놀기를 즐기고, 연회와 향락을 즐기는 세 가지는 해로운 것이다."

예악으로 절제한다는 것

예(禮)로 절제한다는 건 무슨 뜻일까요? 예는 작게는 예의, 도덕, 에티켓, 규칙, 준칙을 의미하고 크게는 제도, 법률, 헌법 등을 의미합니다. 인사하기, 서로 존중하기, 노약자에게 자리 양보하기, 오른쪽으로 걷기, 공공질서 지키기, 교통질서 지키기, 공공장소에서 서로에게 피해주지 않기, 음주운전하지 않기, 법률 위반하지 않기, 헌법 준수하기가 모두 예에 해당합니다.

기본적인 예의를 알고 때와 장소에 따라 적절하게 행동할 줄 아는 사람이 예를 아는 사람입니다. 기쁜 일에 함께 기쁨을 나눌 줄 아는 사람과 슬픈 일에 함께 슬픔을 나눌 줄 아는 사람이 예를 아는 사람입니다. 말할 때와 말하지 않을 때를 가릴 줄 아는 사람이 예를 아는 사람입니다. 들 때와 날 때를 아는 사람이 예를 아는 사람입니다.

공자는 『논어』의 마지막 장에서 예를 알지 못하면 일어설 수 없다고 했습니다. 일어설 수 없다는 말은 매우 무서운 말입니다. 사회에서 생활하기 어렵다는 경고의 말이기도 합니다. 학생은 학교에서, 직장인은 조직에서, 국민은 우리나라에서 제대로 살아나가기 어렵다는 뜻입니다.

도대체 예라는 게 얼마나 중요하기에 이렇게 강하게 경고를 했을까요? 예는 지키면 좋고 지키지 않아도 별문제 될 게 없다고 많은 사람이 생각하는데 2,500년 전 공자는 왜 그렇게 중요하다고 강하게 말했을까요?

인사를 하지 않으면 어떤 일이 벌어질까요? 인사하는 게 귀찮고 의미 없다고 생각해 인사라는 예절이 사라진다면 가정이나 학교나 사회에서 어떤 일이 일어날까요?

매일 싸운 사람처럼 말도 없이 얼굴을 대한다면 가정도, 학교도, 직장도 삭막하기 그지없을 것입니다. 양보도 없고, 배려도 없고, 미소도 없고, 사랑도 없는 상상하기조차 어려운 우울한 세상이 될지도 모릅니다.

작은 인사 하나가 그렇다면 다른 건 말할 필요도 없습니다. 모두 도로 오른쪽으로 운전하는데 혼자 왼쪽 통행을 고집한다면 1분도 채 지나지 않아 죽음을 맞이할 것입니다.

사람은 누구나 통제받거나 조절 당하기를 좋아하지 않습니다만 예라는 것으로 자기 자신을 절제하지 않는다면 나아가 예의, 도덕, 에티켓, 규칙, 준칙부터 크게는 제도, 법률, 헌법 등으로 자신을 조절하지 않는다면 가족의 일원으로, 학생의 일원으로, 시민의 일원으로 당당히 서기 어렵습니다. 당당히 서지 못함은 물론 일원이 되기도 어렵습니다. 그러니 공자께서 예로써 절제하길 좋아하면 매우 유익하다고 한 것입니다.

악(樂)으로 절제한다는 건 무슨 뜻일까요? 음악 또한 우리의 삶에서 차지하는 부분이 매우 큽니다. 기분이 가라앉고 우울할 때 듣는 노래나 연주는 감정 회복에 긍정적인 영향을 줍니다.

음악은 많은 사람의 마음을 하나로 묶어 자연스러운 화합을 끌어냅니다. 밝고 긍정적인 음악을 들으면 기분이 좋아지기도 하며 부드러운 음악을 들으면 기분이 차분해지기도 합니다.

집중력이 필요한 작업을 해야 할 때 차분한 음악을 들으면 도움이 된다는 연구도 있습니다.

음악은 사람의 정서를 안정시키고 다양한 사람들을 한데 묶는 마법을 만들어내기도 합니다. 절제되고 절도 있는 음악은 개인과 사회에 없어선 안 될 중요한 요소입니다. 음악은 감정을 절제시키는 명약과도 같은 존재이기도 합니다.

그래서 옛사람들은 난잡한 노래보다 마음을 일으키고 서로 화합하게 하는 음악을 권장하고 즐겼습니다.

그것을 예악(禮樂)이라 했습니다.

타인의 장점 말하기의 중요성

타인이 나의 장점을 더 빠르고 쉽게 찾기도 합니다. 그러니 타인의 장점을 칭찬해주는 건 그의 긍정적인 발전을 위해서도 매우 좋은 일입니다. 스스로 자각하기 힘들었던 부분을 알게 해주기 때문입니다. 나의 장점이든 타인의 장점이든 장점은 자존감을 높이는 수단이기도 합니다.

가까이 있는 사람을 칭찬한 적이 있다면 그게 언제였을까요? 타인의 장점을 말하는 건 쉬운 일이 아닙니다. 타인의 장점을 말하는 것도 쉬운 일이 아니지만 타인의 장점을 찾아내는 건 더욱 쉽지 않은 일입니다. 관심을 가지고 그를 보지 않으면 장점보다 단점이 더 빨리 눈에 들어오기 때문입니다.

장점을 보려면 노력해야 하기에 그렇습니다. 더 신경 쓰고 더 긍정적인 눈으로 봐야 하기 때문입니다. 그를 좋아하지 않고는 그의 장점을 찾아내기가 만만치 않습니다. 미워하는 사람의 장점을 찾아내는 게 어려운 것처럼 말입니다.

장점은 그를 존중하는 마음이 있을 때 쉽게 찾을 수 있습니다. 친구가 되어 서로 존중하는 마음이 생긴다면 서로의 눈에는 서로의 장점이 점점 더 크게 보일 것입니다.

타인의 장점 찾기도 중요하지만 자기 자신의 장점 찾기도 소홀히 해선 안 됩니다. 자신의 장점을 잘 안다는 건 자신에 대한 신뢰이기도 하기 때문입니다.

타인의 장점 말하기를 좋아하고 한 발 더 나아가 타인의 장점 말하기를 즐길 수 있다면 그 하나만으로도 관계의 달인이 될 수 있습니다.

관계는 청소년기는 물론 성인이 되어서도 매우 중요한 요소입니다. 가족 간의 관계, 친구와의 관계, 직장에서의 인간관계는 우리의 삶을 발전적으로 만들어가는 데 필수불가결한 핵심 조건입니다.

형이나 누나가 동생의 장점을 찾아 칭찬하고, 동생은 형과 누나의 장점을 찾아 칭찬하고, 부모가 자식의 장점을 찾아 칭찬하고, 자식이 부모의 장점을 찾아 칭찬한다면 가족관계를 더는 말할 필요가 없을 것입니다.

친구가 친구의 장점을 찾아 칭찬해주길 노력한다면 그들의 우정은 최고가 될 것입니다.

직장에서도 마찬가지입니다. 상사는 부하의 장점을, 부하는 상사의 장점을 말해주는 분위기의 직장이라면 더 이상의 직장은 없을 것입니다.

칭찬의 좋은 점을 모르는 가족이나 친구나 직장인은 없을 테지만 절대로 쉬운 일이 아니기에 2,500년 전부터 공자가 일렀던 것입니다. 타인의 장점을 찾는 게 쉽다면 공자가 특별히 말하지도 않았을 것입니다. 실천이 어렵기 때문입니다.

그러니 작게라도 실천할 수 있다면 그가 바로 진정 리더다운 리더입니다.

빠지기 쉬운 여섯 가지 유혹

좋아해서 득이 되는 게 있지만 좋아해서 해가 되는 것도 있습니다. 기본적인 예의로서 스스로 절제한다면 공동생활에서 그보다 더 조화롭거나 아름다운 일은 없을 것입니다. 타인의 장점을 칭찬하고 배운다면 그보다 더 유익한 일은 없을 것입니다. 서로 도움을 주고받는 현명한 친구를 만드는 데 노력한다면 인생에 그보다 더 즐거운 일은 없을 것입니다.

기본적인 예의를 무시하면서 스스로 절제하지 못한다면 공동생활에서 그보다 해가 되는 일은 드물 것입니다. 남을 무시하는 교만과 자기 중심의 쾌락에 빠진다면 시간이 갈수록 해가 되는 일입니다. 힘써 공부하거나 일하는 시간을 싫어하고 편안하게 놀기만 즐겨한다면 시간이 갈수록 해가 되는 일입니다. 유흥과 술, 파티와 향락을 즐기는 시간이 길어갈수록 명확하게 해가 되는 일입니다.

모두 같은 길을 가는 건 아니다

공자께서 말씀하셨다.

"함께 배울 수는 있어도 모두 도를 행하는 데로 나아갈 수는 없으며,

함께 도를 행할 수는 있어도 모두 도로 일어서는 것은 아니며,

함께 일어설 수는 있어도 모두 권도를 행할 수 있는 것은 아니다."

_「자한」 29장

子曰	자왈
可與共學 未可與適道	가여공학 미가여적도
可與適道 未可與立	가여적도 미가여립
可與立 未可與權	가여립 미가여권

子	曰							
아들 자	가로 왈							
可	與	共	學	未	可	與	適	道
옳을 가	더불 여	한가지 공	배울 학	아닐 미	옳을 가	더불 여	맞을 적	길 도
可	與	適	道	未	可	與	立	
옳을 가	더불 여	맞을 적	길 도	아닐 미	옳을 가	더불 여	설 립	
可	與	立	未	可	與	權		
옳을 가	더불 여	설 립	아닐 미	옳을 가	더불 여	권세 권		

두 시간 정도면 완독할 수 있는 동화 같은 소설이 한 편 있습니다. 체코 프라하 출신 작가 프란츠 카프카가 1912년, 그의 나이 서른 살이 되던 해 출간한 『변신』입니다.

하루아침에 사라져버린 아들의 침대에는 벌레 한 마리가 꿈틀거립니다. 졸지에 벌레로 변한 주인공 '그레고르 잠자'는 여동생과 경제력 없는 부모를 모시며 가장 역할을 하는 5년 차 영업사원이었습니다. 어머니는 말똥구리처럼 생긴 벌레를 보고 기절했고 여동생은 벌레에게 물과 음식물 부스러기를 담아줍니다. 몇 주 후 벌레는 아버지가 던진, 먹다 남은 사과 쪼가리에 얻어맞아 부상을 당합니다. 다시 몇 주 후 벌레는 결국 굶어 죽고 맙니다. 가족의 입장으로 보면 이 줄거리가 전부지만 『변신』은 그레고르의 이야기입니다.

새벽 4시에 자명종이 울리면 놀라듯 일어나 새벽 5시 기차를 타고 출근해 온종일 외부로 돌아다니며 영업 일을 해야 하는 그레고르, 월급 이외에는 그 어떤 인정도 없는 비정한 고용주와 상사들 사이에서 하루하루가 고통처럼 지나가도 피할 길 없는 그레고르, 가족은 오로지 그의 월급날만 목 빠지게 기다리고 있기에 다른 것에는 눈길 한 번 줄 수 없는 숨 막히는 직장생활을 피할 길 없는 그레고르, 그런 아들의 삶이 당연한 듯 어느덧 당당하게 받아들이는 부모와 동생을 보면서 말이 없어진 그레고르, 새벽이면 침대 속에서 '5분만, 제발 5분만 더'를 반복적으로 되뇌었던 그레고르, 그러던 어느 날 새벽 갑자기 곤충으로 변해버린 자신의 몸을 더듬으면서 소설은 시작됩니다.

그러니까 그레고르는 회사의 고용주에겐 일벌레, 가족에겐 하루하루 먹고살아야 하기에 돈벌레, 자기 자신에겐 아무리 말을 해도 반응하는 사람이 없는 껍데기 벌레 인간, 단 하루라도 자유를 찾아 날고 싶은 나비 벌레였습니다.

그런데 현실은 갑각류 곤충 말똥구리, 아무리 발버둥 쳐도 제 몸 하나 바로 세울 수 없는 허우적대는 다리를 가진 말똥구리, 아무리 소리쳐도 사람들과 소통할 수 없는 말똥구리, 아침부터 저녁까지 잠을 잘 수 있는 자유는 있어도 밖으로 날아갈 수 없는 말똥구리, 배가 고파도 말할 수 없고 처분만 바랄 수밖에 없는 곤충, 누가 오면 침대 밑으로 숨고 누가 무엇을 던지면 몸으로 맞을 수밖에 없는 가련한 곤충, 자신이 없으면 바로 굶어 죽을 듯 보였던 가족들이 자신이 없어도 아무 일 없었다는 듯 웃고 즐겁게 살아가는 모습을 바라봐야만 하는 벌레 인간.

세상은 공평하지 않다고 합니다. 자본주의 사회, 가진 자의 세상에선 어디서나 불평등이 존재합니다. 눈을 감는다고 사회 부조리, 불평등, 불공평이 사라지는 건 아닙니다. 누구는 병들어 일찍 죽고,

누구는 어두운 곳에서 죽도록 일만 하다가 사고로 죽고, 누구는 낮은 학력과 낮은 급여로 비인간적인 취급을 당하며 삽니다.

카프카는 한 인간이 벌레로 변해 죽음으로 가는 여정을 그렸습니다. 벌레 한 마리가 죽는다고 세상은 눈 하나 깜짝하지 않음을 그리고 있습니다. 슬픔의 시간이 지나면 가족조차 그를 잊고 새로운 희망을 찾아 길을 나서게 됨을 그리고 있습니다.

가족을 위해 일벌레가 되어 열심히 살았다고 해도 일 없는 밥벌레가 되면 박멸을 면치 못하는 게 현실이기 때문에 『변신』은 신비로운 이야기지만 매우 사실적입니다. 폭력적인 삶에 의해 피폐해진 몸과 마음은 이미 벌레와도 같은 자아를 되돌아보게 합니다.

말똥구리 벌레가 되어 가족에게조차 외면당해 죽는 악몽을 꾸면서 자신이 벌레처럼 살았다는 걸 비로소 깨닫습니다. 벌레가 된 뒤에야 비로소 자신이 벌레처럼 살았다는 걸 깨닫습니다.

"이러다 다 죽어." 카프카의 경종을 어떻게 받아들여야 할까요? 벌레에서 어떻게 인간으로 변신할 것인가?

그 방법을 카프카는 100년 전에 이미 물었습니다. '변신'은 '변화'임을 말하면서 말입니다.

모두 같은 길을 가는 건 아니다

카프카의 소설 『변신』을 읽어보면 100년 전이나 지금이나, 유럽이나 아시아나 다르지 않다는 걸 느낍니다. 『논어』를 읽어도 비슷합니다. 그러니 2,500년 전이나 100년 전이나 지금이나 다르지 않은 것 같습니다.

초등학교 동창이라 해도 모두 중학교 동창이나 동문이 되는 건 아닙니다. 중학교 동창이라 해도 모두 고등학교 동창이나 동문이 되는 것도 아닙니다. 고등학교 동창이라 해도 모두 대학 동창이나 동문이 되지 않습니다. 대학 동창이라 해도 모두 석박사가 되지 않습니다.

전공이 같다고 모두 같은 일을 하는 것도 아닙니다. 같은 조직에서 일한다고 모두 같이 승진하는 것도 아닙니다. 같은 회사에 들어갔다고 모두 같이 정년퇴직하는 것도 아닙니다. 비슷한 30대를 보냈다고 모두 비슷한 40대를 보내는 것도 아닙니다. 인생 전반전에 승점을 냈다고 모두 인생 후반이 행복한 것도 아닙니다.

우리는 같은 삶을 살 수 없습니다.

그러니 누구는 중학교에서 멈추고, 누구는 고등학교에서 멈추고, 누구는 대학에서 멈추고, 누구는 석사에서 멈추고, 누구는 박사가 되는 것입니다.

누구는 사원에서 멈추고, 누구는 과장에서 멈추고, 누구는 부장에서 멈추고, 누구는 임원에서 멈추고, 누구는 사장을 거쳐 회장이 되는 것입니다.

누구는 전자공학을 전공하고, 누구는 부동산 전문가가 되고, 누구는 기업을 경영하다가 농사를 짓는 것입니다.

사람들은 카프카의 벌레처럼 살길 싫어하지만, 수많은 사람이 그렇게 살아갑니다. 사람들은 같이 시작했으면 과정도 결과도 같길 바라지만 대부분 그렇지 않습니다. 그 이유는 변화에 있습니다.

카프카의 변신은 변화를 의미합니다. 시작은 같아도 과정과 끝이 다르다는 건 희망이기도 합니다.

언제 어디서라도 최선을 다하는 삶이 박수를 받긴 해도 변화하는 삶이 아름다운 삶입니다. 더 희망적인 삶입니다. 우리가 원하는 삶은 변화 속에서만 가능하기 때문입니다.

잘못을 고치지 않는 게 잘못이다

변화

우리 모두는 리더여야 한다

공자께서 말씀하셨다.

"군자는 그릇이 아니다."

_「위정」12장

子曰 君子不器	자왈 군자불기

子曰
아들 자 · 가로 왈

君 子 不 器
임금 군 · 아들 자 · 아닐 불 · 그릇 기

그릇 기(器)가 들어간 사자성어로는 '대기만성(大器晩成)'이 유명합니다. 큰 그릇은 늦게 이뤄진다, 큰일이나 큰 인물은 쉽게 혹은 빨리 만들어지지 않는다는 뜻입니다. 명품이나 훌륭한 사람은 그만큼의 노력과 어려움을 겪고 난 다음에야 비로소 이뤄진다는 말이기도 합니다.

그릇 기에는 다양한 의미가 들어 있습니다. 기(器) 자는 그릇을 가지런하게 진열해 놓은 모습으로 보이기도 합니다. 진열해 놓은 그릇 가운데 놓인 개 견(犬) 자는 누군가 그릇을 훔쳐 가지 않도록 지키기 위한 것이라고도 합니다. 그럴듯한 해석입니다.

그릇 기 속에는 그릇처럼 생긴 입 구(口) 자가 네 개나 들어 있습니다. 가끔 누군가를 가리켜 '참 대단한 그릇이다'라고 말합니다. 어렸을 때와는 전혀 다른 멋진 사람이 되었다는 의미이기도 하거니와 훌륭한 인생을 살아간다는 칭찬의 뜻이기도 합니다.

흔히 인생에는 세 번의 기회가 있다고 합니다. 그런데 그릇 기 속에는 그릇이 네 개나 들어 있습니다. 네 번의 그릇을 만들 기회가 있다는 뜻으로 봐도 틀리지 않을 것 같습니다.

약간의 상상력을 발휘해본다면 첫 번째 인생 그릇은 개인적인 독립을 위한 그릇을 만드는 20대 중반 정도까지의 학창 시절로 생각해볼 수 있습니다. 험한 세상을 살아가기 위해서 우선 '나'를 당당히 세워야 하는 시기입니다. 두 번째 그릇은 가정을 지켜나갈 수 있는 역량을 키우고 실천을 해나가는 '우리'가 중심이 되는 그릇을 만드는 시기입니다. 세 번째 그릇은 개인과 가정의 안정을 바탕으로 조직이나 그룹을 이끌어나가기 위한 '사회' 리더로서의 그릇을 만드는 시기입니다. 마지막으로 네 번째 그릇은 '국가와 인류'를 위한 큰 그릇으로의 도약입니다.

나약한 한 인간으로 태어났지만 스스로 자신의 역량을 키워 먼저 나를 지키고, 가정을 지키며, 직장이나 조직을 이끌어가는 리더가 되어 멋진 성과를 내고, 종국에는 사회와 국가를 위해 큰일을 하는 그릇으로 살다가 세상을 떠나는 모습을 그리며 '그릇 기'를 만들었다고도 상상해볼 수 있습니다.

우리 모두는 리더다

군자는 한자 의미 그대로 보면 임금, 임금의 아들이라는 뜻이지만, 행실이 점잖고 어질며 덕과 학식이 높은 사람을 말합니다. 높은 벼슬에 있던 사람을 이르는 말이기도 합니다. 도덕적으로 탁월한 사람, 학식이나 인품이 높은 사람 등을 지칭하기도 합니다. 서양에선 신사로 번역하기도 했습니다. '군자'가 지금은 거의 쓰지 않는 단어이긴 하지만 그 의미는 여러 가지로 생각해볼 만은 합니다.

『논어』에는 군자라는 단어가 100번도 넘게 등장하는데요. 군자 대신 리더로 바꿔보면 의미가 훨씬 더 쉽게 다가올 것입니다. 간단히 '군자=리더'라고 생각하고 『논어』의 문장을 읽으면 훨씬 더 쉽게 이해할 수 있을 것입니다.

리더를 조금 더 생각해보겠습니다. 누가 리더일까요? 나는 리더일까요? 학교에선 누가 리더일까요? 선생님들만 리더일까요? 반장, 부반장만 리더일까요? 직장에선 누가 리더일까요? 사장과 임원들만 리더일까요? 국가에선 누가 리더일까요? 대통령과 장관들만 리더일까요?

꼭 그런 건 아닙니다. 두 사람 이상이 모이면 그중 한 명은 자의든 타의든 리더가 됩니다. 두 사람 중 하나는 자연스럽게 리더 역할을 합니다.

혼자 있어도 리더인 이가 많습니다. '셀프 리더'가 바로 그들입니다. 그들은 스스로 목표를 세우고 시간 관리를 해가면서 열심히 살아갑니다.

그러니 학교에선 선생님들은 물론 학생들 모두 리더입니다. 대리, 과장, 부장, 이사, 부사장, 사장은 물론 사원 모두가 리더입니다. 대통령, 장관은 물론 국민 한 사람 한 사람이 모두 리더입니다.

밤하늘 아스라이 빛나는 수없이 많은 별이 모래알보다도 작게 보이지만, 그 별 모두 지구보다도 혹은 태양보다도 더 크고 밝다는 사실을 우리는 알고 있습니다. 우리 한 사람 한 사람이 비록 작은 별처럼 보일지라도 어떤 리더가 될지 아무도 모르기에 더 그렇습니다. 지금은 나이가 어려서, 아직 사원급이기에, 아직 기회를 잡지 못해 그렇게 보일 따름입니다.

리더는 쓰임새가 한정된 그릇이 아니다

쓰임새가 고정된 사람이 아닌 그가 바로 리더입니다. 어제와 같은 오늘이 아니라 어제와 다른 오늘을 만드는 사람이 리더입니다. 오늘과 다른 내일을 만들어가는 사람이 리더입니다.

우리는 한 가지 고정된 일만 하기로 정해 태어난 존재가 아닙니다. 더 좋은 방법이 있음에도 불구하고 이전 방법으로만 일을 해야 하는 존재가 아닙니다.

변화를 만들고 이끌어가는 사람이 리더입니다. 1년 전과 지금이 같다면 그는 리더가 아닙니다. 6개월 전과 지금이 같다면 그 역시 리더가 아닙니다.

비록 매일 반복되는 공부와 일을 하고 있지만 공부와 같은 일을 하더라도 조금 더 개선된 방식으로, 더 나은 방법으로 발전과 변화를 이끌고 추진하는 사람이 리더입니다.

첫 번째 인생 그릇은 개인적인 독립을 위한 그릇을 만드는 학창 시절로 생각해볼 수 있는데, 4단계로 나눠보면 그릇 기의 의미를 새롭게 느낄 수 있습니다.

자립(自立)의 시작은 초등학교입니다. 인생에 필요한 대부분은 초등학생 때 배우고 익힙니다. 바른 습관의 시작은 초등학교입니다. 건강의 시작도, 친구와 관계의 시작도, 학습의 시작도 초등학교입니다. 그래서 자립의 첫 번째 그릇은 초등학생 때 대부분 완성됩니다. 인생 자립의 기회를 잡을 수 있는 첫 번째 시기입니다.

첫 번째 기회의 시간을 놓쳤다고 실망할 필요는 없습니다. 두 번째 기회의 시간이 있기 때문입니다. 자립의 두 번째 기회는 중학생 때 찾아옵니다. 3년이 짧긴 하지만 매우 중요한 시기입니다.

공자께서도 열다섯에 중요한 결심을 했습니다. 물론 열다섯 살이 되기 전에도 학습을 게을리한 건 아니지만, 학문에 큰 뜻을 두진 않았습니다. 가난한 어머니가 시키는 공부를 따라 하긴 했지만, 열심히 해야겠다고 결심한 건 아니었습니다.

공자는 열다섯 살이 되어 인생의 큰 결심을 합니다. 본격적으로 제대로된 공부를 해보겠다고 결심을 했던 것입니다. 공자를 따라갈 필요도, 따라갈 수도 없지만 공자가 열다섯 살에 했던 결심을 깊이 생각해볼 필요는 있습니다. 인생 자립의 기회를 잡을 수 있는 두 번째 시기입니다.

첫 번째, 두 번째 기회의 시간을 놓쳤다고 실망할 필요는 없습니다. 세 번째 기회의 시간이 있기 때문입니다. 자립의 세 번째 기회는 고등학생 때 완성됩니다.

중학생 때 분야를 정했다면 고등학교 3년은 시간의 밀도가 다르게 펼쳐집니다. 학습의 동기가 미약한 분야를 반강제적으로 학습한다는 건 고통일 수 있으나, 하고 싶은 분야를 정해놓고 연관성을 생각하면서 하는 학습은 훨씬 즐거운 일이기 때문입니다.

대부분의 청소년은 고등학교 3년을 어렵게 보냅니다. 그러니 3년의 터널을 어차피 지나야 하는 거라면, 시간에 의미 부여를 하는 건 좋은 방법이 아닐 수 없습니다.

왜 공부하는가, 왜 학습하는가에 대한 목적을 스스로 부여할 수 있다면 그 3년의 시간은 6년의 가치와 맞먹을 것입니다. 인생 자립의 기회를 잡을 수 있는 세 번째 기회입니다.

첫 번째, 두 번째, 세 번째 기회의 시간을 놓쳤다면 다가오는 네 번째 기회의 시간을 잡아야 합니다. 어쩌면 인생에서 자립하는 기반을 만드는 마지막 기회이기 때문입니다. 성인이 되어 처음으로 맞이하는 학문의 시기입니다. 큰 학문을 공부하는 대학의 시기입니다.

대학에서 '대학'처럼 공부하는 것과 '소학'처럼 공부하는 건 완전히 다릅니다. 힘써 공부하는 대학이 아니라 즐겁게 놀기가 주가 되는 소학이라면, 인생 자립의 기회는 영영 물 건너가고 말 것입니다. 취업을 위한 공부를 피할 순 없지만 인생을 위한 공부를 피해선 안 됩니다.

어제와 같은 오늘이 아닌 어제와는 다른 오늘을 반복해 만들어가는 사람이 군자이고 리더입니다. 리더는 쓰임새가 한정된 그릇과 같은 존재가 아니기 때문입니다.

변화를 통한 발전을 도모하는 사람이 리더입니다. 우리는 모두 리더입니다. 초등학생도 중학생도 고등학생도 대학생도 모두 리더입니다.

원망할 것이냐 해결할 것이냐

공자께서 말씀하셨다.
"군자는 자기에게서 찾고,
소인은 남에게서 찾는다."

_「위령공」 20장

子曰	자왈
君子求諸己	군자구저기
小人求諸人	소인구저인

子	曰								
아들 자	가로 왈								

君	子	求	諸	己	小	人	求	諸	人
임금 군	아들 자	구할 구	어조사 저	몸 기	작을 소	사람 인	구할 구	어조사 저	사람 인

•
•
•

군자는 잘못의 원인을 스스로에게서 찾으려 하고 소인은 잘못의 원인을 타인에게서 찾으려 합니다. 훌륭한 리더는 자신의 실수나 잘못의 원인을 스스로에게서 찾으려 하고 보통 사람은 자신의 실수나 잘못의 원인을 자신이 아닌 타인의 탓으로 돌리려 한다는 것입니다.

누구나 잘하길 바라지만 모두가 잘할 수 있는 건 아닙니다. 학생이면 누구나 공부를 잘하길 원하지만 모든 학생이 공부를 잘할 순 없습니다. 직장인이면 누구나 일을 잘하길 원하지만 모든 직장인이 일을 잘할 순 없습니다. 부모라면 누구나 자식을 잘 키우고 싶어 하지만 모든 부모가 자식을 잘 키울 순 없습니다. 선거에 나간 정치인이면 누구나 훌륭한 정치가를 꿈꾸지만 모든 정치인이 정치를 잘할 순 없습니다.

모든 학생이 공부를 잘하는 건 아닙니다. 모든 직장인이 일을 잘하는 건 아닙니다. 모든 부모가 자식을 잘 키우는 건 아닙니다. 모든 정치인이 정치를 잘하는 건 아닙니다.

세상의 당연한 이치입니다. 과거에도 그랬고 미래에도 그럴 것입니다. 동양인도 서양인도 마찬가지입니다. 부자나 빈자도 피해가기 어렵습니다.

왜 이런 일이 반복되는 걸까요? 왜 시대와 사회를 막론하고 이런 일은 반복되는 걸까요? 조건과 상황이 다르고 지원이 다르다면 이해를 못 할 것도 없지만 조건과 상황과 지원이 다르지 않음에도 불구하고 반복적으로 일어나는 이유에 대해 공자는 이렇게 말했습니다.

군자는 자기에게서 찾고, 소인은 남에게서 찾는다.

공부 잘하는 학생, 일 잘하는 직장인, 자식 잘 키우는 부모, 정치 잘하는 정치인이든 공부 잘하지 못하는 학생, 일 잘하지 못하는 직장인, 자식 잘 키우지 못하는 부모, 정치 잘하지 못하는 정치인이든 일상의 시간 속에서 일이 잘못되는 문제는 비슷하게 일어납니다.

누구에게나 어려운 일이 생기는 게 세상의 이치입니다. 문제의 원인을 어디서 찾는가가 다르다는 것입니다.

공부 잘하는 학생, 일 잘하는 직장인, 자식 잘 키우는 부모, 정치 잘하는 정치인은 잘못된 결과를 만든 문제의 원인을 스스로에게서 찾는 반면 공부 잘하지 못하는 학생, 일 잘하지 못하는 직장인, 자식 잘 키우지 못하는 부모, 정치 잘하지 못하는 정치인은 잘못된 결과를 만든 문제의 원인을 타인에게서 찾는다는 것입니다. 문제를 풀어내는 관점이 다릅니다.

문제의 원인을 타인에게서 찾으려는 건 핑계를 찾고 있는 것과 같습니다. '나는 잘못이 없고 타인 때문에 그럴 수밖에 없었다'라고 핑계를 대고 있는 것입니다. 외부 조건이 문제가 된 것이지 자신은 열심히 했음을 말하고 있는 것입니다. 자신은 잘못이 없다는 걸 증명하고 싶은 겁니다.

문제는 핑계는 맞지만 가치가 없다는 데 있습니다. 핑계는 핑계를 낳습니다. 가치 없는 핑계 속에 불평과 불만이 커갑니다. 누군가 무엇인가를 탓하기 시작하면 끝을 내기 어렵습니다. 핑계와 탓으로 해결되는 건 거의 없기 때문입니다. 핑계는 맞을 수도 있지만, 핑계로 잘못된 결과를 개선시킬 순 없습니다.

원망할 것인가, 해결할 것인가

200여 년 전 영국의 문필가 찰스 디킨스는 인생을 두 개의 단어로 정리했습니다. '인생이란 멀리서 보면 희극(Comedy)이지만 가까이서 보면 비극(Tragedy)이다.'

누구의 삶이든 어려움은 피할 수 없는 과정입니다. 옛날이나 지금이나 마찬가지입니다. 살아 있다는 건 어려움을 풀어가는 과정입니다. 어려움과 풀림의 매듭이 쌓여 삶이 되고 인생이 되는 것입니다.

크건 작건 문제가 발생했을 때 두 가지 중 하나를 선택해야 합니다. 원망할 것인가? 해결할 것인가?

잘못된 결과에 대해 원망하려면 일을 그르친 원인을 남의 탓으로 돌리면 됩니다. 어렵지 않습니다.

잘못된 결과에 대해 해결하려면 일을 그르친 원인을 자신의 탓으로 돌리면 됩니다. 쉽지 않은 일입니다.

학기 말 시험 성적이 떨어졌습니다. 떨어진 원인에 대해 핑계를 대려면 끝이 없습니다. 선생님을 탓해도 되고, 부모님을 탓해도 되며, 아무 관련이 없는 친구를 탓해도 되고, 힘없는 동생을 탓해도 됩니다. 달그락거리며 걸어 다녔던 위층 사람을 탓해도 되고, 후덥지근한 날씨를 탓해도 되며, 등교 버스를 탓해도 됩니다. 원망하려면 틀리지 않습니다.

연말 업무평가에서 하위 고과를 받았습니다. 하위 고과를 받은 원인에 대해 핑계를 대려면 끝이 없습니다. 고과를 준 상사를 탓해도 되고, 상사의 상사를 탓해도 되며, 상위 고과를 받은 동료를 탓해도 되고, 회사의 인사평가 시스템을 탓해도 되고, 팀워크를 발휘해주지 못한 팀원을 탓해도 됩니다. 응원해준 배우자를 탓해도 되고, 귀여운 아이를 탓해도 됩니다. 원망하려면 틀리지 않습니다.

원망이 아니라 해결하려면 방향을 돌려야 합니다. 관점을 바꿔야 합니다. 문제의 원인이 타인 혹은 외부 조건에 있다면 내 마음대로 하기 어렵습니다. 물론 타인 혹은 외부 조건 때문에 성적이 떨어졌거나 하위 고과를 받았을 수도 있습니다.

하지만 조금만 더 생각해보면 타인이나 외부의 조건보다 이해하고 받아들이려는 자신의 마음과 태도 때문이라는 걸 어렵지 않게 알 수 있습니다. 타인이나 외부의 조건을 내 마음대로 바꿀 수 있는 사람은 거의 없습니다. 어쩌면 불가능할지도 모릅니다. 할 수 있는 일을 하는 것과 할 수 없는 일을 하는 건 다릅니다. 결과가 확연히 다르지요.

앞서가는 사람은 문제의 원인을 자신에게서 찾으려 노력하고, 뒤처지는 사람은 문제의 원인을 타인에게서 찾으려 노력합니다. 타인의 생각과 행동을 내 마음대로 바꾸는 건 어렵지만, 자신의 생각과 행동은 쉽게 바꿀 수 있기에 그렇습니다.

문제의 원인이 타인에게 있고 자신에겐 없다고 생각하면 문제를 해결할 수 없습니다. 이유는 간단합니다. 타인은 내 마음대로 바꾸기 어렵고, 나는 잘못한 것이 없기에 바꿀 게 없어서입니다.

흔들리는 마음을 다잡아주는 것들

공자께서 말씀하셨다.

"군자는 아홉 가지를 생각해야 한다.

볼 때는 밝음을 생각하고, 들을 때는 총명함을 생각하고,

안색에는 온화함을 생각하고, 용모에선 공손함을 생각하고,

말을 할 때는 진실함을 생각하고, 일할 때는 공경함을 생각하고,

의심나는 게 있으면 질문을 생각하고, 화가 날 때는 어려움을 생각하고,

얻는 게 있을 때는 의를 생각해야 한다."

_「계씨」 10장

子曰 君子有九思

視思明 聽思聰 色思溫

貌思恭 言思忠 事思敬

疑思問 忿思難 見得思義

자왈 군자유구사

시사명 청사총 색사온

모사공 언사충 사사경

의사문 분사난 견득사의

子	曰	君	子	有	九	思		
아들 자	가로 왈	임금 군	아들 자	있을 유	아홉 구	생각 사		
視	思	明	聽	思	聰	色	思	溫
볼 시	생각 사	밝을 명	들을 청	생각 사	귀밝을 총	빛 색	생각 사	따듯할 온
貌	思	恭	言	思	忠	事	思	敬
모양 모	생각 사	공손할 공	말씀 언	생각 사	충성 충	모실 사	생각 사	공경할 경
疑	思	問	忿	思	難	見	得	思	義
의심할 의	생각 사	물을 문	성낼 분	생각 사	어려울 난	볼 견	얻을 득	생각 사	옳을 의

조선 중기의 정치 관료였던 율곡 이이 선생은 조선 최고의 성리학
자 중 한 명이었습니다. 아홉 번의 과거시험에서 단 한 번도 수석을
놓치지 않았을 정도로 천재적이었습니다.

1577년 선조 10년, 마흔두 살의 이이는 황해도 해주에서 학문을
시작하는 조선의 초학자들을 위해 책을 한 권 집필했습니다. 공부를
시작하는 젊은 학생들에게 뜻을 세우고 목표를 이루기 위해 해야 할
일, 학문 성취를 위해 떨쳐버려야 할 오래된 습관, 자신의 목표나 몸
가짐을 지키는 방도, 책을 읽는 방법과 독서의 순서 등 모두 열 장으
로 구성된 『격몽요결(擊蒙要訣)』이 바로 그것입니다. 지금 읽어봐도
여전히 큰 울림을 주는 명문으로 구성된 명저입니다.

이이는 『격몽요결』 제3장 「지신장(持身章)」에서 『논어』에 등장하
는 공자의 말씀인 '군자는 아홉 가지를 생각해야 한다'는 유구사(有
九思)를 다시 한 번 강조했습니다. 유구사는 2,500년 전에도 중요했
지만 500년 전에도 중요했다는 걸 알 수 있습니다.

이 아홉 가지를 하나씩 읽어가면서 지금에도 여전히 유효하고 중
요한지 생각해보면 좋을 것 같습니다.

시사명: 볼 때는 밝음을 생각하라

사람을 볼 때도, 책을 한 권 읽을 때도, 분명하고 명확하게 보는 게 필요합니다. 그래야 나중에 엉뚱한 말을 하지 않습니다.

이왕이면 긍정적으로 밝게 봐야 합니다. 사람을 보는 눈도, 세상을 대하는 시각도 마찬가지입니다. 부정적인 시각으로 보면 세상은 부정적으로 보입니다.

사람들은 듣는 것보다 보는 걸 더 신뢰합니다. 직접 본 것을 더 믿습니다. 그런데 내가 본 것이기에 맞을 수도 있지만 내 생각대로 본 것이라면 틀릴 수도 있습니다.

어떤 생각과 어떤 눈으로 보는가가 중요합니다. 편견을 가지고 책을 읽거나 사람을 본다면 아무리 좋은 책이라도 마음에 들지 않을 것이며, 아무리 훌륭한 사람이라도 삐뚤게 보이기 때문입니다.

청사총: 들을 때는 귀 밝음을 생각하라

외국인이 쓰는 언어를 모르면 그 외국인을 알기 어렵습니다. 그들이 아무리 간절하게 말한다 해도 그들을 이해하는 건 불가능합니다.

우리나라 사람끼리 말해도 가끔 상대가 하는 말을 알아듣지 못하는 경우가 많습니다. 시끄러운 환경 때문인 경우도 있지만 자기 생각대로 듣기 때문에 상대의 말이 왜곡되는 경우가 많습니다.

부모님이나 선생님이 아무리 알아듣게 말한다고 해도 딴생각을 하면서 들으면 귀에 들어오지 않습니다. 총명하게 듣는다는 건 상대방의 입장으로 듣는 것입니다. 부모는 자식의 입장으로, 자식은 부모님의 입장으로, 선생님은 제자의 입장으로, 제자는 선생님의 입장으로, 친구는 친구의 입장으로 듣는 것입니다.

색사온: 얼굴빛은 온화함을 생각하라

누구에게나 첫인상은 중요합니다. 새로운 친구를 사귈 때도 남녀를 불문하고 첫인상이 큰 역할을 합니다. 아무리 화나는 일이 있어도 웃는 얼굴에 침 뱉지 못하는 게 사람의 마음입니다.

사람들은 자신도 모르게 경직된 얼굴을 하는 경우가 많습니다. 안색을 부드럽고 온화하게 해야 합니다. 그래야 사람들이 더 많아지고 관계는 깊어집니다.

더 많은 사람과 함께 일하고 싶다면, 더 많은 사람과 함께 행복한 시간을 보내고 싶다면 얼굴을 펴야 합니다. 얼굴을 펴야 인생이 펴집니다. 부모님 얼굴이 환해야 아이의 얼굴이 밝아집니다. 아이의 얼굴이 환해야 부모님의 얼굴이 환해집니다. 얼굴이 온화해야 가족의 기가 살고 친구의 기가 살고 학교가 재밌어집니다.

모사공: 겉모습은 공손함을 생각하라

나이 어린 후배가 건방진 모습으로 다가서는 걸 좋아할 선배는 없습니다. 그게 사람의 마음입니다. 그러니 상대와 좋은 관계를 유지하고 싶다면 겉모습부터 유의해야 합니다. 처음엔 누구나 눈에 보이는 모습으로 평가하기 때문입니다. 친구를 만날 때나 선생님을 처음 뵐 때도 마찬가지입니다.

길에서 사람을 만날 때도 예외는 아닙니다. 그를 위해서가 아니라 나를 위해서입니다. 아무리 잘난 사람도 잘난 척하며 건방진 태도를 보인다면 그를 따를 사람은 없습니다. 그런 태도는 잘난 사람도 볼 품없지만 못난 사람은 더욱 그렇습니다. 자신보다 출중한 사람에게 그러는 것도 문제지만 못난 사람에게 그러는 건 더 보기 흉합니다.

언사충: 말할 때는 진실함을 생각하라

선배라는 단어가 완장이 되어선 곤란합니다. 내가 선비니까, 내가 경험해봤는데 하면서 '이렇게 해야지'라는 훈계조의 조언이 필요한 사람은 거의 없습니다. 확실히 도움이 될 구체적인 대안이 없다면 선배의 지루한 훈계가 될 공산이 큽니다.

누군가에게 입을 열 때는 신중하고 진실해야 합니다. 같은 걸 두고 오늘은 A라고 하고 내일은 B라고 한다면 '언사충'이 아닙니다. 지키지 못할 약속은 하지 않는 습관을 들여야 합니다. 말은 사람을 믿는 척도이기 때문입니다.

사사경: 일할 때는 공경함을 생각하라

자신이 하는 일에 대해 스스로 공경하는 마음을 가져야 합니다. 설사 평범한 일을 하고 있더라도 그 일에 존경의 가치를 더하면 가치 있는 일로 변하기 때문입니다. 일에 대한 가치 기준을 바꿀 필요가 있습니다.

마찬가지로 세상에 하찮은 공부는 없습니다. 그저 공부할 나이가 되었기에 의무 삼아 공부를 한더라도 공부에 공경의 가치를 더하면 훨씬 더 의미 있는 공부가 되기 때문입니다.

누구에게나 공부는 가치 있고 중요합니다. 공부는 자신을 위해서도 가족을 위해서도 국가를 위해서도 중요한 일입니다. 우리가 하는 공부는 공경받아 마땅한 일입니다.

의사문: 의문이 들 때는 질문을 생각하라

공부의 반은 질문입니다. 나머지 반은 질문에 대한 답을 들어 아는 것입니다. 그러니 질문을 하지 않으면 공부의 반을 잃습니다. 궁금한 점이 있으면 누구에게든 질문을 할 수 있어야 합니다. 물어야 답이 나옵니다. 질문이 멈추면 창의력도 성장도 멈춥니다. 질문이 사라지면 더 이상의 발전은 없습니다. 더 이상의 흥분과 즐거움도 사라집니다. 청소년기에 해야 할 일 중의 하나가 좋은 질문을 하는 일입니다.

분사난: 화날 때는 더 큰 어려움을 생각하라

화날 때는 잠깐 쉬어야 합니다. 화나는 일이 났을 때 잠깐 멈출 수 있어야 진짜 강한 사람입니다. 좋은 기분에 한 번 더 참는 건 누구나 가능한 일이지만, 화났을 때 한 번 더 참는 건 누구나 할 수 있는 일이 아니기 때문입니다. 참기 어려운 경계점에 이르렀을 때 잠깐 멈출 수 있는 사람과 멈출 수 없는 사람의 차이는 백지 한 장도 안 되지만, 그 결과는 말할 수 없이 큽니다. 그러니 욱 하는 마음에 사고를 치고 지옥의 괴로움을 당할 것인가, 한 번 참고 천당의 분위기를 만들 것인가 선택해야 합니다.

견득사의: 얻는 게 있으면 의로움을 생각하라

정당한 대가를 지불하고 얻는 것일지라도 의로운 일인지를 생각 해보는 게 필요한데, 대가 없이 얻는 건 두말할 필요가 없습니다. 자 신의 노력이 아닌 타인의 도움으로 얻은 것이라면, 누려야 할지 거 부해야 할지 깊이 생각해야 합니다. 노력 없이 얻은 결과라면 한 번 더 생각해봐야 합니다. 지옥으로 인도하는 미끼는 아닌지, 함정으로 이끄는 먹이는 아닌지 재고해야 합니다. 대가 없이 타인에게 귀중한 걸 받는다면 함정일 가능성이 농후하기 때문입니다

잘못을 고치지 않는 게 잘못이다

공자께서 말씀하셨다.
"잘못하고도 고치지 못한다면
그게 바로 잘못이다."
_「위령공」 29장

子曰	자왈
過而不改	과이불개
是謂過矣	시위과의

子	曰						
아들 자	가로 왈						

過	而	不	改	是	謂	過	矣
지날 과	말이을 이	아닐 불	고칠 개	이 시	이를 위	지날 과	어조사 의

열 살 아이의 마음을 알려면, 열한 살 아이가 느끼는 죽고 싶을 만큼의 고통을 알려면, 열다섯 살 아이가 종교를 어떻게 받아들이는가를 알려면, 열일곱 살 아이가 사랑의 신비를 느낄 때 어떤 반응이 나오는가를 알려면 헤세의 『데미안』을 읽어보는 게 좋습니다.

성장 소설이라고 알려진 『데미안』은 마흔이 넘은 헤세가 쓴 자전적 소설입니다. 이 책을 중학생이나 고등학생이 읽으면 이해하는 데 적지 않은 어려움이 있지만, 열다섯 아이를 둔 마흔 넘은 부모가 읽기에 아주 적당합니다.

헤세는 『데미안』을 쓰면서 이렇게 말했습니다.

"나는 내 속에서 스스로 솟아나는 것, 바로 그것을 살아보려 했다. 그것이 왜 그토록 어려웠을까? 김나지움(고등학교)을 졸업한 후에도 어디서 무엇을 공부하고 싶은지 정하지 못했다. 몸은 성인이 되었지만 특별한 목표가 없었다. 막연하지만 가끔 꿈속에 등장하는 이미지대로 살아야겠다는 생각이 들 때면 미친 게 아닌가 생각하기도 했다. 물론 다른 친구들처럼 한다면 나도 할 수는 있다. 하지만 정확하게 교수나 판사, 의사, 예술가가 되고 싶다고 분명히 말을 하려면 시간이 더 필요하다는 것이다."

『데미안』의 서문에서 헤세는 다른 사람들에 대해서 이해할 수는 있어도 정확하게 말할 수는 없다고 했습니다. 누구나 실수합니다. 특히 우리는 인간이기에 그렇습니다.

"모든 개인의 이야기는 중요하고 영원하며 신성하다. 자연의 의지를 실현하며 살아가는 인간이라면 누구든 경이로운 존재로서 주목받아야 한다. 우린 모두 같은 어머니, 대지의 여신에서 탄생한 존재들이다. 그런데 모두 똑같은 협곡, 저 깊은 심연에서 내던져진 주사위들이어도 저마다 자신만의 목표를 향해 날아가려고 치열하게 노력한다. 그래서 우리는 서로를 이해할 수는 있지만, 오직 자기 자신에 대해서만 설명할 수 있는 것이다."

잘못하고도 고치지 않는 것

처음엔 누구나 막막하고 막연합니다. 다른 사람들처럼 하면 잘될 것 같지만 꼭 그렇지도 않습니다. 그래서 공자도 이렇게 말한 것입니다.

잘못하고도 고치지 못한다면 그게 바로 잘못이다.

넘어지지 않고 자전거 타기를 익힌 사람은 거의 없을 것입니다. 누구나 넘어지고 꼬꾸라지면서 자전거 타기를 익힙니다. 학습도 업무도 인생도 마찬가지입니다. 사람들은 누구나 실수하면서 인생을 살아갑니다. 그래서인지 이런 문장이 영어 격언에 등장합니다.

사람은 실수하고, 신은 용서한다.

To err is human, To forgive divine.

그러니 실수는 기본입니다. 부자든 빈자든, 똑똑한 사람이든 덜 똑똑한 사람이든, 어른이든 아이든 실수는 피할 수 없는 삶의 과정입니다.

실수가 삶의 과정이긴 하지만 반복되는 실수는 우리 삶에 종종 치명타가 됩니다. 개인의 실수나 잘못은 개인에게 피해를 주지만 리더의 실수는 함께하는 사람들에게 피해를 줍니다.

처음부터 실수하지 않는 게 더 좋지만, 실수를 통해 배움이 있다면 그 또한 나쁘지 않습니다. 처음부터 잘못하지 않는다면 그보다 더 좋을 수 없지만, 잘못을 통해 반복적인 잘못을 줄일 수 있다면 그 또한 나쁘지 않습니다.

그러니 처음의 실수는 약이 될 수 있습니다, 처음의 잘못은 자신을 더 강하게 만드는 처방전이 될 수 있습니다. 첫 실수를 두려워해선 안 될 것입니다.

공자도 첫 실수는 봐준다고 하지 않았습니까? 실수를 통해 한 발더 나갈 수 있는 배움만 있으면 됩니다. 똑같은 실수를 저지르지만 않으면 첫 실수는 아름다운 씨앗이 될 수 있습니다. 첫 실수를 고치면 고친 만큼 변화와 성장을 할 것입니다.

공자는 잘못하고도 고치지 않는 게 진짜 잘못이라 했습니다. 잘못을 고치면 잘못은 삶에 유익한 약이 되지만, 잘못을 고치지 않으면 잘못은 두고두고 삶의 앞길을 막는 독이 됩니다. '바늘 도둑이 소도둑이 된다'는 속담이 이를 말합니다.

잘못을 알았으면 반드시 고쳐야 한다

천 개의 서로 다른 글자로 형성된 『천자문』은 단순한 글자의 나열이 아니라 여덟 글자씩으로 구성된 125개의 문장입니다. 125개의 문장에는 같은 글자가 단 하나도 없지만 교훈이 되는 다양한 이야기가 들어 있습니다.

『천자문』은 글을 처음 배우는 아이들에게 가장 먼저 가르쳤던 책으로 자연, 인륜, 지형, 지역, 역사, 인물 등 고전에 등장하는 『논어』『맹자』『중용』『대학』을 포함 다양한 고전의 명문들을 함축 요약해 기술해놓았습니다. 그중에는 『논어』「위령공」 29장의 문장을 단 네 글자로 요약해 활용한 사례도 있습니다.

知過必改 得能莫忘

지과필개 득능막망

(잘못을 알았으면 반드시 고쳐야 하고, 할 수 있게 된 건 잊지 말아야
한다)

_『천자문』125문장 중 22번째 문장

『논어』와 『천자문』을 연결해 봅니다.

過而不改 是謂過矣 知過必改 得能莫忘

과이불개 시위과의 지과필개 득능막망

잘못하고도 고치지 않는다면 정말 큰 잘못으로 이어질 수 있습니
다. 잘못을 알았으면 반드시 고쳐야 합니다. 잘못을 통해 배우고 또
익힌 걸 잊지 말아야 합니다.

실수하고도 고치지 않는다면 정말 큰 잘못으로 이어질 수 있습니
다. 실수를 알았으면 반드시 고쳐야 합니다. 그 실수를 통해 배우고
익힌 것을 잊지 말지 말아야 합니다.

반복적인 연습이 인생을 바꾼다

공자께서 말씀하셨다.
"본성은 서로 비슷하지만
익힘에 따라 서로 멀어지게 된다."

_「양화」 2장

子曰	자왈
性相近也	성상근야
習相遠也	습상원야

子	曰						
아들 자	가로 왈						
性	相	近	也	習	相	遠	也
성품 성	서로 상	가까울 근	어조사 야	익힐 습	서로 상	멀 원	어조사 야

성품 성, 성질 성(性) 성(性)은 태어나면서부터 가지고 있는 마음.
익힐 습, 버릇 습(習) 습(習)은 새의 날개 혹은 깃을 나타내는 깃 우(羽)와 날 일(日)이
합쳐진 구조로 새가 날마다 날갯짓을 익히는 것으로 '익히다'는 뜻.

사람의 본성은 선할까요, 악할까요? 개인에게도 중요한 문제지만 조직이나 국가를 선도하는 리더들에겐 너무나도 중요한 문제였습니다. 누군가를 설득하기 위해선 그럴듯한 이론과 명분이 필요하기 때문입니다.

사람은 선한 본성을 갖고 있기에 믿으면 됩니다. 아닙니다, 사람은 악한 본성을 갖고 있기에 믿음만으로는 부족하고 교육과 제도가 있어야 합니다. 이렇듯 2천 년 전에도 사람의 본성과 천성 그리고 성선설과 성악설은 중요한 논제였습니다.

『중용(中庸)』의 저자로 알려진 자사는 공자의 손자입니다. 그는 사람의 본성과 천성을 이렇게 정의했습니다. '천명지위성(天命之謂性, 천명을 성이라 한다)'라고 말이죠. 사람의 본성은 하늘의 뜻과 같다고 하면서 하늘과 인간을 동일시했습니다. 그러니 하늘이 착하면 인간도 착하고 하늘이 악하면 인간도 악하다는 뜻입니다. 그런데 하늘(자연)은 어긋나는 바가 없고 인간의 삶에 사시사철 도움을 주니 하늘을 닮은 인간의 본성도 선하다는 의미였습니다.

자사 가문에서 가르침을 받았던 맹자는 인간의 본성은 선하기에 불쌍하고 측은한 사람을 보면 가엾게 여기는 측은지심(惻隱之心),

자신의 옳지 못함을 부끄러워하고 타인의 착하지 못함을 미워하는 수오지심(羞惡之心), 윗사람을 보면 양보할 줄 아는 사양지심(辭讓之心), 옳고 그름을 구별하는 시비지심(是非之心)을 가진다고 했습니다.

맹자는 사람에겐 누구나 저절로 알고 있는 양지(良知)와 배우지 않아도 할 수 있는 양능(良能)이 있어, 부모를 사랑하고 윗사람을 따르며 불쌍한 사람을 보면 선행을 한다고 했습니다. 사람의 본성은 선하지만 살면서 욕망과 유혹을 이겨내지 못하기에, 학습으로 본래 가지고 있던 양지와 양능을 끌어내야 한다고 주장했습니다.

맹자 나이 환갑 즈음에 순자가 태어났습니다. 그 시기 천하는 공자의 '덕의 정치[德治]'나 맹자의 '의로운 정치[義治]'가 발을 들여놓을 틈이 없는 형국이었습니다. 천하가 전쟁의 소용돌이인 전국시대에 한가롭게 '성선설(性善說)'을 주장할 여유가 없었습니다. 현실을 받아들이면서 새로운 출구를 찾는 편이 더 현실적이었기에 순자는 '성악설(性惡說)'을 주장할 수밖에 없었습니다.

지금 사람들의 본성은 나면서부터 이익을 좋아하는데 이것을 따르기 때문에 쟁탈이 생기고 사양함이 없어진다. 나면서부터 질투하고 미워하는데 이것을 따르기 때문에 남을 해치고 상하게 하는 일이 생기며 충성과 믿음이 없어진다. 나면서부터 귀와 눈의 욕망이 있어 아름다운 소리와 빛깔을 좋아하는데 이것을 따르기 때문에 음란이 생기고 예의와 아름다운 형식이 없어진다. 그러니 사람의 본성을 따르고 감정을 쫓는다면 반드시 다투고 뺏게 되며, 분수를 어기고 이치를 어지럽히게 되어 난폭함으로 귀결될 것이다. 그러므로 반드시 스승과 법도에 따른 교화와 예의의 교도가 있어야 하며, 그런 뒤에야 서로 사양하게 되고 아름다운 형식을 갖게 되어 다스림으로 귀결될 것이다. 이로써 본다면 사람의 본성은 악함이 분명하며 선한 것은 작위, 즉 노력의 결과일 뿐이다.

_『순자』「성악」1장

순자의 성악설은 60년 전 맹자를 넘어, 240여 년 전 공자까지 올라갑니다. 사실 공자는 하늘[天]이니 천성[性]이니 하는 말은 별로 하지 않았습니다. 『논어』에서 성(性)에 관한 공자의 가르침은 다음 어구가 유일합니다.

나면서부터 지닌 본성은 서로 가까우나 익힘과 반복에 따라 서로 멀어진다.

사람의 본성이나 천성은 누구나 비슷비슷하다는 말입니다. 비슷하게 태어나지만 어떤 환경에서 어떤 교육을 받고 어떤 반복적인 행위를 지속하느냐에 따라 점점 달라진다는 뜻입니다.

천성이 비슷한 형과 동생이 있다고 해도 수십 년 살다 보면 서로 다른 길을 갑니다. 형과 동생의 천성이나 본성의 차이가 아니라 매일매일 어떤 일을 반복적으로 했는가, 어떤 생각을 반복적으로 했는가의 차이 때문입니다. 사람이 가지고 태어나는 건 서로 비슷하지만, 무엇을 선택해 반복하느냐에 따라 서로 다른 결과를 만들어내는 것이죠.

익힘에 따라 서로 멀어진다

공자의 가르침은 성(性)보다 '습(習)'이었습니다. 성선설 또는 성악설의 천성이 아니라 어디서 어떻게 태어났든 살면서 무엇을 꾸준히 하느냐가 더 중요하다는 의미입니다. '익힘에 따라 서로 멀어진다'라는 말은 일관성을 가지고 꾸준하게 노력하면 점점 더 잘될 수밖에 없다는 걸 의미합니다.

사람의 본성이나 천성은 서로 비슷합니다. 똑똑한 사람과 덜 똑똑한 사람이 비록 차이가 난다고 해도 별로 크지 않습니다. 혹여 차이가 나더라도 연습, 복습, 학습에 따라 복구될 수 있고 오히려 더 큰 차이를 만들어낼 수 있습니다.

타고난 천성과 본성이 훌륭한 경우와 훌륭하지 않은 경우가 있다고 가정해봅니다. 타고난 천성과 본성이 훌륭하고 연습, 복습, 학습으로 꾸준히 노력한다면 그야말로 최고의 리더가 될 수 있습니다. 타고

난 천성과 본성이 훌륭하지 않다고 해도 연습, 복습, 학습으로 꾸준히 노력한다면 그 또한 훌륭한 리더가 될 수 있습니다.

타고난 천성과 본성이 아무리 훌륭해도 연습, 복습, 학습으로 꾸준히 노력하지 않는다면 훌륭한 리더가 되기 어렵습니다. 타고난 천성과 본성이 훌륭하지도 못하고 연습, 복습, 학습으로 꾸준히 노력하지도 않는다면 최악의 사람이 될 수밖에 없습니다.

그렇다면 습을 유지하기 위해선 어떻게 해야 할까요? 어떻게 해야 꾸준함을 지켜낼 수 있을까요?

반복적인 연습, 복습, 학습으로 인생을 바꿀 순 있지만 꾸준한 반복은 쉽지 않습니다. 수많은 사람이 작심삼일(作心三日)에 무너집니다. 꾸준한 익힘은커녕 단 세 번도 반복하지 못하고 뒤로 자빠지고 맙니다.

습을 유지하기 위한 상수는 좋아함이고 변수는 칭찬과 수입입니다. 공부하는 청소년에게 좋아함의 상수는 좋아하는 과목이나 좋아하는 선생님이고 변수는 칭찬입니다.

좋아하는 과목을 공부하는데 선생님이나 부모님께 칭찬까지 듣는다면 더욱 꾸준히 하게 되고 학습효과는 높아져 꾸준함을 유지할 수 있습니다.

좋아하는 과목을 공부한다면 비록 선생님이나 부모님으로부터 칭찬을 듣지 못한다 해도 학습효과 역시 크게 떨어지지 않고 꾸준함을 유지할 수 있습니다.

비록 좋아하지 않는 과목을 공부한다고 해도 선생님이나 부모님으로부터 적절한 칭찬을 듣는다면 어느 정도까진 꾸준함을 유지할 수 있습니다.

가뜩이나 좋아하지도 않는 과목을 공부하는데 선생님이나 부모님의 격려와 칭찬은커녕 관심이 없다면 학습의 꾸준함을 유지하기란 쉬운 일이 아닙니다.

그러니 공부를 좋아하든가 적절한 칭찬과 격려가 있어야 합니다. 그래야 꾸준히 할 수 있고 대부분 성공에 이릅니다.

조직에서 일하는 직장인이든 개인적으로 사업을 하든, 일하는 성인에게 좋아함의 상수는 좋아하는 직업이나 좋아하는 업무이고 변수는 높은 수입입니다.

좋아하는 일에 수입 또한 많다면 더욱 꾸준하게 할 수 있습니다. 좋아하는 일을 한다면 비록 수입이 좀 적다고 해도, 비록 자신이 좋아하는 일은 아니지만 수입이 많다면 더욱 꾸준하게 할 수 있습니다. 좋아하지 않는 일에 수입마저 적다면 꾸준히 하기 어렵습니다.

그러니 좋아하는 일이든가 수입이 많든가입니다. 그래야 꾸준히 할 수 있고 대부분 성공에 이릅니다.

인생은 습이 좌우한다

공자가 중요하게 여긴 또 하나는 학(學)보다 '습(習)'에 방점을 찍었다는 점입니다. 물론 배움도 중요하지만, 배움을 어떻게 자신의 것으로 만드냐가 더 중요합니다. 아무리 많이 배웠다고 해도 배움을 제대로 쓸 수 없다면, 배움은 사치나 허영에 지나지 않습니다. 배움이 성과로 바로 연결되는 게 아니라 성과는 익힘과 반복을 통한 결과로 만들어지는 산물이기 때문입니다.

결국 인생은 습이 좌우하지 학이 좌우하지 않습니다.

열 개 과목을 배웠다고 해도 삶에 모두 필요하지도 않으며 열 개 과목이 동시에 필요한 경우도 거의 없습니다. 전자공학을 전공한 학생이 학부에서 이수한 수십 개의 과목이 삶에 모두 필요하지도 않으며 수십 개의 과목이 동시에 필요한 경우는 더더욱 없습니다.

습은 필요에 따라 하면 됩니다. 필요한 시기에 따라 집중적인 반복으로 체득하면 됩니다.

말이 행동을 넘어설 때 부끄럽다

공자께서 말씀하셨다.

"군자는 말이 행동을 넘어서는 것을 부끄러워한다."

_「헌문」 29장

子曰	자왈
君子恥其言而過其行	군자치기언이과기행

子	曰
아들 자	가로 왈

君	子	恥	其	言	而	過	其	行
임금 군	아들 자	부끄러울 치	기 기	말씀 언	말이을 이	지날 과	그 기	갈 행

부끄러울 치(恥)는 욕먹다, 부끄럽다의 의미.

말을 제대로 알아들을 수 없다면 그 사람을 이해하는 건 거의 불가능합니다. 외국어를 모르면 외국인의 말을 못 알아듣는 건 당연합니다. 우리나라 사람끼리 대화를 한다고 해서 그 말의 속뜻을 완벽하게 이해하는 것 역시 쉽지 않습니다. 사실을 사실대로 바르게 말해도 알아듣기 어려운 게 세상의 말인데 사실이 아닌 헛말인 경우는 더 말할 필요가 없습니다.

말하는 사람의 감정과 듣는 사람의 생각이 다르다면 더욱 그렇습니다. 아무리 간곡하게 말을 해도 듣는 사람의 마음이 다른 곳에 가 있다면 그 대화는 이미 틀린 것입니다. 듣는 사람이 아무리 집중해 듣는다고 해도 말하는 사람이 거짓말을 하고 있다면 그 역시 마찬가지입니다.

말이 앞서는 걸 부끄럽게 생각하지 못하는 사람들이 적지 않습니다. 말은 쉽고 행동은 어렵기 때문입니다. 자신은 실천하지도 않으면서 타인은 그렇게 하길 바라는 마음이 크기 때문입니다.

어떤 사람은 도덕을 앞세워, 어떤 사람은 권위를 앞세워, 어떤 사람은 돈을 앞세워, 어떤 사람은 나이를 앞세워 가르치고 훈계합니다. 그가 비록 도덕적으로 보일지라도, 권위적일지라도, 부자일지라도, 어른일지라도 그들도 그저 보통 사람에 지나지 않습니다. 자신이 먼저 솔선수범을 보이지 못하면서 그럴듯한 말로 타인을 움직이게 만들 수 있다고 생각하는 사람들은 보통 사람입니다. 예전에는 소인이라 불렀습니다.

처음엔 그가 하는 말로 그를 평가하지만 결국 그의 행동으로 그를 평가합니다. 말 잘하는 건 큰 장점이지만 말만 잘하는 건 결국 큰 단점이 됩니다. 처음엔 말 잘하는 사람이 눈에 띄고 우수 인재로 보이지만 시간이 지나면서 우수 인재로 남는 사람은 실행력이 좋은 사람입니다. 말은 앞서서 잘하는데 결과로 보여줄 수 없다면 말 잘하는 것만큼 나중에 손해를 볼 것입니다. 아이든 어른이든, 동양인이든 서양인이든, 요즘 사람이든 옛날 사람이든 모두 마찬가지입니다.

동물은 부끄러워하거나 수치스럽게 생각하는 감정이 없어 본능적으로 살아갑니다. 식욕이 들면 먹고, 성욕을 느끼면 부끄러움이나 수치심 없이 즉각 행동합니다. 어린아이 역시 수치심이나 부끄러움을 느끼지 못하고 충동에 따라 말하고 행동하지만 나이가 들어감에 따라 자신의 행동이나 말에 부끄러움을 느낍니다.

맹자는 자신의 옳지 못함을 부끄러워하고 타인의 착하지 못함을 미워하는 걸 수오지심이라고 했습니다. 사람이면 누구나 원래부터 가지고 있는 본성 중의 하나로 생각했습니다. 수치심과 부끄러움은 인간의 가장 대표적인 감정 중의 하나입니다.

사람들이 옷을 입기 시작한 연유가 추위나 더위로부터 몸을 보호

하기보다 성적 수치심을 줄이기 위해서라는 주장을 보면 부끄러움이나 수치심은 아주 오래된 인간의 감정이나 본능임에 틀림없어 보입니다.

그러니 부끄러움을 느껴야 할 때 부끄러움을 모르는 건 사람이길 포기한 작태라고 볼 수 있습니다. 사람이면 누구나 자연스럽게 느끼는 이 감정을 자신의 이익 혹은 집단의 이익을 위해 무시한다면 인간이길 스스로 부정하는 꼴이 됩니다.

말이 행동을 넘어서면

옳지 못한 말이나 행동을 할 때 사람들은 부끄러움과 수치심을 느낍니다. 부끄러움을 아는 사람은 자신의 말에 책임을 질 줄 압니다. 부끄러움을 아는 사람은 자신의 행동에 책임을 질 줄 압니다. 부끄러움을 모르면 나이가 아무리 많아도 성인이라 할 수 없습니다. 막 입을 떼고 말을 배우는 천둥벌거숭이 어린아이와 다름없습니다.

그런 사람과 중요한 관계를 형성하는 일은 매우 조심스럽습니다. 친구를 사귈 때도 마찬가지입니다. 한두 번이야 그럴 수도 있다고 생각할 수 있지만, 그런 상황이 반복적으로 이어지면 다른 문제입니다. 그런 상황에서 진정한 우정이 싹트기는 어렵기 때문입니다.

조직에서 함께 일해야 하는 동료로서도 마찬가지입니다. 상사와

부하 사이에도 마찬가지입니다. 조직에서의 인간관계는 매우 예민합니다. 말을 앞세우는 사람, 아니 말만 앞세우는 사람은 그 어떤 관계에서도 살아남기 어렵습니다.

부끄러움을 안다는 말은 단순히 수치심을 느낀다거나 수줍음을 탄다는 의를 뛰어넘습니다. 리더의 자질에 관한 것이며 리더의 자격에 관한 것입니다. 그래서 수천 년 전부터 강조해 내려오고 있는 것입니다.

군자는 말이 행동을 앞서는 걸 부끄러워했습니다. 말이 행동을 넘어섬을 부끄러워할 줄 아는 사람이 리더입니다. 그러기에 실천하기 어려운 말은 조심해야 합니다. 실천 없이 말만 잘하는 사람이 리더로 서면 안 됩니다. 리더 스스로는 물론 함께하는 모든 사람을 망치는 일이 되기에 그렇습니다.

행동 없이 말로만 하는 리더를 따를 사람은 없습니다. 혹여 두려움에 따르는 척은 하겠지만 상황이 바뀌면 사람들은 썰물처럼 빠르게 사라질 것입니다.

말이 행동을 넘어서도 부끄러워할 줄 모른다면 진정한 리더가 아닙니다. 행동이 따르지 않고 말로만 잘하는 리더는 리더가 아닙니다. 학교에서나 직장에서나 가정에서나 마찬가지입니다. 친구 사이나 직장 동료 사이나 형제자매 사이나 마찬가지입니다.

공자보다 150여 년 먼저 태어나 『일리아스』와 『오디세이』를 저술한 고대 그리스의 서사 시인 호메로스는 부끄러움에 대해 이렇게 말했습니다. "부끄러움을 아는 사람들은 살해당하기보다 구원받는 자가 많다. 그러나 도망치는 사람에겐 명예도 안전도 없다."

20세기 프랑스의 실존주의 철학가 장 폴 사르트르 역시 "가장 성공한 삶은 스스로 부끄러움 없이 인생에 만족하는 삶이다. 이 만족은 생의 마지막 무렵에 느낄 수 있다."라고 했습니다.

같은 실수를 저지르지 않으려면

공자께서 말씀하셨다.
"충실함과 신의를 위주로 하고,
자기보다 못한 벗은 없으니
잘못이 있으면 고치기를 꺼리지 말아야 한다."

_「자한」 24장_

子曰	자왈
主忠信	주충신
毋友不如己者	무우불여기자
過則勿憚改	과즉물탄개

子	曰				
아들 **자**	가로 **왈**				

主	忠	信			
주인 **주**	충성 **충**	믿을 **신**			

毋	友	不	如	己	者
말 **무**	벗 **우**	아닐 **불**	같은 **여**	몸 **기**	놈 **자**

過	則	勿	憚	改	
지날 **과**	곧 **즉**	말 **물**	꺼릴 **탄**	고칠 **개**	

말 무(毋)는 없다(無), 아니다(不)의 의미. 무(毋)와 무(無)는 같은 뜻으로 쓰임.
말 물(勿)은 말라, 말아라, 아니다, 없다의 의미.

·
·
·

공자는 미래의 리더들에게 두 가지를 요청하고 있습니다. 바로 충 (忠)과 신(信)입니다. 스스로에겐 진실로 충실하고 타인에겐 신뢰를 받을 수 있는 믿음직스러운 사람이 되라는 뜻입니다.

자신은 소중한 사람이라는 믿음과 함께 자기가 하는 일에는 충실 하고 타인에겐 거짓이 없는 사람이 되라는 공자의 가르침은 절대로 쉬운 일이 아닙니다. 쉬운 일이 아니기에 그렇게 할 수만 있다면 큰 가치가 있는 일임에 틀림없습니다.

충과 신을 삶의 기준으로 삼는다면 그 어떤 삶의 파도도 헤쳐나갈 수 있습니다. 청소년도 성인도 노인도 마찬가지입니다. 나이와 시대 에 따라 삶의 거친 파도가 다르게 다가올 순 있어도 헤쳐나가는 삶 의 무기는 다르지 않습니다.

공부나 일에 진실과 정성이 가득하다면 시간이 문제가 될진 모르 지만 목표를 달성하는 건 의심할 여지가 없습니다. 타인과의 관계에 있어 신의와 믿음만 유지시킬 수 있다면 그 역시 마찬가지입니다.

너무나 당연한 말이기에 사람들은 종종 이를 무시하고 가볍게 생 각할 때도 있지만 당연한 말이 가벼운 말은 아닙니다. 『논어』에는 당연한 말처럼 들리는 가치 있는 말들이 많습니다. 주변 사람들에게 많이 들었기 때문에 당연하다고 생각할 순 있으나 그것과 일상에서의 실천은 다른 이야기이기에 더욱 그렇습니다.

누군가를 친구로 삼는 기준

'무불여기자(毋友不如己者)'는 해석이 두 가지로 갈립니다.

하나는 송나라 주자(朱子)를 비롯한 많은 해석가의 전통적인 해석으로 '자기만 못한 자와는 벗하지 마라'입니다. 스스로 생각할 때 자신보다 못하다고 생각되는 친구와는 벗하지 말라는 뜻으로 공자가 조금은 야박하게 말한 건 아닌가 하는 생각이 들기도 합니다.

그래서 그랬는지 『논어』의 이 대목을 읽은 송나라 때 주자의 한 제자가 질문했습니다.

"선생님, 지금 제가 저보다 나은 자를 찾아가 그와 벗하려 한다면 그는 반드시 제가 자기만 못하다고 해 저와 벗하려 하지 않을 것입니다. 제가 그와 벗하고자 해도 어떻게 벗을 할 수 있겠습니까?"

주자가 답했습니다.

"무는 금지하는 말이니 나는 다만 나보다 못한 자에게 가서 벗하길 구해선 안 된다는 것이다. 나보다 못한 자가 찾아온다면 또 어찌 그를 물리칠 수 있겠는가. 이를 미뤄 보면 나보다 나은 자와 벗하는 것도 절로 알 수 있는 것이다."

주자의 말을 풀어보면 이렇습니다.

"공자께서 금하라고 한 건 타인이 금하는 게 아니라 자기 자신만 그렇게 하지 말 것을 이른 말이다. 너의 생각은 어떤가? 너보다 잘난 사람이 네게 찾아와 친구를 하자고 하겠는가? 아마도 그럴 일은 거의 없을 것이다. 그러니 너도 너보다 못한 사람을 찾아가 친구를 하자고 하는 건 그리 좋은 일이 아니다. 그러나 너보다 못한 사람이 찾아와 친구를 하자고 하면 어찌 안 된다고 냉정하게 물리칠 수 있겠느냐? 그러니 찾아오는 사람과는 친구가 되어도 네가 찾아갈 사람은 이왕이면 너보다 나아야 한다는 말이다. 그러니 공자의 말씀은 당연한 게 아니겠는가?"

공부 잘하는 아이, 부자 아버지를 둔 아이, 아버지가 고위직에 있는 아이, 아버지가 유명인인 아이, 부장 동네에 사는 아이, 비싼 아파트에 사는 아이, 잘생긴 아이는 친구로 삼고 공부 못하는 아이, 가난한 아버지를 둔 아이, 아버지가 하위직인 아이, 무명의 아버지를 둔 아이, 외곽 동네에 사는 아이, 저가의 아파트에 사는 아이, 못생긴 아이와는 친구로 삼지 말라는 말이 아니라는 걸 모르지 않지만 적지 않은 사람들이 현실적인 갈등에 휩싸이는 것 또한 사실입니다.

하지만 공자의 가르침은 분명합니다. 나 자신의 기준도 충신을 기준으로 삼아야 하듯 친구의 기준도 충신입니다. 아버지의 권력이나 재력이 기준이 아니라 친구 스스로의 충신이 벗으로의 기준이 되어야 합니다. 스스로에겐 진실로 충실하고 타인에겐 신뢰를 받을 수 있는 믿음직스러운 사람이 기준입니다. 그런 사람을 벗으로 삼아야 합니다.

무불여기자의 다른 해석은 '자기보다 못한 벗은 없다'라는 주석입니다. 공자가 제자들에게 이렇게 말하는 것 같습니다.

"너희 주위에 과연 너희보다 못한 사람이 얼마나 있겠느냐? 자세히 보면 사람들은 누구나 본인만의 장점이 갖고 있다. 세상에 자신보다 못한 사람은 없다는 겸손한 마음으로 주변의 친구들이나 사람들로부터 배우기를 게을리해선 안 된다. 그런 눈으로 본다면 세상 사람 모두 너희의 선생이 될 수 있을 것이다. 그들을 보면서 스스로 되돌아보고 자신에게 잘못이 있으면 고치기를 게을리하지 말아야 한다. 세 사람이 길을 가면 그중에 반드시 나의 스승이 있다. 그중 선한 자에게선 선함을 따르고, 선하지 못한 사람을 보면 나를 고치면 된다는 말이다."

같은 실수를 반복하지 않는다면

잘못이 있으면 고치기를 꺼리지 말아야 한다는 사실을 모르는 사람은 단연코 없을 것입니다. 자신보다 못한 사람과는 벗하지 말고 허물이 있으면 고치기를 꺼리지 말아야 함을, 자기만 못한 친구는 없으니 친구를 보면서 자신에게 허물이 있으면 고치기를 꺼리지 말아야 함을 모르는 사람은 없을 것입니다. 그런데 그게 그렇게 어렵습니다. 어려운 일이기에 공자도 말한 것입니다. 그게 쉬운 일 같으면 말하지도 않았을 것입니다.

사람은 누구나 실수할 수 있습니다. 그것까지 막는 건 정말 어려운 일입니다. 가지 않은 길을 처음부터 잘 가는 사람은 없습니다. 교과서 없이 처음부터 교과서처럼 할 수 있는 사람은 없습니다. 교과서는 누군가의 실수와 도전으로 만들어지기 때문입니다.

같은 실수를 저지르지 않는다면 미래는 보장됩니다. 허물이 있으면 고치기를 꺼리지 않는 마음으로, 같은 실수를 반복하지 않는 행동으로 나간다면 분명 미래는 우리의 것입니다.

당당히 일어설 수 있는 능력을 키워라

공자께서 말씀하셨다.
"지위가 없음을 걱정하지 말고, 일어설 수 있는 바를 걱정하라."
_「이인」14장

子曰	자왈
不患無位 患所以立	불환무위 환소이립

子	曰
아들 **자**	가로 **왈**

不	患	無	位	患	所	以	立
아닐 **불**	근심 **환**	없을 **무**	자리 **위**	근심 **환**	바 **소**	써 **이**	설 **립**

근심 환(患)은 근심하다, 걱정하다의 의미.

사람들은 자리가 없음을 걱정합니다. 지위가 없음을 걱정합니다. 내 자리가 없으면 어떻게 하지? 대학에 입학하지 못하면 어떻게 하지? 자격시험에 떨어지면 어떻게 하지? 입사하지 못하면, 승진하지 못하면, 타지로 근무지가 바뀌면 어떻게 하지? 갑자기 퇴직을 당하거나 밀려나면 어떻게 하지? 현역에서 물러나면 어떻게 하지? 천국에 가지 못하면 어떻게 하지?

인생은 끝없는 자리싸움인지도 모릅니다.

동생이 생기면 편안했던 어머니의 품을 동생에게 빼앗기고, 열심히 공부하는 친구가 나타나면 우등생의 자리를 친구에게 빼앗기고, 실수로 한 문제를 놓치면 원하던 대학을 다른 이에게 빼앗깁니다. 어떤 이는 치열한 취업 현장에서 입사 기회를 빼앗기고, 어떤 이는 치열한 승진 경쟁에서 승진 기회를 빼앗기고, 어떤 이는 정년퇴직 자리를 빼앗기고, 어떤 이는 재취업 기회를 빼앗기고, 어떤 이는 병원의 병상을 빼앗깁니다.

사람들은 삶의 기회를 빼앗기며 살아갑니다.

그래서 사람들은 이런 말을 하곤 합니다. 인생을 살다 보면 자리가 그렇게 중요하지 않으니 자리에 너무 목숨 걸지 말라고 말입니다. 100년도 못 사는 인간의 삶에 자리가 무슨 의미냐는 거지요.

바람처럼 왔다가 바람처럼 가는 삶인데, 그 누구도 먼지 하나보다 큰 자국을 남기지 못하는 삶인데, 무한의 시간 속에 점 하나도 찍지 못하는 삶인데 큰 자리 하나 차지하고 떵떵거리며 살아 본들 무슨 의미냐는 거지요.

중국 전국시대 장자(莊子)가 그랬고 이후 수많은 사람이 그렇게 삶을 돌려 생각했지만, 공자의 생각은 달랐습니다.

일어설 수 있는 바를 걱정하라

현실을 지극히 중요하게 생각했던 현실주의자 공자는 이렇게 말했습니다. "지위나 자리가 없음을 걱정하지 말고 일어설 수 있는 바를 걱정하라. 입신할 수 있는 재능이 있는지를 걱정하라. 어떻게 하면 그 지위에 설 수 있을까를 걱정하라."라고 말이죠. 나아가 군자는 자신에게 있는 걸 구할 뿐이라고 했습니다.

장자가 세상 밖으로 한 걸음 더 나아가 세상을 바라보며 살아가는 방법을 가르쳤다면, 공자는 세상 안으로 한 걸음 더 들어가 살아가는 방법을 가르치고 있습니다.

사람들에겐 모두 때가 있다는 말이 있습니다. 목욕탕에 가서 밀어 낼 때도 있지만 시기를 놓치면 다신 되돌리기 어려운 지켜야 할 때도 있다는 겁니다. 당당히 일어설 수 있는 능력을 키워야 할 때가 바로 그때입니다. 상식적인 이야기지만 자리에 맞는 실력을 닦아놓지 못한다면 높고 화려한 자리일수록 더 큰 부작용을 만들고 맙니다.

합당한 실력을 갖춘 사람이 합당한 자리를 차지하는 건 당연한 일이며 매우 좋은 일입니다. 본인에게도 주변 사람들에게도 좋은 일입니다. 그래서 잘 준비된 사람이 정당한 방법으로 높은 자리에 앉는 일은 모두가 바라는 바입니다.

합당한 실력을 갖춘 사람이 좋지 않은 자리에서 일하는 경우가 생기기도 합니다. 충분한 실력이 있음에도 불구하고 외부 조건이나 시기가 맞지 않아 덜 빛나는 자리에서 일하는 경우가 종종 있습니다.

하지만 인성을 갖추고 실력까지 갖춘 사람이라면 자신이 맡은 현재의 자리에서 최선을 다할 것입니다. 그런 리더와 함께 일하는 주변 사람들은 행복할 것입니다. 실력에 인성까지 갖춘 리더는 자리에 연연하지 않기 때문입니다. 자리가 중요한 게 아니라 그 자리에서 어떻게 일을 하는가가 더 중요하다는 사실을 알고 있기에 그렇습니다.

가장 큰 문제는 인성과 실력을 갖추지 못한 사람이 높은 자리를 차지하는 경우입니다. 그런 사람이 리더로 있는 한 피해자는 모든 사람입니다. 그런 리더를 맞이한 조직원들은 말할 것도 없거니와 그 조직과 관련된 사람들이 모두 피해를 받습니다. 그가 정상적으로 조직을 운영하지 못할 게 불 보듯 뻔하기 때문입니다. 실력이 없으니 조직을 이끌기 어렵고, 인성이 떨어지니 부정과 부패를 이겨내지 못할 것이기 때문입니다.

그가 경영가라면 기업은 물론 그 기업의 제품을 사용하고 있는 일반 시민들에게 피해를 줄 것입니다. 그가 정치가나 고위 관료라면 그가 속한 조직은 물론 일반 국민에게 피해만 주고 결국 그 자리를 떠날 것입니다.

인성과 실력이 부족함에도 높고 빛나는 자리에 오르는 방법은 비정상적인 길밖에 없습니다. 그런 사람이야말로 일어설 수 있는 바를 걱정하지 않고 지위가 없음을 걱정하는 전형적인 사람입니다. 그러니 공자의 지적은 예나 지금이나 너무나 적절한 것 같습니다.

행복한 일인가를 걱정하라

전국시대 유학자 순자도 이렇게 지적했습니다.

"군자는 자기에게 있는 것에 힘쓰고 하늘에 달린 것은 흠모하지 않기에 날로 발전한다. 소인은 자기에게 있는 것은 버리고 하늘에 달린 것을 흠모하기에 날로 퇴보한다."

발전하는 사람은 할 수 있는 일에 힘쓰고, 퇴보하는 사람은 할 수 없는 일에 관심을 집중합니다. 행복한 사람은 있는 것에 집중하고, 불행한 사람은 없는 것에 관심을 기울입니다. 그러니 할 수 있는 일에 집중하는 사람은 끝이 행복하지만 할 수 없는 일에 매달리는 사람은 끝이 허무합니다.

같은 위치에 있어도 어디를 바라보느냐에 따라 승부가 갈립니다. 같은 처지에 몰려도 어디에 집중하느냐에 따라 미래가 갈립니다. 같은 직장을 다녀도 어디에 힘쓰느냐에 따라 연봉이 달라집니다.

사람들은 대부분 높은 자리에 앉길 바랍니다. 사람들은 대부분 힘 있는 권력을 잡고 싶어 합니다. 사람들은 대부분 부자가 되고 싶어 합니다.

그래서 학생은 1등이 되고 싶어 하고 직장인은 승진에 목을 맵니다. 좋은 고등학교, 좋은 대학을 거쳐 좋은 기업 혹은 권력을 행사할 수 있는 조직의 일원이 되고자 하며, 승진과 연봉에 사활을 겁니다.

그런 사회는 1등만 행복한 사회입니다, 1등 부자만 행복한 사회입니다. 2등부터 99등까지 모두 불행을 느끼는 이상한 사회입니다. 아무리 권력을 휘둘러도, 아무리 돈이 많아도 2등은 행복하지 않은 어이없는 세상이 되는 것입니다.

A 대학을 선택하기 전에 그 대학이 나를 정말 행복하게 만드는가를 생각해야 합니다. 대학이 중요한 게 아니라 그곳에서 무엇을 배우는가가 더 중요하다고 말합니다. A 대학, B 대학이 중요한 게 아니라 어떤 전공을 선택하느냐가 중요하다고 말하는 것입니다.

A 기업을 선택하기 전에 그 기업이 나를 정말 행복하게 만드는가를 생각해야 합니다. 기업이 중요한 게 아니라 그곳에서 어떤 일을

하느냐가 중요하다고 말합니다. 대기업, 중소기업, 벤처기업, 자기 사업이 중요한 게 아니라 어떤 일인가가 행복과 연결되는 것입니다.

열심히 공부하고 열심히 일하면서도 틈틈이 어떤 일이 행복한 삶을 만들 수 있는가를 생각해봐야 하는 이유입니다.

청소년기에는 잘못을 고칠 수 있다

공자께서 말씀하셨다.
"나이 사십이 되어서도 남에게 미움을 받는다면
그는 이미 끝난 것이다."
_「양화」 26장

子曰	자왈
年四十而見惡焉	연사십이견오언
其終也已	기종야이

子	日									
아들 **자**	가로 **왈**									

年	四	十	而	見	惡	焉	其	終	也
해 **년**	넉 **사**	열 **십**	말이을 **이**	볼 **견**	미워할 **오**	어조사 **언**	그 **기**	마칠 **종**	어조사 **야**

已
이미 **이**

부모 나이 서른에 아이가 태어나면, 마흔다섯에 그 아이는 열다섯이 됩니다. 공자는 청소년의 부모가 된 40대의 중년들에게 지적합니다.

"나이 사십에 미움을 보인다면 그것은 이미 끝난 것이다."

공자는 나이 마흔이 넘었는데도 다른 사람들에게 미덥지 못한 짓을 해 그들로부터 미움을 받는다면 그에겐 희망이 없다고 강하게 말했습니다. 물론 2,500년 전의 40대에게 한 말이라 요즘으로 치면 50대에게 하는 말이라고 생각해도 무방하겠지만 공자의 이 경고는 다시 한 번 곱씹어볼 만합니다.

당시 공자와 그의 제자인 자공은 미움받는 유형을 일곱 가지로 들었습니다. 공자도 자공도 이 일곱 가지에 해당하는 사람은 미워할 수밖에 없다고 했습니다.

타인의 좋지 않은 점을 들춰내기 좋아하는 사람, 아랫사람으로서 윗사람을 헐뜯고 비방하기 좋아하는 사람, 용감하지만 예의를 지킬 줄 모르고 무례한 사람, 과감하기만 하고 앞뒤가 꽉 막혀 융통성이 없는 사람, 편견을 내세우면서 지혜롭다고 여기는 사람, 불손한 짓을 하면서도 자신은 용감하다고 여기는 사람, 타인의 숨기고 싶은 비밀을 들추며 야박한 말로 공격하면서 자신은 올곧다고 여기는 사람을 공자와 자공은 미워하는 사람으로 정의했습니다. 그러면서 특히 그 좋지 못한 버릇을 40대가 넘도록 고치지 못한다면 큰 문제가 아닐 수 없다고 지적했습니다.

물론 이 일곱 가지가 유독 40대에게만 중요한 건 아닐 것입니다. 누구에게나 중요한 사항이 분명합니다. 하지만 공자께서 마흔이라는 나이를 들어 특별히 강조하는 데는 그만의 이유가 있다고 생각합니다.

어려서나 젊었을 때는 잘못을 지적해주는 스승이 있고 부모와 형제의 조언이 있기에 개선이 이뤄질 수 있지만, 나이 마흔이 넘어 스스로 성찰하고 되돌아보지 않으면 고치거나 개선할 방도가 없기 때문에 그렇습니다. 40대에도 고칠 수 없다면, 50대엔 더욱 굳어질 것이고 60대엔 사람들에게 따돌림을 당하고 질시 받는 사람으로 남을 것이기에 그렇습니다.

40대에게 필요한 자성의 시간

40대는 가정에서도 직장에서도 사회에서도 국가에서도 가장 중심이 되어 활동합니다. 우리 사회의 중심축으로 중요한 일을 많이 하고 중요한 결정도 많이 내립니다. 많은 성과와 실적을 내는 나이로 20, 30대에겐 따르고 싶은 선배이고 50, 60대에겐 부러움을 받는 후배입니다.

그러니 40대는 특히 더 이 일곱 가지 미움받는 유형에서 벗어나야 합니다. 가장 믿음직스럽고 책임감을 보이며 가정, 조직, 사회를 이끌어가는 40대는 우리 사회의 핵심 세대이기에 더욱 그렇습니다.

만약 10대 자녀를 둔 40대가, 경험과 리더십으로 30대를 끌고 가는 기업의 40대가, 정책을 만들고 결정해 국가의 미래를 선도하는 정치와 경제 리더 40대가 타인의 부정적인 면이나 들춰내기 좋아한다면, 아랫사람으로서 윗사람을 헐뜯고 비방하기나 좋아한다면, 용감하지만 예의를 지킬 줄 모르고 무례한 행동을 서슴없이 행하기나 한다면, 과감한 추진력은 있으나 앞뒤가 꽉 막혀 융통성이 없다면, 편견을 내세우며 자신은 지혜롭다고 여기는 걸 좋아한다면, 불손한 짓을 하면서 자신은 용감하다고 여기고 있다면, 야박한 말로 상대를 공격하면서 자신은 올곧다고 여기고 있다면 그의 미래에는 희망이 사라질 것입니다. 그가 속해 있는 가정과 조직과 사회에서 희망이 사라질 것입니다. 그들을 리더라고 믿고 있는 가족과 직원과 국민의 희망은 사라질 것입니다.

그러니 40대 부모는 10대 자식을 위해서라도 일곱 가지의 미움받을 짓에서 벗어나야 합니다. 기업에서 일하는 40대 리더는 따라오는 30대와 부러워하는 50대를 위해서라도 일곱 가지의 미움받을 짓에서 벗어나야 합니다. 정책과 행정으로 국가 미래를 선도하는 국가의 40대 리더는 국가의 미래와 조국의 발전을 위해서라도 일곱 가지의 미움받을 짓에서 벗어나야 합니다.

우리의 10대가 보고 있습니다. 우리의 10대가 배우고 있습니다. 부모를 통해, 선생님을 통해 보면서 배우고 있습니다. 매일 밀물처럼 쏟아지는 부정적인 뉴스를 통해 익히지 말아야 할 것을 배우고 있습니다. 우리는 10대를 희망이라고 부르면서 그들을 망치는 데 본보기가 되고 있습니다. 미래 세대를 걱정하면서 많은 40대가 걱정거리를 만들고 있습니다.

공자가 유독 40대를 지칭하며 경고한 데는 그만한 이유가 있습니다. 40대가 바뀌면 가정이 바뀝니다. 인생의 중심 마흔에 일곱 가지를 점검해보는 시간은 지금까지 살아온 과거를 비추는 거울이 되고 앞으로 살아갈 미래를 비추는 등불이 될 것입니다.

많은 집중과 높은 책임과 강도 높은 노동의 시간으로 이어지는 인생의 중심 마흔이지만 자성(自省)의 시간이 필요합니다.

40대가 바뀌면 부모가 바뀌고 아이가 바뀝니다. 중심이 바뀌면 인생이 바뀌고 삶이 바뀝니다. 40대가 바뀌면 학교가 바뀝니다.

40대 선생님이 바뀌면 학교가 바뀝니다. 선생님이 바뀌면 학생들이 바뀌고 주변 사람들이 바뀝니다. 학교가 바뀌면 지역이 바뀌고 사회가 바뀝니다. 변화 회오리의 중심에 선생님이 있습니다. 그중에 40대 선생님이 있습니다.

40대가 바뀌면 기업이 바뀝니다. 기업의 40대가 바뀌면 30대가 바뀌고 50대가 바뀝니다. 기업의 30, 40, 50대가 바뀌면 기업 전체가 바뀝니다. 팀장이 바뀌면 팀원이 바뀌고 임원이 바뀝니다. 40대가 바뀌면 기업 전체가 바뀌는 것입니다.

우리 아이에게도 40대 부모는 중요합니다. 『데미안』의 한 대목을 소환해봅니다.

열세 살 힘센 불량배에게 걸려들어 이틀 내로 2마르크를 가져오라는 협박을 듣고 집으로 돌아온 열한 살 헤세(싱글레어)의 모습입니다. 평온했던 밝은 세계가 불량배를 만나면서 하루아침에 어둠의 세계로 바뀌고 말았습니다.

'나는 계단을 올라갈 수가 없었다. 내 삶이 산산조각나버렸다. 이대로 도망쳐 다시는 돌아오지 않거나 물에 빠져 죽어버릴까도 생각했다. 하지만 그것들을 실행할 확신이 서지 않았다. 어둠 속 현관 맨 아래 계단에 웅크리고 앉아 불행에 내 몸을 맡기고 있을 뿐이었다.'

헤세는 그때를 회상하면서 나중에 이렇게 말했습니다. "내 평생 그때처럼 절박하게 고민하고 고통받았던 적이 없었다"라고 말입니다. 마흔 살 중반의 부모로선 열 살 아이가 이런 생각을 할 수 있으리라 생각하기가 쉽지 않습니다. 어쩌면 우리 아이가 인생에서 가장 힘들고 고통스러운 시간을 보내고 있을지도 모를 일입니다. 부모가 생각하기에는 아주 사소한 일이지만 아이는 인생 최악의 위기를 겪고 있는지도 모릅니다.

바라지 않는 걸 타인에게 바라지 마라

자공이 물었다. "평생토록 행할 만한 한마디 말이 있습니까?"
공자께서 말씀하셨다.
"서일 것이다. 자기가 바라지 않는 것은
타인에게 베풀지 않는 것이다."

_「위령공」 23장

子貢問曰 有一言而可以　　자공문왈 유일언이가이
終身行之者乎　　　　　　종신행지자호
子曰 其恕乎　　　　　　　자왈 기서호
己所不欲勿施於人　　　　기소불욕물시어인

子	貢	問	曰	有	一	言	而	可	以
아들 자	바칠 공	물을 문	가로 왈	있을 유	한 일	말씀 언	말이을 이	옳을 가	써 이

終	身	行	之	者	乎
마칠 종	몸 신	갈 행	갈 지	놈 자	어조사 호

子	曰	其	恕	乎
아들 자	가로 왈	그 기	용서할 서	어조사 호

己	所	不	欲	勿	施	於	人
몸 기	바 소	아닐 불	하고자할 욕	말 물	베풀 시	어조사 어	사람 인

공자보다 서른한 살 적었던 자공은 언변과 외교술이 뛰어났습니다. 사마천은 자공을 이렇게 기술했습니다.

"자공이 한 번 나서자 노나라가 보존되고, 제나라가 혼란에 빠지고, 오나라가 깨지고, 진나라가 강해지고, 월나라가 패주가 되었다. 자공이 한 번 사신으로 나가자 형세가 깨져 10년 사이에 다섯 개 나라 모두에 변화가 생긴 것이다. 자공은 사고팔기를 잘해 시세의 변동에 따라 물건을 회전시켰다. 노나라와 위나라에서 재상을 지냈고, 재산이 천금에 이르렀다. 제나라에서 일생을 마쳤다."

사마천의 『사기』 중 공자의 주요 제자들 행적을 소개한 「중니제자열전」에는 공자의 다양한 제자들이 등장하는데 공자가 가장 총애했다는 안회는 150여 글자, 친구 같았던 제자 자로는 500여 글자, 공자의 법통을 이어받았다고 하는 증자는 16글자인 반면에 자공을 소개하는 데는 1,600여 글자를 할애했습니다. 역사학자 사마천의 평가로 보아 공자의 제자 중 자공의 행적이 가장 화려하고 중요했다고 추정해볼 수 있습니다.

학문과 인격을 갈고 닦아라

'절차탁마'라는 어구는 자공과 공자의 대화에서 등장했습니다. 옥돌로 옥반지를 만들 때 돌을 자르고 줄로 쓸고 끌로 쪼고 모래로 갈아 빛을 내는 과정을 말합니다. 학문이나 인격을 갈고닦는 데도 비유합니다. 정성스럽고 꾸준한 과정을 거쳐 원하는 결과를 만들어내는 단계를 말하기도 합니다. 다음은 공자와 자공의 대화입니다.

"저는 스승님의 은덕으로 노나라에서 최고의 부자가 되었습니다. 하지만 사람들이 저를 보고 학문에 집중하기보다는 돈을 버는 데 더 뜻이 있다고 의심하는 듯합니다. 감히 스승님께 여쭙겠습니다. 저는 어려서 매우 가난했습니다만 누구에게도 아첨하지 않았습니다. 부자가 되었습니다만 지난 어려웠던 시절을 생각해 교만을 부리지 않았습니다. 스승님, 제가 이렇게 살아왔다면 저는 배우기를 좋아한 사람이라고 말할 수 있을까요?"

"그래 잘 살아왔구나. 그것도 괜찮지만 가난하면서도 즐겁게 살고, 부유하면서도 예를 좋아하는 것보다는 못하다고 생각한다. 가난하다고 모두가 불행한 건 아니란다. 가난하게 보낸 시간도 너에겐 소중한 삶의 시간이 아니겠는가? 그러니 가난해도 그 가난함을 인정하면서 즐거운 마음으로 살아갈 수 있다면 그게 더 멋진 인생이라 생각한다. 부유하면서도 타인에게 뽐내지 않고 사는 게 쉬운 일은 아니지만, 예에 맞게 조금 더 절도 있는 모습을 보인다면 사람들로부터 더 많이 존경받는 사람이 될 수 있기에 하는 말이다."

"스승님, 『시경』에 이런 시가 있음을 알고 있습니다. 옥석으로 옥 반지를 만들 때 톱으로 돌을 자르고, 자른 돌을 줄로 갈고, 반지 모 형을 만들기 위해 정으로 쪼고, 다시 모래 종이로 윤이 나게 문지르 라고 했는데, 즉 절차탁마하라. 이 말씀이지요? 지금 하신 말씀은 더 노력하라는 말씀이지요?"

공자가 생각할 때 자공은 절차탁마를 실천하는 제자였습니다.

바라지 않는 건 베풀지 마라

누구보다고 명민했던 제자 자공이었지만 스승이 보기에는 단점이 하나 있었습니다. 말 잘하는 사람들이 흔히 가지고 있는, 말이 행동 보다 앞서는 경우입니다. 또한 자공은 남의 좋은 점을 칭찬하길 좋 아했지만, 남의 잘못은 감출 줄 몰랐습니다. 젊은 시절 공자와 자공 이 나눈던 기록이 『논어』 「위령공」 23장에 등장합니다.

자공이 물었다.
"평생토록 행할 만한 한마디 말이 있습니까?"
공자께서 말씀하셨다.
"서일 것이다. 자기가 바라지 않는 건 타인에게 베풀지 않는 것이다."

일생토록 목표로 삼을 만한 인생 수양의 도리를 딱 한마디로 해달라는 제자의 질문에 공자는 '서(恕)'라고 말했습니다. 훗날 자공은 외교 분야에서 뛰어난 성과를 거두는 정치인이 되었으며, 사업 수완이 탁월해 많은 부를 일궜습니다. 재능이 뛰어난 사람은 타인을 얕잡아 보기 쉽고, 잘못을 용서하고 상대를 인정하는 면에 야박한 경우가 많습니다. 공자의 한마디는 진정한 스승의 가르침이었습니다.

서를 두고 공자는 '기소불욕 물시어인(己所不欲 勿施於人)'이라 했습니다. 서의 마음이란 '자기가 바라지 않는 건 타인에게도 베풀지 않는' 마음입니다. 곧 욕 듣는 게 싫으면 욕하지 말라는 뜻입니다.

타인에게 욕을 듣는데 기분 좋은 사람은 없을 것입니다. 특히 아무 잘못도 없는데 욕을 듣는다면 기분이 상할 것입니다. 타인이 내게 짜증 부리는 걸 싫어한다면 나도 타인에게 짜증을 부려선 안 됩니다. 타인이 내게 거만 떠는 모습이 싫다면 나도 타인에게 거만을 떨어선 안 됩니다. 그게 서의 마음이자 기소불욕 물시어인입니다.

혼자 살면 이런 문제는 생기지 않습니다. 하지만 둘 이상이 모이면 꼭 이런 문제가 생깁니다. 사람들은 보통 생각한 대로 말하고, 보고 싶은 것만 보며, 듣고 싶은 것만 듣기 때문입니다. 사람들은 대부분 자기중심적 사고를 하기 때문입니다.

나도 그렇고 상대로 그렇습니다. 사람들은 태생적으로 이익을 좋아합니다. 그러니 갈등은 피할 수 없습니다. 욕심은 갈등을 만들고 갈등은 싸움이 됩니다. 형제가 모이든 남남이 모이든 다르지 않습니다. 그런데 모여 살아야 합니다.

타인의 도움 없이는 일주일도 살아내기 어렵습니다. 입고 먹고 자는 모든 것에 타인의 손길이 있기에 가능한 것입니다. 둘이 모여 가정을 만들고 여럿이 모여 조직을 만들고 사회를 구성하고 국가를 만듭니다.

인(仁)은 사람 둘이 모인 형상입니다. 둘이 모였을 때 서로 사랑하고 이해하면서 잘 어울려 살아가는 마음이 바로 어진 마음 '인'입니다. 인을 실천하는 방법이 바로 '서'입니다.

나를 미뤄 보면 상대의 마음을 알 수 있습니다. 내가 싫으면 대부분 상대도 싫어합니다. 사람들은 모두 욕 듣는 걸 싫어합니다. 그러니 나도 타인에게 욕을 하지 않아야 합니다. 그게 서이자 인입니다.

공자는 인을 매우 강조했습니다. 부부가 화목하면 가정이 화목합니다. 부모와 자식이 화목하면 가정이 화목합니다. 스승과 제자가 화목하면 학교가 화목합니다. 고객과 화목하면 시장이 화목합니다. 상사와 화목하면 회사가 화목합니다.

세상을 힘들게 하는 대개의 고민은 이 둘 간의 문제로부터 시작됩니다. 두 사람 간의 문제만 풀어낼 수 있다면 세상의 많은 문제가 풀립니다. 그게 바로 서입니다. 공자께서 자공에게 이른 말이지만 세상 모든 이에게 이른 말이기도 합니다.

생각 없는 공부는 끝이 허무하다

학습

마냥 흐르는 시간을 잘 보내는 법

공자가 냇가에서 말씀하셨다.
"가는 것이 이와 같구나. 밤낮으로 쉬질 않는구나."
_「자한」 16장

子在川上曰	자재천상왈
逝者如斯夫	서자여사부
不舍晝夜	불사주야

子	在	川	上	曰				
아들 **자**	있을 **재**	내 **천**	윗 **상**	가로 **왈**				

逝	者	如	斯	夫	不	舍	晝	夜
갈 **서**	놈 **자**	같을 **여**	이 **사**	지아비 **부**	아닐 **불**	쉴 **사**	낮 **주**	밤 **야**

·
·
·

조선 후기 최고의 성리학자이자 실학자였던 정약용은 나이 마흔부터 무려 18년 동안이나 전라남도 강진 유배지에서 살았습니다. 천리타향 유배지에서 정약용은 늘 자식들을 걱정했습니다.

 다음은 스물한 살, 열일곱 살 두 아들에게 정약용이 유배지에서 보낸 편지의 일부입니다.

 요즘 젊은이들을 보면 외관을 단정히 하고 행실을 바르게 하는 일을 허식이라 여기는 경향이 있다. 약삭빠르며 방탕하게 마음을 풀어놓고 살기를 좋아하는 젊은이들은 이러한 풍조를 듣고 제 세상 만난 듯 기뻐하며 결국은 예절을 잃고 제멋대로 처신하고 만다.
 나도 전에 이런 풍조에 물들어 늙어서도 몸에 예절이 익지 않아 후회하며 고치고자 해도 어려우니 매우 한스러운 일이다. 비스듬히 드러눕고 옆으로 삐딱하게 서고 아무렇게나 지껄이고 눈알을 이리저리 굴리면서 경건한 마음을 가질 수 있는 사람은 이 세상에 없다.
 몸을 바르게 움직이는 것, 말을 바르게 하는 것, 얼굴빛을 바르게 하는 것, 이 세 가지가 학문을 하는 데 있어 가장 먼저 마음을 기울여야 할 일이다. 이 세 가지도 못하면서 다른 일에 힘쓴다면 비록 하늘의 이치에 통달하고 타인보다 뛰어난 식견을 가졌다 할지라도 결국은 발꿈치를 땅에 붙이고 바로 설 수 없어 어긋난 말씨, 잘못된 행동, 도적질, 이단이나 잡술 등으로 흘러 걷잡을 수 없게 될 것이다.

_『유배지에서 보낸 편지』(정약용 지음, 박석무 편역)

정약용이 살았던 200여 년 전과 지금이 많이 다르긴 해도 선생이 자식에게 당부한 내용의 함의는 그때나 지금이나 크게 다르지 않습니다. 몸이 흐드러지면 마음도 해이해집니다. 아무 말이나 지껄이는 습관이 들면 정신이 해이해집니다. 감정에 따라 얼굴빛이 수시로 바뀌면 안정을 얻기 어렵습니다. 공부가 중요하지만, 마음이 흔들리고 정신이 혼미해진 상태에선 어떤 노력도 물거품이 되기 쉽기에 정약용은 먼저 이 세 가지를 가르쳤습니다.

당시 정약용 가문은 폐족이 되어 자식들은 관직을 목표로 할 수 없었습니다. 두 아들이 지레 자포자기해 학문을 등한시한다고 생각했던 아버지가 아들에게 편지를 씁니다.

"너희들은 어째서 스스로 포기하려 하느냐? 영원히 폐족으로 지낼 작정이냐? 비록 벼슬길은 막혔어도 문장가가 되는 일이나 지식에 능통하고 이치에 능한 선비가 되는 일은 꺼릴 게 없지 않은가?

가난하고 곤궁해 고생하다 보면 마음이 단련되고 지혜와 생각이 넓어져 사람의 마음이나 사물의 진실과 거짓을 옳게 판단할 수 있는 장점까지 가지게 된다.

일찍이 율곡 이이 같은 분은 어머니를 일찍 여의고 어려움을 참고 견뎌 얼마 지나지 않아 마침내 지극한 도를 깨쳤고 성호 이익 선생께서도 난리를 당한 집안에서 이름난 학자가 되었으니, 이분들이 고관대작 집안의 자제들이 미칠 수 없는 훌륭한 업적을 남겼음을 너희들도 이미 알고 있을 것이다.

폐족에서 재주 있는 걸출한 선비가 많이 나오는 이유는 하늘이 재주 있는 사람을 폐족의 자제로 태어나게 해 그 집안에 보탬이 되게 하려는 게 아니다. 부귀영화를 얻으려는 마음이 근본정신을 가리지 않아 깨끗한 마음으로 공부하고 궁리해 진면목과 바른 뼈대를 얻을 수 있기 때문이다.

보통 사람으로서 배우지 않으면 못난 사람이 되고 말지만, 폐족으로서 배우지 않는다면 마침내 도리에 어긋나 비천하고 더러운 신분으로 타락하게 된다."

다산 선생의 유배가 풀린 후 시간이 지나 큰아들과 둘째 아들은 진사가 되고 문장가가 되지만, 유배지에서 간장이 타들어가는 아버지의 마음을 읽을 수가 있습니다. 둘째 아들 정학유는 『농가월령가』라는 책을 저술했습니다.

쉬지 않고 흐르는 시간을 어떻게 보낼 것인가

공자께 당신의 특장점을 딱 하나만 들어 달라고 하면 아마도 그는 '배움'이라 했을 것입니다. 다른 건 몰라도 배움 하나만큼은 그 누구와 붙어도 이길 자신이 있다고 했습니다.

"열 가구 정도의 작은 마을에도 나보다 성실하고 믿음직한 사람이 있겠지만 나보다 배움을 좋아하는 사람은 없을 것이다."

여간해서 장담하는 스타일이 아닌 공자가 유독 '호학(好學)'만큼은 장담했습니다. 그러니 강가를 지나면서도 이렇게 말한 것입니다. "가는 게 이와 같구나. 밤낮으로 쉬질 않는구나."

세월 가는 게 끝없이 흘러가는 제 강물과 같구나. 멀리서 보면 강은 그저 움직임이 없는 풍경 속의 거대한 물줄기에 불과하지만, 가까이 다가서면 단 한순간의 쉼도 없이 흐르는 물줄기라는 걸 알게 됩니다. 낮이든 밤이든, 1년 전이든 10년 전이든 단 1초의 쉼도 없이 흘러가는 게 강이라는 걸 알게 됩니다. 우리의 인생도 그렇습니다. 단 일각의 쉼도 없이 가고 있습니다.

공자는 쉼 없이 흘러가는 강물을 보면서 제자들을 생각했습니다. '우리의 시간도 저렇게 쉼 없이 흘러가는데 학문의 길은 더디기만 하구나! 삶이란 다 때가 있고 그때를 놓치면 다시 잡기가 불가능한데도 제자들은 무한한 시간을 살고 가는 듯하구나!'

중고등학교 6년은 미래 60년을 좌우합니다. 열네 살부터 열아홉 살까지의 시간은 20세부터 80세까지 60년을 좌우합니다. 60년 인생의 질은 청소년기 6년을 어떻게 보내는가에 달려 있다고 해도 과언이 아닙니다.

청소년기 1년은 미래 10년을 좌우합니다. 그러니 지금 1년을 대충 보내면 미래 10년을 어렵게 살아야 합니다. 지금 1년을 힘들게 살아내면 미래 10년이 편안해집니다. 청소년기 열네 살부터 열아홉 살까지 6년을 대충 보내면 스무 살부터 마흔 살까지 20년이 힘들고 마흔 살부터 여든 살까지 40년을 후회 속에서 보낼지 모릅니다.

청소년기의 시간을 어떻게 보내는가에 따라 미래 60년의 경제, 권력, 시간, 자유가 결정됩니다. 지금의 자유가 미래의 억압을 가져옵니다.

공자보다 200여 년 후에 활동했던 순자는 『순자』「법행」에서 이렇게 말했습니다.

"공자께서 말씀하셨다. 군자에게는 세 가지 생각해야 할 게 있으니, 그것에 대해 생각하지 않으면 안 된다. 젊어서 공부하지 않으면 커서 무능해지고, 늙어서 가르치지 않으면 죽어서 생각해주는 사람이 없고, 있을 때 베풀지 않으면 궁해졌을 때 의지할 곳이 없다. 그러므로 군자는 젊어서는 나이 먹은 뒤를 생각해 공부하고, 늙어서는 죽은 뒤를 생각해 남을 가르치고, 풍부할 때는 곤궁할 때를 생각해 베푸는 것이다."

'젊어서 공부하지 않으면 커서 무능해진다.' 너무나 당연한 말이지만 그냥 흘려듣는 청소년이 많습니다. 자주 듣다 보니 잔소리로 각인되어 귀에 들리지 않습니다.

아주 오래전 그리스 사람들은 시간을 크로노스와 카이로스로 나눠 생각했습니다. 크로노스 시간은 누구에게나 공평하게 적용되는 시간으로 한 시간은 60분, 하루는 24시간, 1년은 365일 누구에게나 똑같이 적용되는 시간입니다. 반면 카이로스 시간은 의미의 시간입니다. 잘못해 벌 받는 3분의 시간, 친구들과 함께 아이스크림을 먹는 3분의 시간은 다르게 느껴집니다. 벌 받는 3분은 10분 이상으로 길게 느껴지는 반면 아이스크림을 먹는 3분은 1분도 안 되게 짧게 느껴집니다. 3분이라는 크로노스 시간은 같지만 카이로스 시간은 짧기도 하고 길기도 합니다.

중고등학교 6년의 시간은 누구에게나 같게 주어지지만, 누군가에겐 1년처럼 또 누군가에겐 10년처럼 느껴질 것입니다. 같은 시간이지만 어떤 학생은 열 가지를 배우고 익혔다면 어떤 학생은 한 가지밖에 배우지 못했을 것입니다.

그러니 시간을 어떻게 보냈는가가 얼마나 긴 시간을 보냈는가보다 더 중요합니다. 밤낮 1초도 쉬지 않고 흐르는 시간을 어떻게 보낼 것인가? 공자에게도 지금 우리에게도 숙제입니다.

배우고 익히니 기쁠 수밖에 없다

공자께서 말씀하셨다.
"배우고 때때로 익히니 기쁘지 아니한가.
친구가 먼 곳에서 오니 즐겁지 아니한가.
남이 알아주지 않아도
서운해하지 아니하니 군자가 아니겠는가."

_「학이」 1장

子曰
學而時習之不亦說乎
有朋自遠方來不亦樂乎
人不知而不慍不亦君子乎

자왈
학이시습지불역열호
유붕자원방래불역락호
인부지이불온불역군자호

子曰
아들 자 / 가로 왈

學而時習之不亦説乎
배울 학 / 말이을 이 / 때 시 / 익힐 습 / 갈 지 / 아닐 불 / 또 역 / 기쁠 열 / 어조사 호

有朋自遠方來不亦樂乎
있을 유 / 벗 붕 / 스스로 자 / 멀 원 / 모 방 / 올 래 / 아닐 불 / 또 역 / 즐거울 락 / 어조사 호

人不知而不慍不亦君子
사람 인 / 아닐 부 / 알 지 / 말이을 이 / 아닐 불 / 성낼 온 / 아닐 불 / 또 역 / 임금 군 / 아들 자

乎
어조사 호

책을 쓸 때 첫 문장의 의미는 매우 큽니다. 어느 작가든 똑같을 것입니다. 첫인상, 첫 만남에서 어떤 느낌을 주는가가 중요하기 때문입니다. 책을 쓰는 의도나 목적이 들어가기도 하고 작가의 특별한 의도가 들어가기도 합니다. 『논어』 역시 마찬가지입니다. 15,691자, 20편, 500여 어구로 구성된 『논어』의 첫 문장은 이렇습니다. 『논어』에는 어떤 의도가 들어 있을까요?

공자께서 말씀하셨다.
"배우고 때때로 익히니 기쁘지 아니한가.
친구가 먼 곳에서 오니 즐겁지 아니한가.
남이 알아주지 않아도 서운해하지 아니하니 군자가 아니겠는가."

2,500여 년 전 춘추시대 말의 어느 봄날, 노나라 수도 곡부(曲阜)의 공자학당에 일흔이 넘은 노스승 공자 곁에 네 명의 제자가 모여 있었습니다. 39세의 자공, 27세의 자유, 26세의 자하, 24세의 증자였습니다. 젊은 제자들을 향해 공자께서 강론을 시작했습니다.
"너희들이 군자가 되기 위해 어떻게 해야 하겠는가? 첫 번째는 학습을 통해 먼저 스스로 일어서야 한다. 두 번째는 친구를 비롯해 주변 사람들과 잘 지내야 한다. 세 번째는 마음을 잘 단속해야 한다."

요즘 말로 바꾸면 '리더가 되기 위한 3단계'와 다름없습니다.

"너희들이 미래 리더로 성장하기 위해 어떻게 할까? 첫 번째는 학습을 통해 먼저 스스로 일어서야 한다. 두 번째는 친구를 비롯해 주변 사람들과 잘 지내야 한다. 세 번째는 마음을 잘 단속해야 한다."

리더가 되기 위한 3단계 학습법

공자의 강론을 조금 더 들어보도록 하겠습니다.

"조금 더 부연 설명하도록 하겠다. 나는 어려서 매우 빈천했다. 세 살 때 아버지가 돌아가시고 열일곱 살 때 어머니마저 돌아가셨다. 나는 20대 전후에 창고의 출납을 하는 창고지기, 가축을 기르는 일을 했었다. 너희들도 알겠지만 나는 나이 오십이 넘어서야 작은 읍의 읍장이 되었고 사공, 사구를 거쳐 대사구까지 올랐다. 비록 55세에 관직에서 물러났지만 빈천했던 내가 고위직에 올라 정치를 할 수 있었던 원동력이 학습에 있었음은 의심할 수 없는 일이다. 나는 배우는 걸 누구보다 좋아했다고 말할 수 있다. 스승으로부터의 배움도 중요하지만, 더 중요한 일은 반복해 익히는 것이다. 반복적으로 익히는 데는 노력과 실행이 무엇보다 중요함을 잊어선 안 된다."

그렇습니다. 미래 리더를 꿈꾸는 이들이 해야 할 첫 번째 일은 예전이나 지금이나 학습입니다. 배우고 익히는 학습으로 자신이 먼저 서야 합니다. 삶의 주체인 자신이 먼저 서야 타인을 이끌 수 있습니다. 학습은 자신을 세우는 기둥이며 성장의 기쁨을 가져오는 바탕입니다. 학습은 시습(時習)이 중요합니다. 때에 맞춰, 필요하면 언제 어디서나 하는 학습을 말합니다. 필요한 우선순위에 따라 실생활에 적용해보는 것을 말합니다.

공자의 말씀을 계속 더 들어보겠습니다.

"나는 평생 너희들과 함께했다. 마음을 나누고 삶을 함께하는 인생의 도반들과 함께하는 삶은 그 어떤 일보다 행복한 삶이다. 나는 배우겠다고 나를 찾아오는 그 누구도 어떤 조건을 들어 거부하지 않았다. 함께하는 삶이 행복한 삶이다. 혼자만 즐거운 삶이 아닌 친구, 후배, 선배, 동료들과 함께할 때 인생의 진짜 즐거움이 시작된다. 어디에 살든 뜻을 같이하는 친구들과 함께하는 삶이라면 즐거운 삶이라 할 수 있다. 벗이 먼 곳으로부터 스스로 찾아온다면 진실로 즐거운 일이 아니겠는가? 100년, 500년, 천 년 후 어떤 사람이 우리의 뜻과 함께하려고 찾아온다면 이 또한 즐거운 일이 아니겠는가?"

그렇습니다. 미래 리더를 꿈꾸는 이들이 해야 할 두 번째 일은 함께하는 사람들과 행복을 짓는 일입니다. 함께하고 싶은 친구, 동료, 선배, 후배, 상사, 부하를 만드는 일입니다. 사람이 모이는 곳에는 늘 갈등이 존재하지만, 리더는 그 갈등을 해소하고 행복한 조직을 만들 수 있는 역량을 키워가야 합니다.

공자의 계속되는 말씀을 더 들어보겠습니다.

"나는 나라에서 부르면 달려갔고 나라에서 내치면 물러나 절차탁마 정신으로 학습하면서 너희들을 가르쳤다. 50대 중반 나는 자의 반 타의 반 노나라를 떠났다. 그로부터 14년 동안 일곱 개 나라를 전전하면서 도덕 정치의 회복을 위해 무던히도 노력했지만 뜻을 이루진 못했다. 그 과정에서 나는 인격적인 모멸감을 받았다. 조롱하고 비웃는 어려움을 겪었지만 나는 그들을 원망하지 않았다. 내가 가는 길이 옳다고 믿었기 때문이다. 인의 정치로 백성을 편안하게 하고 국가를 부강하게 하는 일을 나의 천명으로 삼았기 때문이다. 남이 알아주지 않아도 서운해하지 아니하면 군자가 아니겠는가."

그렇습니다. 미래 리더를 꿈꾸는 이들이 해야 할 세 번째 일은 사람들이 알아주지 않아도 자신이 가는 길이 맞다면 흔들림 없이 가는 모습을 보이는 일입니다.

『논어』의 첫 어구는 공자의 인생 축약입니다. 공자가 그렇게 살았다는 것입니다. 『논어』를 편찬한 제자들이 보기에는 더욱 그랬습니다. 「학이」 1장은 또한 리더가 되기 위한 3단계를 전하고 있습니다. 학습, 사람들과의 관계, 리더의 마음 수련과 자세에 대한 핵심을 전하고 있습니다. 자고로 학습하지 않고 리더가 된 사람은 없습니다. 사람들과 함께할 때 정말 즐거워할 수 있는 리더, 남이 알아주지 않아도 서운해하지 않는 리더가 진짜 리더입니다.

생각 없는 공부는 끝이 허무하다

공자께서 말씀하셨다.
"생각 없이 배우면 허망하게 되고,
생각만 하고 배우지 않으면 위태롭게 된다."

_「위정」 15장

子曰	자왈
學而不思則罔	학이불사즉망
思而不學則殆	사이불학즉태

子	曰				
아들 **자**	가로 **왈**				
學	而	不	思	則	罔
배울 **학**	말이을 **이**	아닐 **불**	생각 **사**	곧 **즉**	없을 **망**
思	而	不	學	則	殆
생각 **사**	말이을 **이**	아닐 **불**	배울 **학**	곧 **즉**	위태할 **태**

중국 산동성 곡부에 있는 공자의 사당 '공묘(孔廟)'의 경내를 걷다 보면 '학이불사즉망, 사이불학즉태'라는 구절이 눈에 띕니다. 경기도 오산시에 있는 공자의 사당 '궐리사'에도 이 명구가 크게 걸려 있습니다.

망(罔)은 그물 망, 없을 망, 속일 망, 사리에 어두울 망으로 쓰입니다. 배우기만 하고 생각하지 않으면 현실과 동떨어져 얻는 것 없이 끝내 허망하게 또 맹목적이게 됨을 말하고 있습니다.

정약용은 『논어고금주(論語古今註)』에서 '학(學)'은 경전에 기록된 말을 증거로 삼을 만하게 경험하는 걸 말하고, '사(思)'는 자신의 마음에서 연구하는 것이며, '망(罔)'은 속임을 당하는 것이고, '태(殆)'는 위태로움이라고 주석을 달았습니다.

즉 중요한 부분과 중요하지 않은 부분을 생각하지 않고, 가볍게 고서(古書)만 믿으면 속임수에 떨어지기도 하며, 선인들의 지혜를 공부하지 않고 자기 자신만 믿으면 아는 게 위태로울 수 있으니 학(學)과 사(思), 두 가지 중에서 어느 한쪽에 치우치거나 폐해선 안된다고 했습니다.

2,500년 전에 지적했던 '배움만 있고 생각하기는 없는' 교육이 지금도 여전히 문제가 되고 있습니다. 우리 청소년들이 공부하는 시간은 세계 최장입니다. 너무 안쓰럽습니다. 뜻을 세우고 꿈꿔야 할 청소년기가 행복하지 않습니다. 미래가 보이지도 않습니다.

친구들을 더 깊게 이해하고, 함께 살아가는 행복한 의식을 배우며, 바른 인성과 인품, 부끄러움과 긍지를 배우는 인간성의 향상과 더불어 지식을 연마하는 장이 되어야 할 학교가 1등이 아니면 인정받지 못하고 1등만 행복하며 모두가 불행한 치열한 경쟁만 남아 있는 혈투의 장이 되었습니다.

나만 아니면 된다는 생각과 차별, 혐오가 가득한 자긍심도 자존심도 상실한 격투의 장이 되었습니다. 가장 많은 시간을 들여 공부하면서도 그 누구도 행복하지 않은 이 이상한 교육 시스템 속에서 청소년들이 거친 숨을 몰아쉬고 있습니다.

학생은 시험에 목숨을 걸고 직장인은 연봉과 승진에 목숨을 겁니다. 아무리 시스템이 그럴듯하고 구호가 그럴듯해도 시험에 나오지 않는 과목과 주제는 학생의 관심에서 사라집니다. 아무리 구실과 명분이 그럴듯해도 연봉과 승진에서 배제되면 직장인은 관심을 가질 수 없습니다.

그런데 프랑스의 학생들은 어떻게 '학이불사(學而不思)'가 아니라 '학이사(學而思)'가 가능할까요? 우리나라 청소년은 외우는 공부만 가열 차게 하고 있는데 프랑스 청소년들은 어떻게 생각하는 공부를 할 수 있는 걸까요?

우리 학생들이 생각이 없어서도 생각하기가 싫어서도 아니고, 프랑스 학생들이 생각이 있어서도 생각하길 좋아해서도 아닙니다. 이유는 시험에 있습니다. 우리 학생들은 수능에서 객관식 킬러 문항을 풀어야 하고, 프랑스 학생들은 주관식 논술형 철학 시험을 풀어야 하기 때문입니다.

프랑스에는 주관식 문제에 대해 길게 풀어 기술하는 논술 철학 시험이 있습니다. '시간을 피하는 건 가능한가? 예술 작품을 설명하는 포인트는 무엇인가? 문화의 다양성이 인류의 통일성을 방해하는가? 의무를 인정하는 건 자유를 포기하는 것인가? 윤리는 정치의 최선인가? 노동이 인간을 구분하는가? 고트프리트 빌헬름 라이프니츠의 『데카르트의 원리에 관한 일반론』 논평을 읽고 평가하라.' 전공 계열별로 세 문제를 제시하고 그중 한 문제를 선택해 네 시간 동안 서술하는 시험이라고 합니다.

기억력이 뛰어나고 암기 잘하는 사람을 찾는 게 아니라 그동안 어떤 책을 읽고 어떤 토론을 거쳐 세상을 바라보는 바른 식견과 지혜를 얻었는가를 알아봄으로써, 대학 과정을 무리 없이 이수할 수 있는가의 정도를 평가하기 위함입니다. 시험으로 학생들을 줄 세우는 게 아니라 청소년기에 어떤 성장 과정을 거쳤는가에 더 관심이 있는 것입니다. 그러니 하나를 배우면 하나를 생각하고, 다른 하나를 배우면 또 다른 하나를 응용하는 공부를 할 수밖에 없는 것입니다.

우리도 프랑스 방식의 이점을 모르는 바가 아닌데 어찌해 생각 없이 배우면 끝이 허망하고 현실과 동떨어지는 맹목적인 공부를 위한 공부를 해왔고, 하고 있으며, 앞으로도 해나가야 하는 걸까요?

교육을 교육 전문가에게 맡기지 못해서라고 합니다. 대입 시험을 대학 자율에 맡기지 못해서라고도 합니다. 지난 70여 년 동안 여러 정부가 이 나라를 이끌었습니다. 많은 대통령이 교육을 고민했습니다. 그보다 더 많은 수의 교육부처 장관들이 대한민국의 교육을 고민했습니다.

그런데 아직도 수많은 청소년이 그 교육 체계 속에서 희망을 잃고 시름시름 앓고 있습니다. 너무 많은 청소년이 불행을 느끼고 있습니다. 한마디로 말하면 기성세대의 잘못입니다. 백년대계를 고민한다면서 국민의 표만 바라본 소신 없는 정치세력과 거기에 동조하는 지식인들과 고위 관료들과 일반 시민들까지 다 기성세대의 잘못입니다. 그러니 우리의 다음 세대인 청소년들이 행복하지 못한 청춘을 보내고 있는 것입니다.

부유하고 힘 있는 아버지를 둔 자식은 킬러 문제도 무리 없이 풀 수 있게 만들어주는 학원이나 과외 선생님을 찾아갑니다. 시험에서 고득점을 따내 최고의 대학에 입성해 평생토록 프리미엄을 누리면서 혼자 편하게 또 즐겁게 살아갑니다.

반면 가난하고 힘 없는 아버지를 둔 자식은 밀리는 성적과 등수를 따라 청소년의 삶도 밀려납니다. 시험에서도 밀리고 선생님의 관심과 인정에서도 멀리 밀려납니다. 보통의 대학에 들어가 보통의 직장인이 됩니다.

아무리 노력해도 빚 없는 세상의 삶이 불가능합니다. 노력과 능력에 따라 누구나 성공할 수 있다는 아름다운 말에 토를 달긴 어렵지만 기울어진 운동장에서 공정한 경기가 가능하다고 생각하는 사람은 없습니다.

누군가는 이 세습의 시스템을 깨야 합니다. 돈과 권력 있는 사람들만 대대로 편하고 자유롭게 살아갈 수밖에 없는 이 교육 시스템을 돈이 없어도 권력이 없어도 노력하면 편하고 자유롭게 살아갈 수 있게 만드는 교육 시스템으로 바꿔야 합니다.

함께 행복한 사회가 진짜 행복한 사회입니다. 소수의 사람만 자유롭고 다수는 자유롭지 못한 사회는 우리가 원하는 사회가 아닙니다. 뜻을 세우고 꿈꿔야 할 청소년기가 행복하지도 않고 미래가 보이지도 않는다면 우리가 원하는 사회가 아닙니다. 1등이 아니면 인정받지 못하고 1등만 행복하고 나머지 모두가 불행한 치열한 경쟁만 남아 있는 청소년기를 보내야 하는 건 불행한 사회입니다.

친구들을 더 깊게 이해하고 함께 살아가는 행복한 의식을 배우고, 바른 인성과 인품 그리고 부끄러움과 긍지를 배우며, 인간성 향상과 더불어 지식을 연마하는 교육의 장이 펼쳐지는 사회가 우리가 원하는 사회입니다.

우리의 청소년 중에 누군가는 나라를 대표하는 대통령이 될 것입니다. 누군가는 교육부 장관이 되고, 누군가는 대학 총장이 될 것입니다.

지금까지의 대통령이 아니라, 지금까지의 교육부 장관이 아니라, 지금까지의 대학 총장이 아니라 청소년이 행복한 학교, 빈부의 차이에 의해 갈리는 미래가 아니라 노력의 차이에 의해 달라지는 미래를 만드는 교육 시스템, 학이불사가 아니라 학이사가 가능한 교육 시스템을 결단코 만들어내는 대통령, 장관, 총장이 되었으면 좋겠습니다. 결코 쉬운 일은 아니겠지만, 우리의 미래 세대를 위해 누군가가 꼭 해야 할 그 일을 바로 당신이 했으면 좋겠습니다.

청소년기에 해야 할 10가지 일

공자께서 말씀하셨다.
"내 일찍이 낮에는 먹지도 못하고 밤에는 잠도 못 자면서
생각해봤으나 도움 되는 것이 없었다.
배움만 한 것이 없었다."

_「위령공」30장

子曰	자왈
吾嘗 終日不食 終夜不寢	오상 종일불식 종야불침
以思無益 不如學也	이사무익 불여학야

子	曰								
아들 **자**	가로 **왈**								

吾	嘗	終	日	不	食	終	夜	不	寢
나 **오**	일찍이 **상**	마칠 **종**	날 **일**	아닐 **불**	먹을 **식**	마칠 **종**	밤 **야**	아닐 **불**	잘 **침**

以	思	無	益	不	如	學	也
써 **이**	생각 **사**	없을 **무**	더할 **익**	아닐 **불**	같을 **여**	배울 **학**	어조사 **야**

멋진 인생을 살아가기 위해 청소년기에 해야 할 일 열 가지 중에서 중요하고 긴급한 순서대로 알려달라고 챗GPT에게 물어봤습니다. 재미 삼아 물어봤지만, 순식간에 열 개의 답안을 쏟아냈습니다. 모두 공감하긴 어렵지만 모두 거부하기도 어렵습니다.

① 교육 : 교육은 청소년기에 가장 중요한 것 중 하나입니다. 학교에서의 공부와 함께 자기계발을 위해 독서, 자신의 관심사에 관해 탐구하는 등 학습에 집중하는 것이 중요합니다.

② 건강 : 청소년기는 성장과 발달이 활발히 일어나는 시기이므로 건강 관리가 필요합니다. 올바른 식습관, 충분한 운동, 충분한 휴식과 잠을 취하는 등 건강에 신경 써야 합니다.

③ 관계 : 친구와의 관계 형성과 소통 능력의 발달은 중요합니다. 사회적인 상황에서 적극적으로 참여하고 협력하며, 존중과 배려를 기르는 게 중요합니다.

④ 자기실현과 취미 : 자신의 장점과 관심사를 발견하고, 적극적으로 취미나 특기를 개발하는 게 중요합니다. 자기실현으로 자신에 대한 자신감을 키울 수 있습니다.

⑤ 돈 : 재정 관리와 돈의 가치를 배우는 게 중요합니다. 용돈을 절약하고 저축하는 습관, 돈을 적절히 사용하는 법을 배워야 합니다.

⑥ 시간 : 시간 관리는 효율적인 일과 학습을 위해 중요합니다. 일정을 관리하고, 우선순위를 정하며, 시간을 효과적으로 활용하는 방법을 익히는 게 중요합니다.

⑦ 정서적 안정과 스트레스 : 청소년기는 감정적으로 변화가 많은 시기입니다. 자신의 감정을 인식하고 스트레스를 관리하는 방법을 배우는 게 중요합니다. 이를 위해 스트레스 해소 방법이나 적절한 휴식을 찾아 실천해야 합니다.

⑧ 봉사 : 사회에 기여하는 경험을 통해 자신의 역할을 익히고 공동체 의식을 키울 수 있습니다. 자원봉사 활동이나 사회적인 이슈에 관심을 가지고 참여하는 게 중요합니다.

⑨ 인터넷과 디지털 리터러시 : 디지털 시대에선 인터넷과 디지털 기술을 올바르게 활용하는 게 중요합니다. 온라인 안전, 정보 검증, 디지털 커뮤니케이션 등에 관한 지식을 갖추는 게 필요합니다.

⑩ 가치관과 윤리적 판단력 : 자신의 가치관을 형성하고, 윤리적인 판단력을 키우는 게 중요합니다. 자신와 타인을 존중하며, 옳고 그름에 관한 판단을 할 수 있는 능력을 키우는 게 필요합니다.

AI는 청소년기에는 공부와 건강이 가장 중요하고, 멋진 인생을 살아가기 위해선 명확한 목표 설정과 학습을 통한 전문성 확보와 건강이 중요하다고 했습니다. 2,500년 전 공자도 우리의 삶에 가장 중요한 것으로 배움을 꼽았습니다.

학습의 중요성은 시대와 지역을 불문하고 최고의 도구로 뽑혔습니다. 사람이나 AI를 불문하고 가장 중요한 것으로 선택되었습니다.

공자는 말합니다.

내 일찍이 낮에는 먹지도 못하고 밤에는 잠도 못 자면서 생각해봤으나 도움 되는 게 없었다. 배움만 한 게 없었다.

예나 지금이나 배우고 익히는 노력

아무리 끙끙거리고 걱정해도 생각만으로 풀리는 건 거의 없습니다. 학습하지 않고 공부하지 않고 궁리하지 않는데 자연스럽게 해결되는 건 거의 없습니다. 그러니 사람들은 옛날이나 지금이나 배우고 익히는 데 노력하고 있습니다.

조선 중기 율곡 이이와 함께 퇴계 이황은 조선 성리학의 쌍벽을 이룬 유학의 거두였습니다. 그의 제자 이덕홍은 스승에 대해 이렇게 말했습니다.

"선생은 일찍이, "나는 12세 때에 숙부에게 『논어』를 배웠다. 숙부는 과정을 엄하게 세워 조금도 유유하게 지낼 수 없게 했다. 나는 그 가르침을 받들어 조심하고 힘써서 조금도 게을리하지 않았으니 새로운 지식을 얻으면 반드시 옛것을 익히고, 한 권을 배워 마치면 그 한 권을 다 외우고, 두 권을 마친 뒤에도 그 두 권을 다 외웠다. 이렇게 하길 오래 하니, 차츰 처음 배울 때와 달라졌다. 그래서 세 권, 네 권을 읽을 때 즈음에는 가끔 혼자서도 알아지는 데가 있었다."라고 하셨다. "내가 젊었을 때 이 학문에 뜻을 두어, 종일토록 쉬지 않고 밤새도록 자지도 않고 공부를 하다가 마침내 고질병을 얻고 병들어 못쓰게 된 몸이 되고 말았다. 그러니 배우는 자들은 모름지기 자기의 기력을 헤아려야 한다. 잘 때는 자고 일어날 때는 일어나며, 때와 장소에 따라 자기 몸을 살피고 체험해, 마음이 방종해 빗

나가지 않게 하면 될 것이다. 굳이 나처럼 하여 병까지 나게 할 필요야 있겠는가."라고 하셨다."

사람들은 보통 시간이 지나 그동안 열심히 하지 못했음을 후회합니다. 중학교에 가면 초등학교 고학년 때 조금 더 열심히 공부하지 않았음을 후회합니다. 고등학생이 되면 중학교 때, 대학생이 되면 고등학생 때 조금 더 열심히 공부하지 않았음을 후회합니다. 취업의 문에 서면 대학생 때 조금 더 열심히 공부하지 않았음을 후회합니다. 퇴직할 때가 되면 그동안 조금 더 열심히 하지 못했음을 후회합니다. 인생 후반이 되면 인생 전반을 후회합니다.

그러니 청소년기에 열심히 노력하지 않으면 평생을 후회하면서 살지 모릅니다. 평생 후회하지 않고 살려면 청소년기를 어떻게 보내는가가 매우 중요하다고 수많은 사람이 입을 모아 말하는 것입니다.

정약용은 유배지에서 '양계'를 한다는 고향의 아들에게 편지를 보냈습니다. "네가 양계를 한다고 들었다. 양계를 하는 건 참으로 좋은 일이다. 진실로 농서를 숙독해 좋은 방법을 골라 시험을 통해 닭이 살찌고 번드르르하며 다른 집보다 번식도 더 낫게 해야 한다. 기왕 닭을 기른다면, 모름지기 백가의 책 속에서 닭에 한 글들을 베껴 모아, 『계경(鷄經)』이라는 책을 만들어보는 것도 좋겠구나."

농사를 짓고 닭을 키우더라도 공부를 게을리하지 말라는 아버지의 조언이었습니다. 어디서 어떤 일을 하든 잊지 말아야 할 대목입니다. 그게 살아 있는 진짜 공부이기 때문입니다.

배운 걸 잃을까 봐 두려운 마음으로

공자께서 말씀하셨다.
"배움은 따라가지 못할 듯이 하고도
오히려 그것을 잃을까 두려워하는 마음으로 해야 한다."
_「태백」17장

子曰	자왈
學如不及 猶恐失之	학여불급 유공실지

子	曰						
아들 자	가로 왈						

學	如	不	及	猶	恐	失	之
배울 학	갈을 여	아닐 불	미칠 급	오히려 유	두려울 공	잃을 실	갈 지

짧은 동영상으로 돌아다니고 있는 유머러스한 급훈들이 많이 있습니다. '노력은 적분하고 나태는 미분하라. 스스로 깨면 병아리, 남이 깨면 후라이. 너 내신을 알라. 재 깨워라. 합격자 명단에 귀하의 명단이 없습니다. 1점 차이로 배우자의 얼굴이 달라진다.' 물론 '근면, 자조, 협동, 사랑, 창의, 배움, 존중, 책임, 인내, 도전'과 같은 전통적인 급훈도 많이 있습니다.

2,500년 전 공자학당 벽에도 급훈이 걸렸다고 한다면 아마도 '학여불급 유공실지'였을 것 같습니다. 배우기를 누구보다 좋아했던 공자였기에 학문에 임하는 태도와 자세에 대해 이렇게 말하지 않았을까 추측해봅니다. '학문은 아무리 해도 미치지 못할 듯이 하며, 배운 걸 잃을까 두려워하는 마음으로 해야 한다.'라고 말이죠.

배움은 따라가지 못할 듯이 하고

시대를 막론하고 공부는 쉬운 일이 아닙니다. 가르치는 일도 어렵지만 배우고 익히는 일은 참으로 고단한 일임에 틀림없습니다. 굳은 결심 상태에서의 공부도 힘들지만 강제로 하는 공부는 더 말할 필요가 없습니다. 아무리 강한 결심과 결단을 해도 얼마 가지 못해 풀어지는 게 사람의 마음입니다.

그러니 예로부터 공부하는 학생에게 스승은 언제나 두려운 존재였습니다. 사람의 마음이라는 게 흔들리는 갈대와 같기에 기준을 일깨워주고 독려하는 누군가 없이 혼자 바른길을 가는 사람은 거의 없습니다.

뛰면 걷고 싶고, 걸으면 쉬고 싶고, 쉬면 눕고 싶고, 누우면 자고 싶은 게 사람의 마음이기에 그렇습니다. 사람의 마음이 누구나 그렇지만 그걸 이겨내는 게 좀 더 나은 사람이 되고 발전적인 사람이 되는 길이기에 힘들고 어려워도 스승을 따랐던 것입니다.

그래서 스승들은 이렇게 독려합니다. '학문은 아무리 노력해도 다 다르지 못할 것 같은 갈급한 마음으로' 해야 한다고 말입니다. 온 힘을 다해 열심히 해도 원하는 목표를 달성하기 어렵다는 마음으로 임해야 다다를 수 있습니다.

'이 정도면 되겠지' 하고 생각하는 순간 마음은 이미 허공으로 달아나버립니다. 한 번 달아난 마음을 되돌려 다시 책상으로 끌고 오기까지 두 배 이상의 시간과 갈등이 필요합니다.

누구나 마찬가지입니다. 그래서 마음이 달아나기 전 '학여불급, 학여불급'했던 것입니다. 공자는 배움은 따라가지 못할 듯이 부지런히 해야 하며, 학문은 물건을 훔쳐 도망가는 도적을 쫓아가 잡듯이 부지런히 해야 한다고 제자들을 가르쳤습니다. 제자들을 향한 공자의 간절한 마음을 읽을 수 있는 대목입니다.

공자와 비슷한 시기에 살았던 정나라의 법학자 등석(鄧析)도 '학여 역수행주 부진즉퇴(學如 逆水行舟 不進則退)'라고 하여 배움은 흐르는 강물을 거슬러 올라가는 배와 같아 앞으로 나아가지 않으면 뒤로 물러선다고 했습니다. 강의 상류를 향해 물살을 거스르며 나아가는 배는 잠시도 머뭇거려선 안 됩니다. 멈추면 바로 뒤로 밀려 내려가기에 그렇습니다. 공부나 학문이 그렇게 어렵습니다.

공부만 그렇겠습니까? 사업도 그렇고 인생도 그렇습니다. 어려서 하는 공부도, 학교에서 하는 공부도, 성인이 되어 하는 성인 학습도, 직장에서 하는 공부나 학습도 마찬가지입니다. 쉼 없이 가는 시간 속에서 만들어내는 발전과 변화가 모두 그럴 것입니다.

배운 걸 잃을까 봐 두려운 마음으로 하라

학여불급, 학문은 아무리 노력해도 다다르지 못할 것 같은 갈급한 마음으로 해야 하면서도 하나를 더 기억하라 합니다. 유공실지, 오히려 잃을까 두려운 마음으로 해야 한다고 당부합니다. 한 번 배우고 익힌 것을 다시 잃으면 어쩌지 하는 갈급한 마음으로 공부에 임하라 합니다.

공부는 때가 중요합니다. 씨앗도 때가 맞아야 싹을 틔우고 열매를 맺습니다. 씨 뿌리는 때와 물 주는 때를 잘 맞춰야 합니다. 때를 잃을까 두려워해야 합니다. 그런데 때를 알아차리는 게 쉽지 않습니다. 수많은 청소년이 중고등학교를 일상으로 여기며 다니지만, 그들 모두에게 중고등학교는 처음입니다. 처음이니까 어색하고 처음이니까 실수를 저지릅니다.

처음부터 때를 안다는 건 누구에게나 어려운 일입니다. 그러니 처음부터 잘하는 건 쉽지 않습니다. 그런데 때가 중요합니다. 삼각함수를 배우는 수학 시간을 놓치면 삼각함수 하나만 놓치는 게 아니라 수학이라는 큰 산이 점점 멀어질지도 모르기에 작은 배움의 시간을 두려워해야 합니다.

예습도 중요하지만, 공부는 복습이 매우 중요합니다. 한 번 배운 걸 오랫동안 기억하는 사람은 거의 없습니다. 독일의 실험심리학자 헤르만 에빙하우스의 '망각곡선' 이론에 의하면, 학습 후에 추가적인 반복 학습이 진행되지 않을 시 한 시간이 지나면 학습의 반 정도를 잃어버리고 하루가 지나면 초기 학습량의 약 33%를 잃어버리며 한 달이 지나면 약 21%만 기억할 수 있다고 합니다.

하지만 반복 학습으로 더 오랫동안 기억할 수 있다고 했습니다. 10분 후 반복하면 하루 동안 기억할 수 있고, 하루 후의 반복은 일주일 동안, 일주일 후의 반복은 한 달 동안, 한 달 후의 반복은 6개월 이상의 기억을 동반합니다. 처음 배울 때 집중적인 이해를 통해 저장하는 게 중요합니다.

바로 유공실지 마음이 아닐까 합니다. 한 번 배운 걸 잃어버리지 않을까 두려워하는 마음으로 임해야 한다고 말하고 있습니다.

공자의 완전 공부법

주자는 '학문이나 배움은 따라가지 못할 듯이 하고도, 오히려 따라잡은 뒤에는 다시 놓치지 않을까를 두려워하는 마음으로 해야 한다'라고 해석했고, 중국의 근대학자 양백준은 '학문이나 배움은 따라가지 못할 듯이 하고도, 오히려 얻은 학문을 잃어버리진 않을까를 두려워하는 마음으로 해야 한다'라고 해석했습니다.

공부할 때는 무엇인가를 갈급하게 쫓듯이 따라잡지 못할까 두려워하는 마음으로 해야 하고, 공부로 무엇인가를 얻은 뒤에는 얻은 걸 오히려 잃으면 어쩌지 하는 두려운 마음으로 반복해 완전히 익히는 공부법을 공자는 2,500년 전에 언급했습니다.

공부하는 방법에 절대 법칙 하나만 있는 건 아니겠지만, 간단하고 명료한 '학여불급 유공실지'는 많은 생각을 하게 합니다. 치열하게 집중했던 옛사람들의 공부에 대한 각오와 열정을 가름해볼 수 있습니다.

말과 행동을 신중하게 한다는 것

공자께서 말씀하셨다.

"군자가 자중하지 않으면 위엄이 없고,

배워도 학문이 견고하지 않게 된다.

충실함과 신의를 중심으로 삼아야 한다."

_「학이」8장

子曰	자왈
君子不重則不威	군자부중즉불위
學則不固 主忠信	학즉불고 주충신

子	曰					
아들 자	가로 왈					

君	子	不	重	則	不	威
임금 군	아들 자	아닐 부	무거울 중	곧 즉	아닐 불	위엄 위

學	則	不	固	主	忠	信
배울 학	곧 즉	아닐 불	굳을 고	주인 주	충성 충	믿을 신

·
·
·

공부를 잘하고 싶어도 마음대로 되지 않는 경우가 많습니다. 어렸을 때는 부모님이나 선생님의 달콤한 회유에 집중해보기도 하지만 그 것만으로는 오랫동안 유지하기가 어렵습니다. 아무리 뜻을 굳게 세 워도 얼마 지나지 않아 뜻은 연기처럼 흩어지고 다시 흐트러진 일상 으로 되돌아오고 맙니다.

자중하지 않으면 위엄이 없다

공자께선 그 원인을 '중(重)'에서 찾았습니다. 무거울 중은 무겁다 는 물리적인 의미뿐만 아니라 '소중하다, 귀중하다, 몸과 언행을 삼 가고 조심하다'라는 뜻으로도 쓰입니다. 군자가 무겁지 않으면 위엄 과 권위가 없다고 했습니다.

군자가 자중하지 않으면 위엄이 없다는 말이기도 합니다. 말이나 행동, 몸가짐을 신중하게 하지 않거나 스스로를 소중하게 여기지 못 하면 품위 있게 보이기 어렵다는 뜻이기도 합니다.

군자나 리더가 아니어도 마찬가지입니다. 입이 가볍고 행동이 어설프면 품위와 위엄이 없어 보입니다. 또한 스스로를 소중하게 여기지 못하면 말이나 행동에 조심성 없는 가볍고 경솔한 사람이 되기 쉽습니다.

배워도 학문이 견고하지 않다

공자는 배워도 학문이 견고하지 않게 되거나 아무리 공부해도 오랫동안 기억되지 않는 이유를 '중'에서 찾았습니다. 바로 자중하는 마음입니다. 자중(自重)은 말이나 행동을 신중(愼重)하게 하는 것입니다. 흔들리지 않게 중심을 잡는 것입니다.

신중하지 않으면 아주 작은 환경의 변화에 따라 말과 행동이 흔들립니다. 그냥 넘어가도 될 말에 격한 감정을 실어 대답하며, 작은 진동 소리만 들려도 핸드폰을 집어 들고, 미세한 바람 소리만 스쳐도 의자에서 일어나 학습 집중이 깨집니다.

또한 자중은 스스로를 귀하고 소중하게 여기는 마음입니다. 자존감을 높이는 바탕이 되기도 합니다. 자존심이 타인으로부터 스스로의 가치, 품위, 체면을 지키려는 감정이라면 자존감은 스스로를 사랑하고 존중하는 마음입니다.

자중은 충(忠)과 신(信)으로부터 얻어진다고 공자는 말했습니다. 충은 중(中)과 심(心)으로 가운데 마음입니다. 한마음입니다. 일을 할 때 한가지 마음으로 집중하는 걸 충이라고 합니다. 이렇게 할까 저렇게 할까 고민하지 않고 결정한 대로 집중하는 마음입니다. 집중하는 마음으로 행동하는 걸 말합니다. 공부할 때도 일할 때도, 축구를 하거나 피아노를 칠 때도 마찬가지입니다.

신(信)은 사람[亻]의 말[言]입니다. 사람의 말에는 믿음이 있어야 말다운 말이라 할 수 있습니다. 신뢰할 수 없는 말은 사람의 말이 아닙니다. 재밌는 한자가 하나 있습니다. 개사슴록변 견(犭)과 말씀 언(言)으로 구성된 바로 은(狺)이라는 글자입니다. 으르렁거릴 은 혹은 개 짖는 소리 은입니다. 사람의 말은 신(信), 개가 짖는 소리는 은(狺)입니다. 그러니 사람의 말에 신의가 없으면 사람의 소리가 아니라 개 짖는 소리에 지나지 않는다고 볼 수 있습니다.

신은 믿음입니다. 부모에 대한 믿음, 선생님에 대한 믿음, 친구에 대한 믿음, 나의 미래에 대한 믿음, 자기 자신에 대한 믿음, 배움에 대한 믿음, 시간에 대한 믿음, 나는 가능하다는 믿음, 나는 할 수 있다는 믿음입니다.

가끔 스스로를 믿지 못합니다. 그럴 때는 부모님을 믿어야 합니다. 혹은 존경하는 선생님을 믿어야 합니다. 친구의 조언을 들어야 합니다. 내가 나에 대한 확신이 희미해지면 배움에 대한 믿음에 의지하는 것도 방법입니다. 지금 힘들고 어렵다고 느껴진다면 시간의 힘에 기대보는 것도 방법입니다. 1년 후 혹은 3년 후에는 분명 지금보다 나아져 있을 확률이 크기 때문입니다.

자신을 사랑하고 존중하는 마음

신을 바탕으로 충심으로 임하면 자중은 자연스럽게 따라옵니다. 자중이 되면 배움이 견고해집니다. 배움이 견고하면 군자, 리더가 될 수 있습니다. 나는 할 수 있다는 가능성과 함께 부모님과 선생님을 믿으며 학업에 충심으로 임하면 자존감이 높아집니다. 자신을 사랑하고 존중하는 마음인 자존감은 미래 리더로 성장하는 데 가장 필요한 도구입니다. 자존감이 있어야 공부도 학문도 견고합니다. 2,500년 전 공자도 그것을 지적한 것입니다.

흔들림을 잡아주는 것

흔들리지 않는 학생은 없습니다. 흔들리지 않는 어른도 없습니다. 흔들리지 않는 사람은 아무도 없습니다. 모두 흔들리면서 살아갑니다. 자동차도 흔들리면서 도로를 달리고 있습니다. 비행기도 흔들리면서 하늘을 날아가고 있습니다. 배도 흔들리면서 바다를 운항하고 있습니다. 사람도 흔들리면서 걷고, 동물도 흔들리면서 달리고, 식물도 흔들리면서 꽃을 피워내고 있습니다.

흔들림을 잡아주는 게 중, 즉 중심 잡기입니다. 좌측으로 흔들리면 우측으로 끌어주고, 우측으로 기울면 좌측으로 당겨 무게 중심이나 방향 중심을 잡아야 흔들림이 줄어듭니다.

멀리 날아가는 비행기도, 오대양을 가르는 함선도 자동항법 장치로 운항합니다. 일정 범위 이상을 벗어나면 다시 반대쪽으로 조정을 반복하면서 원하는 목적지에 도착합니다.

흔들리는 마음을 잡아주는 것도 중, 자중, 자존감입니다. 스스로를 귀하고 소중하게 여기는 마음이 있다면 흔들림이 줄어듭니다. 갈등이 작아집니다. 스스로를 귀하게 여기니 가치 있는 목표를 선택하고 과정에 집중합니다. 스스로를 소중히 여기는 사람은 타인도 소중하다는 걸 알고 있기에 사람들과 좋은 관계를 유지할 수 있습니다.

그러니 학생은 학업에 열중하게 되어 학문이 견고해지는 것입니다. 그러니 성인은 직업에 열중하게 되어 좋은 성과를 내는 것입니다. 학생으로서 공부를 잘하고 싶다면 '나는 매우 소중한 사람이다'라는 걸 먼저 인지해야 합니다. 직장인으로서 좋은 성과를 내고 싶다면 '나는 매우 소중한 사람이다'라는 걸 먼저 인지해야 합니다.

모르는 걸 모른다고 말하는 용기

공자께서 말씀하셨다.
"유야, 너에게 아는 것에 대해 가르쳐주마.
아는 것을 안다고 하고,
모르는 것을 모른다고 하는 것이 진정 아는 것이다."
_「위정」17장

子曰	자왈
由 誨女知之乎	유 회여지지호
知之爲知之	지지위지지
不知爲不知 是知也	부지위부지 시시야

子	曰				
아들 자	가로 왈				

由	誨	女	知	之	乎
말미암을 유	가르칠 회	너 여	알 지	갈 지	어조사 호

知	之	爲	知	之	
알 지	갈 지	할 위	알 지	갈 지	

不	知	爲	不	知	是	知	也
아닐 부	알 지	할 위	아닐 부	알 지	이 시	알 지	어조사 야

‘유’는 ‘자로’ ‘계로’라 불렸으며 공자보다 아홉 살 아래로 성격은 거칠었으나 매우 용맹스러운 제자였습니다. 제자가 되기 전에 머리에는 수탉 깃으로 장식한 관을 쓰고 허리에는 돼지가죽 허리띠를 매고 건달 행세를 했지만, 우직하고 용기가 있었습니다. 자로가 들어온 이후로는 공자에 대한 나쁜 소리가 들리지 않았다고 합니다.

자로는 공자를 만난 이후 환골탈태하여 용감한 장수로 활동했습니다. 하지만 그는 성격이 급해 말보다 행동이 앞서고 나서길 좋아했습니다. 말을 많이 하다 보면 잘 모르는 것임에도 불구하고 잘 아는 사람처럼 떠벌려 일을 그르칠 소지가 있기에 공자는 자로에게 특별한 가르침을 전했습니다.

TV, 컴퓨터, 스마트폰, 유튜브, 챗GPT와 같은 매체 덕분에 그 어떤 궁금증도 즉시 해소가 가능한 시대에 살고 있기에 앎과 모름의 차이가 거의 없어 보이지만 꼭 그렇지만도 않습니다. 평소 많은 것을 알고 있다고 생각하지만, 구체적으로 들어가면 정확히 알고 있는 지식이 거의 없어서 황당해지기도 합니다. 가벼운 가십거리는 많이 알고 있지만 정작 필요한 지식이나 정보는 대충 알고 있는 경우가 많습니다.

얼핏 들어서 정확히 아는 건 누구에게나 가능한 일이 아닙니다. 대충 듣는 것보다 집중해서 듣는 게 더 유리합니다. 집중해서 듣기보다 기록하면서 듣는 게 더 좋은 방법입니다. 기록한 걸 다시 정리해보고 나의 단어와 문장을 사용해 새로운 글을 작성해보는 게 더 유리합니다. 보고 듣고 읽고 난 뒤에 자기 생각으로 같은 내용의 새로운 글을 써보면 아는 걸 안다고 하는 게 결코 만만하지 않음을 알 수 있습니다.

언뜻 한 번 들었거나 잠깐 본 걸 마치 알고 있는 것으로 착각해 이리저리 말로 옮기며 지식을 과시하는 사람들이 적지 않습니다. 어떤 걸 정말 안다고 하려면 실천과 실행으로 증명할 수 있어야 합니다. 실천으로 결과를 만들지 못하는 앎은 반쪽짜리에 불과합니다.

모르는 걸 모른다고 말하는 용기

순자도 이런 말을 했습니다. "군자의 학문은 귀로 들어와, 마음에 붙어, 온몸으로 퍼져, 행동으로 나타난다. 소인의 학문은 귀로 들어와, 입으로 나온다. 입과 귀 사이는 네 치밖에 안 되니, 어떻게 일곱 자나 되는 몸을 아름답게 할 수 있을 것인가?"

순자는 앎의 과정을 듣고, 생각하고, 실천하고, 실행하는 과정으로 봤습니다. 귀로 들은 내용을 바로 남에게 전달하는 건 진정으로 아는 게 아님을 말하고 있습니다.

무엇을 알고 있는가, 무엇을 모르고 있는가를 아는 게 진짜 아는 거라는 공자의 말은 너 자신을 알라고 했던 소크라테스의 말과도 맥을 같이합니다.

아는 걸 안다고 하는 건 어렵지 않지만, 모르는 걸 모른다고 하는 건 어렵고도 용기가 필요한 일입니다. 자신의 능력을 파악하는 일이기도 합니다. 자신의 업무를 끊임없이 개선, 개발, 혁신하면서 부가가치를 높여가는 사람이 지식근로자에겐 더욱 중요한 역량이 아닐 수 없습니다.

자기 자신을 제대로 아는 능력은 매우 중요합니다. 대학에서 신입생을 선발할 때도, 기업에서 신입사원을 채용할 때도 중요한 평가요소 중 하나입니다.

심리학 용어로 '메타인지'라고 하는 그 능력은 주관적인 견해가 아닌 객관적으로 자신의 환경과 상황을 분석해 자신을 제대로 아는 능력입니다.

'아는 건 안다고 하고 모르는 건 모른다고 하는 게 진짜 앎'이라는 공자의 말과도 일맥상통합니다. 공자와 마흔여덟 살이나 차이 나는 제자 자장이 벼슬을 구하는 방법을 물었을 때 공자는 이렇게 답했습니다.

"말과 행동이 올바르면 월급과 지위는 저절로 따라오니 먼저 언행일치가 되는 사람이 되려고 노력해야 한다. 자신의 말에 책임지는 사람이 되어야 한다. 어떻게 하면 말에 책임을 지는 사람이 될까? 우선 많이 들으려고 노력해야 한다. 말을 많이 하려고 하지 말고 많이 듣는 게 먼저다. 선생님이나 책을 통해 많이 배워야 한다. 많이 듣고 그중에 의심스러운 건 빼놓고 나머지 확실한 것만 신중히 말한다면 허물이 작을 것이다. 또한 행동과 행실에 유의해야 하는데 그것도 그리 어려운 일만은 아니다. 훌륭한 리더들을 본받음이 가장 좋을 것이다. 타인의 행동이나 행위를 많이 보고 그중에서 바르지 못한 건 빼놓고 나머지 믿을 만한 것만 신중히 행한다면 후회가 적을 것이다."

많이 알면 알수록 모르는 것이 더 많아지는 게 세상의 이치입니다. 예를 들어 평소 관심 밖에 있던 자동차에 관해 알아가기 시작했다면 자동차에 관한 지식의 세계는 그야말로 끝도 없어 보입니다.

자동차의 역사를 비롯해 다양한 자동차 브랜드, 그 수를 알기조차 어려운 자동차 부품들, 내연기관의 구성과 장단점, 자동차 운전의 기술, 자동차 관리의 기술, 천차만별의 자동차 가격, 미래 자동차의 핵심기술, 자율 자동차, 2차 전지 등 그야말로 자동차를 선택하는 순간 그동안 알지 못했던 수많은 정보와 지식이 밀물처럼 들어오는 걸 알 수 있습니다. 그러니 '아는 건 안다고 하고 모르는 건 모른다'라고 말하는 게 얼마나 지혜로운 일인가를 알 수 있습니다.

의심나는 게 있으면 질문하라

지력(知力)은 질문의 힘에 비례하기도 합니다. 궁금하면 질문하는 사람이 있고 궁금해도 질문하지 않는 사람이 있습니다. 모르면 묻는 사람이 있고 몰라도 묻지 않는 사람이 있습니다.

아는 걸 더 확실하게 알게 하는 게 질문의 힘입니다. 모르는 걸 알게 하는 게 질문의 힘입니다. 모르는 것조차도 모르고 있었음을 알게 하는 게 질문의 힘입니다.

공자는 '의사문(疑思問) 하라'고 했습니다. 의심나는 게 있으면 질문을 하는 사람이 군자라고, 리더라고 했습니다. 조금이라도 의심스럽거나 궁금하면 상하좌우를 불문하고 물어보라고 했습니다. 특히 나이가 어린 사람에게도 묻는 걸 부끄럽게 생각하지 말 것을 간곡히 권고했습니다.

학습은 질문이 반이고 대답이 반입니다. 무엇을 물을까 고민하면서 공부의 반이 만들어지고 질문에 대한 답을 들으면서 나머지 공부의 반이 완성됩니다. 그러니 질문하지 않으면 공부의 반이 사라집니다.

가르침을 실천해 보려는 마음가짐

자로는 가르침을 듣고
그것을 실천하기도 전에
또 다른 가르침을 듣는 것을 두려워했다.
_「공야장」 13장

子路有聞	자로유문
未之能行 唯恐有聞	미지능행 유공유문

子	路	有	聞				
아들 **자**	길 **로**	있을 **유**	들을 **문**				

未	之	能	行	唯	恐	有	聞
아닐 **미**	갈 **지**	능할 **능**	갈 **행**	오직 **유**	두려울 **공**	있을 **유**	들을 **문**

자로는 스승으로부터 가르침을 들으면 반드시 실천하려고 했으므로, 좋은 가르침을 듣고 실행하기도 전에 새 가르침을 듣는 걸 두려워했습니다. 스승의 가르침을 듣고 잘 해내지 못했을 때 같은 가르침을 또 듣게 될까 두려워했습니다.

가르침의 빈도가 중요한 게 아니라 하나라도 제대로 실천하는 게 중요하다는 자세를 가지고 있었습니다. 대체로 사람들은 새로운 방법이나 지식을 갈구하지만 중요한 건 하나를 배우더라도 제대로 배워 쓸 수 있어야 함을 말하고 있습니다.

자로의 직선적이고 저돌적인 성격이 학습의 방법에서도 잘 드러나는 대목입니다.

시장통에서 불량배 노릇이나 했던 거친 자로였지만 노나라의 전쟁을 이끄는 장군의 위치까지 올라갈 수 있었던 배경에는 그만의 특별한 학습 방법이 있었습니다.

이이가 격몽요결을 쓴 이유

500여 년 전 조선, 이이가 황해도 해주에서 잠시 머물렀을 때 학문을 시작하는 초학자들에게 꼭 필요한 책 한 권을 저술했습니다. 공부를 시작하거나 공부에 열중하고 있는 젊은이에게 혹여 지니고 있을 수도 있는 몽매함을 깨는 중요한 비결인 『격몽요결』입니다. 『격몽요결』의 첫 장인 「입지장」에 학문을 함에 뜻과 정성의 중요성을 이렇게 적고 있습니다.

사람들은 혼자서 자칭 내가 뜻을 세웠다고 하면서도 애써 앞으로 나아가려 하지 않고 그대로 우두커니 서서 어떤 효력이 나타나기만을 기다리고 있다. 명목으로는 뜻을 세웠노라고 말하지만, 실상은 학문을 하려는 정성이 없기 때문이다. 그렇지 않고 만일 그대 뜻의 정성이 정말로 학문에 있다고 하면 어진 사람이 될 건 정한 이치이고 또한 내가 하고자 하는 올바른 일을 행하면 그 효력이 나타날 것인데, 왜 이것을 남에게서 구하고 기다린단 말인가?

그렇기에 뜻을 세우는 게 가장 귀하다고 말하는 것은, 즉 뜻으로 부지런히 공부하면서도 오히려 내가 따라가지 못할까 두려워해 조금도 뒤로 물러서지 말아야 한다. 그렇지 않고 뜻이 정성스럽고 착실하지 못한 채 그대로 우물쭈물 세월만 보내고 있으면 자기 몸이 죽을 때까지 또는 이 세상이 다할 때까지 무엇을 성취할 수 있겠는가?

자로가 가졌던 갈급한 마음을 이이도 그대로 가지고 있었음을 알 수 있습니다. 스승의 말을 흘려듣지 않고 실행해보려는 자로의 마음 속에 이미 큰 뜻이 있었음도 알 수 있습니다.

왜 공부해야 하는지, 공부하는 분명한 이유가 왜 중요하며, 어떤 뜻과 목표를 세워야 하는지, 분명한 목표를 가지고 도전하는 것과 목표 없는 도전의 결과는 어떻게 극명하게 갈리는지를 알아야 공부에 정성의 마음이 생깁니다. 그래야 스승의 말 한마디 한마디가 다르게 들리는 것입니다. 그래서인지 『격몽요결』 1장 「입지장」은 이렇게 시작됩니다.

처음 학문을 하는 이는 반드시 먼저 뜻부터 세워야 한다. 자기도 성인이 되리라고 마음먹어야 한다. 조금이라도 자기 자신을 하찮게 여겨 물러서려는 생각을 가져선 안 된다.

사람의 타고난 용모는 추한 걸 바꿔 예쁘게 할 수 없고 타고난 키가 작은 걸 크게 할 수 없으니, 모두 정해진 분수가 있어 고칠 수가 없는 것이다. 그러나 오직 한 가지 변할 수 있는 게 있으니 심지(心志), 즉 마음과 뜻이다. 마음과 뜻은 어리석은 것을 바꿔 지혜롭게 할 수 있고, 못난 것을 바꿔 어질고 현명한 사람으로 만들 수도 있다. 사람의 마음이란 그 비어 있고 차 있고 한 게 본래 타고난 것에 구애되지 않기 때문이다. 사람이란 지혜로운 것보다 더 아름다운 게 없고 어진 것보다 귀한 게 없는데, 어찌해 어질고 지혜롭게 되지 못해 하늘이 부여한 본성(本

性)을 망치려 하는가? 사람마다 이런 뜻을 마음속에 두고 견고하게 가져가 조금도 물러서지 않는다면, 누구나 거의 올바른 사람의 경지에 들어갈 수 있다.

어떤 학생은 외우기를 잘하고, 어떤 학생은 응용력이 높습니다. 또 어떤 학생은 사고력이 좋고, 어떤 학생은 감성이 뛰어나며, 어떤 학생은 운동력이 좋습니다. 노래를 잘하는 학생이 있고 글을 잘 쓰는 학생이 있습니다.

어떤 학생은 외우기를 싫어하고, 어떤 학생은 응용력이 낮습니다. 또 어떤 학생은 사고력이 좋지 않고, 어떤 학생은 감성이 뛰어나지 않습니다. 어떤 학생은 운동을 싫어하고 노래를 잘못하며 글 쓰기를 싫어합니다.

그러나 학교에선 모든 학생이 같은 과목을 공부하고 같은 시간을 보냅니다. 그러니 누구는 역사 시간을 좋아하지만, 누구는 역사 시간을 싫어하기 마련입니다. 누구는 수학 공부를 싫어하지만, 누구는 수학 공부를 좋아합니다.

그리고 우리의 평가방식은 외우기 잘하는 학생에게 유리합니다. 짧은 시간에 많은 정보를 잘 외우는 학생은 높은 점수를 받고, 글 쓰기를 잘하거나 음악, 미술을 좋아하는 학생은 석차에서 밀려납니다. 외우는 능력에 따라 석차가 갈리고 대학의 문이 갈립니다. 행복한 인생은 외우기와 상관관계가 그리 깊지도 않은데 말입니다.

따라야 하는 자로의 학습 태도

자로의 학습 태도는 현재에도 시사하는 바가 적지 않습니다. 외우는 능력에 따라 점수를 받아야 하는 게 현실이지만 어떤 과목을 공부해도 왜 그렇게 되는지에 대한 이해와 현실에 어떻게 적용할 수 있을까를 생각해보고 실천에 옮긴다면 공부가 다르게 느껴질 것입니다. 열 개를 배웠다면 단 몇 개만이라도 자로의 마음으로 실천해본다면 색다른 공부가 될 것입니다.

특기와 적성을 발견할 수도 있습니다. 그냥 좋아 보여서가 아니라 직접 해보니 생각과는 전혀 다른 느낌이나 즐거움을 찾을 수도 있기에 그렇습니다.

시간이 부족하다면 열 개 중에서 단 하나만이라도 배운 걸 실천해보겠다는 마음을 가져보는 것도 방법입니다. 한 달에 한 번만이라도 그런 시간을 가져보는 것, 분기에 한 번이라도 그렇게 해본다면 1년에 서너 가지는 해볼 것입니다.

나를 만드는 매일의 반성 3가지

증자가 말했다.

"매일 나는 세 가지로 나 자신을 반성한다.

남을 위해 일을 도모함에 충실했는가?

친구와 사귐에 신의를 저버리지는 않았는가?

배운 것을 열심히 익혔는가?"

_「학이」 4장

曾子曰	증자왈
吾日三省吾身	오일삼성오신
爲人謀而不忠乎	위인모이불충호
與朋友交而不信乎	여붕우교이불신호
傳不習乎	전불습호

曾	子	曰			
일찍 증	아들 자	가로 왈			

吾	日	三	省	吾	身
나 오	날 일	석 삼	살필 성	나 오	몸 신

爲	人	謀	而	不	忠	乎
할 위	사람 인	꾀 모	말이을 이	아닐 불	충성 충	어조사 호

與	朋	友	交	而	不	信	乎
더불 여	벗 붕	벗 우	사귈 교	말이을 이	아닐 불	믿을 신	어조사 호

傳	不	習	乎
전할 전	아닐 불	익힐 습	어조사 호

증자(曾子)는 노나라 사람으로 이름은 증삼(曾參)입니다. 자는 자여 (子輿), 공자보다 마흔여섯 살이 적었습니다. 공자의 초기 제자였던 증점(曾點)의 아들로 제나라, 초나라, 진나라에서 재상으로 초대했 지만 모두 응하지 않았습니다. 공자는 증삼이 효도에 능통하다고 여 겨 가르침을 줬습니다. 증자의 편저서는 『논어』 『대학』 『효경』 『증자 십편(曾子十篇)』 등이 있습니다.

향교(鄕校)는 고려와 조선 시대에 유학을 교육하고자 국가에서 지방에 설립한 국립 교육기관입니다. 1894년에 조선의 과거제도 폐 지와 함께 향교는 건물과 이름만 남았지만 지금도 전국 여러 곳에 남아 있습니다. 향교나 서원에 가보면 동양오성(東洋五聖)이라 불 리는 다섯 명의 성인 위패와 오래된 초상화가 걸려 있습니다.

동양의 다섯 성인은 공자, 안자, 증자, 자사, 맹자입니다. 이중 안 자와 증자는 공자의 직제자였고, 자사는 공자의 손자입니다. 맹자는 공자가 죽고 110여 년 후에 태어난 전국시대 유학자입니다. 공자가 73세의 일기로 죽었을 때 증자는 스물네 살 청년이었고 자사는 서 너 살의 아이였습니다. 공자의 아들이 일찍 죽었기 때문에 증자는 공자의 손자인 자사를 가르치고 자사는 맹자에게 학문을 전수했기 때문에 후세에 증자를 유학의 '종성(宗聖)'으로 받들었습니다.

다른 제자에 비해 증자의 기록은 매우 간략합니다. 사마천은 『사기』「중니제자열전」에서 증자을 서른네 글자로 아주 짧게 기록했습니다. 사마천의 기록은 간단하지만, 증자는 부모에 대한 효성이 지극했고 학문 연수를 게을리하지 않았습니다. 『논어』 편집도 증자와 증자의 제자들이 중심이 되어 진행했다고 합니다. 『논어』「학이」 4장에는 평소 증자가 어떻게 학습했는지에 대한 기록이 등장합니다.

"매일 나는 세 가지로 나 자신을 반성한다. 남을 위해 일을 도모함에 충실했는가? 친구와 사귐에 신의를 저버리진 않았는가? 배운 것을 열심히 익혔는가?"

증자는 기본에 충실했던 제자였습니다. 매일 저녁 하루를 정리하면서 세 가지 기준을 정해놓고 스스로 되돌아보는 시간을 가졌습니다. 남들과 같이 일하면서 혹은 친구들과 같이 공부하면서 최선을 다하지 않았는지? 맡은 소임에 충심을 다해 최선을 다했는지? 친구와의 관계에 있어 신의를 지키지 못함은 없었는지? 친구들은 물론 낮에 만나는 여러 사람과의 관계에서 신뢰에 금이 가는 행동이나 말을 하진 않았는지? 스승님께 배운 것을 익히고 실천함에 게으름은 없었는지 생각해보면서 잠자리에 드는 것이었습니다.

'오일삼성(吾日三省)'이라는 유명한 어구의 어원입니다. 나는 하루에 세 번 혹은 세 가지로 나 자신을 반성한다는 뜻입니다. 하루에 세 번을 반성하든 하루에 세 가지를 성찰하든 횟수와 가짓수가 중요한 건 아니지요. 공자로부터 둔하다는 평을 들었던 증자가 공자학당의 핵심 인재로 자리매김하는 데는 이런 성실한 태도가 바탕이 되었을 것입니다.

일상의 일들이 나를 만든다

대학 입시나 취업 시험에서의 면접은 그 중요성을 아무리 강조해도 지나치지 않습니다. 성적으로 사람을 평가하는 데는 무리가 있습니다. 아무리 성적이 좋아도 인성이 떨어지는 경우가 적지 않기 때문입니다. 대학이나 기업은 성적도 중요하지만, 숫자로 표시되는 성적보다 사람 됨됨이가 더 중요하다는 사실을 알고 있습니다. 뒤떨어진 성적은 끌어올릴 수 있지만 뒤떨어진 인성은 끌어올리기 쉽지 않습니다. 그래서 대부분의 인재 선발 시험에선 필기시험과 면접시험을 병행합니다.

면접시험은 단기간에 준비하기가 어렵습니다. 물론 면접 요령이나 예상 질문에 대한 답안을 준비하는 건 어렵지 않습니다. 면접의 핵심은 그가 어떤 과정으로 잘 성장했는가를 여러 가지 질문을 통해 확인 검증해보는 데 있다는 걸 놓쳐선 안 됩니다.

말 잘하는 것과 행동이 바른 건 별개인 경우가 많습니다. 행동과 결과가 따르지 못하는 번드레한 말은 거짓인 경우가 대다수입니다.

또한 그가 사용하는 단어, 그의 어투, 그의 표정, 그의 자세 하나하나가 그의 과거를 말하고 있습니다.

매일 나 자신을 반성합니다. 남을 위해 일을 도모함에 충실했는가? 친구와 사귐에 신의를 저버리진 않았는가? 배운 것을 열심히 익혔는가? 아침에 일어나 침구 정리는 제대로 했는가? 방 청소는 스스로 했는가? 친구들과의 소소한 약속도 잊지 않고 실천하려 노력했는가? 스스로 계획한 시간에 따라 예습, 복습하고 놀았는가?

아무것도 아닌 듯한 일상의 일들이 자신을 만듭니다. 이불 개기, 청소하기, 제시간에 밥 먹기, 약속 시간 지키기, 쓰레기 버리기, 동생 보살펴주기 등 사소한 하나하나가 대학 입시, 기업 입사의 문을 여는 키가 되는 것입니다.

"나는 게으르지 않습니다" "나는 부지런합니다" 면접에서 이 두 문장은 어떤 차이가 있을까요? 같은 뜻으로 보일 수도 있지만, 전혀 다르게 들릴 수도 있습니다.

증자처럼 오일삼성의 정신으로 살았다면 자신 있게 긍정적인 표현을 쓰며 "나는 부지런합니다"라고 대답할 확률이 높습니다. 반면 평소 게으르게 산 사람은 "나는 게으르지 않습니다"라고 대답할 확률이 높습니다. 면접에서 게으르다고 솔직하게 말할 수는 없고 그렇다고 부지런하다고 말하기도 어렵기에 그렇습니다. 하지만 "나는 게으르지 않습니다"라는 말에는 이미 '게으름'이라는 부정적인 태도의 단어가 들어가 있음을 면접관은 찾아낼 것입니다.

나부터 좋은 사람이 되어야겠다

공자께서 말씀하셨다.
"세 사람이 길을 가면 반드시 나의 스승이 있다.
선한 사람에게선 선함을 따르고,
선하지 않은 사람에게선 그를 보고 나를 고쳐야 한다."
_「술이」 21장

子曰	자왈
三人行 必有我師焉	삼인행 필유아사언
擇其善者而從之	택기선자이종지
其不善者而改之	기불선자이개지

子	曰						
아들 자	가로 왈						

三	人	行	必	有	我	師	焉
석 삼	사람 인	갈 행	반드시 필	있을 유	나 아	스승 사	어조사 언

擇	其	善	者	而	從	之
택할 택	그 기	착할 선	놈 자	말이을 이	따를 종	갈 지

其	不	善	者	而	改	之
그 기	아닐 불	착할 선	놈 자	말이을 이	고칠 개	갈 지

요즘은 많은 도시에서 공유 자전거 서비스를 제공하고 있어 쉽고 편하게 이용할 수 있습니다. 대부분은 질서를 잘 지키고 있지만 가끔은 눈살을 찌푸리게 하는 경우가 발행합니다.

한 여학생이 짐을 놓는 자전거 바구니에 올라탔고, 다른 한 명이 뒤에서 힘겹게 운전하며 횡단보도를 건너고 있는 모습이 작은 기사로 뜬 적이 있습니다.

이에 일부 네티즌들은 "한 번은 추억이 될 수 있지" "애들은 뭐 저렇게 놀 수도 있지"라고 했지만, 대다수는 "저러다 넘어지면 누구 탓하려고" "아무리 미성년자라도 저런 행동은 처벌해야 정신 차린다" "초등학교 안 나왔나? 기본 질서조차 모르네"라고 비난했습니다.

학교는 지식 충전소가 아니다

학교는 지식만 충전하는 지식 충전소가 아닙니다. 친구를 사귀고 친구가 되고 친구를 만드는 곳입니다. 협동을 배우고 타인과 어울려 사는 방법을 배우는 곳입니다. 연대를 배우고 인성을 배우고 수련하는 곳입니다. 코로나 시대를 겪으면서 학교는 그저 단순한 지식 충전소가 아님을 증명했습니다.

학부모의 학력이 선생님의 학력을 뛰어넘으니 일어나선 안 될 부작용들이 생겨나기도 합니다. 학부모의 학력으로 아이의 선생님을 무시하는 천박한 풍조, 학부모의 경제력으로 아이의 선생님을 은근히 경시하는 천박한 풍조, 학부모의 권력으로 아이의 선생님을 짓누르는 경박한 풍조가 생겼습니다.

우리 아이가 예쁘면 다른 아이도 그의 부모에겐 내 아이만큼이나 예쁜 아이라는 걸 알아야 합니다. 우리 아이만 학교에서 선생님으로부터 특별한 관심을 받아야 한다고 생각하는 순간, 우리 아이는 사람들과 어울려 사는 방식을 배울 기회를 놓칠 수 있습니다. 집에서야 우리 아이가 최고지만 학교에서도 최고의 존재로 인정받아야 한다고 생각한다면 오만과 편견이 아닐 수 없습니다.

우리 아이는 다르다고 생각한다면 그 아이는 이 세상에서 혼자 살아야 합니다. 우리 아이는 다르기에 타인과 어울리기 어렵거니와 다르기에 특별한 대우를 받아야 한다고 생각한다면 그 아이는 사회성 제로인 불쌍한 아이가 됩니다.

사회성이 낮고 자기중심적인 아이가 성장해 혹여 중요한 리더의 자리를 꿰차고 앉는다면 그 조직은 불행해질 것입니다. 자기만 알고 자기만 중요하다고 느끼는 리더의 정책이란 보지 않아도 뻔하기 때문입니다.

리더로서 타인의 의견을 들을 줄도 모르고 타인을 무시하면서 자기 자신만의 이익을 위해 온갖 권모술수를 부린다면, 조직의 일원들은 불행해지고 조직력은 깨지고 말 것입니다. 회사라면 회사가 흔들리고, 기관이라면 기관이 흔들리며, 국가라면 국가의 존위가 흔들려 모든 이에게 피해를 줄 테죠.

아이를 그런 리더로 키우고자 몰입하는 부모는 없을 것입니다. 그런데 적지 않은 40대 부모들이 아이를 그런 시각으로 키우고 있습니다. '공부만 잘하면 돼, 공부만 잘하면 모든 게 용서돼. 공부를 위해서라면 친구도 스승도 중요하지 않아. 공부에 조금이라도 해가 된다면 친구도 스승도 버려야 해.'가 기준이 되어 아이를 키우고 있다면 다시 생각해봐야 합니다.

세상 사람 모두가 선생님

아이는 부모를 닮을 수밖에 없습니다.

부모가 아이의 선생님을 비난하면 아이도 선생님을 무시합니다. 부모가 아이의 선생님을 무시하면 아이도 선생님을 존중하지 않습니다. 부모는 아이의 거울입니다. 부모가 사람들과 어울려 사는 방법을 모르면 아이가 학교에서 배우기 어렵습니다.

청소년의 문제이기도 하지만 부모의 문제이기도 합니다. 10대의 문제이기도 하지만 40대의 문제이기도 합니다. 자기만 생각하고 우리 아이만 생각하며 아이 친구들까지 선택해주는 40대 부모의 문제일 가능성이 더 큽니다.

아이의 성적을 올려 좋은 대학에 갈 수 있게 해주는 게 중고등학교 기능의 전부라 생각한다면 인생의 반 이상을 포기하는 것이나 다름없습니다. 다른 아이는 모르겠고 우리 아이만 그렇게 해주길 바란다면 중고등학교 기능의 3/4을 포기하는 것이나 다름없습니다.

아무리 돈이 많고 권력이 세다고 해도 40대 부모가 '우리 아이만 성공하고 행복하면 된다'라고 생각한다면, 아이에게도 우리 사회에게도 득보다 해가 된다는 사실을 기억해야 합니다.

아이도 인격체라는 사실을 누구도 부인하지 않습니다. 아이는 부모의 부속물이 아닙니다. 아이는 부모의 소유물이 아닙니다. 이 세상 그 어떤 아이도 천부적인 권리 없이 태어나지 않았습니다.

친구 셋이 모이면 그중에는 분명 나보다 성적이나 인품이 좋은 친구가 있고 나보다 성적이나 인품이 조금 떨어지는 친구가 있게 마련입니다. 요즘 40대 부모는 '성적이나 인품이 떨어지는 친구와는 놀지 마라'고 말할지도 모릅니다.

인성은 친구나 사람들과 어울려야 함양됩니다. 타인을 이해하고 용서하고 사랑할 수 있는 마음은 사람들과 함께 있어야만 비로소 얻을 수 있는 품성입니다. 친구가 있어야 친구에 대한 감정을 느낍니다. '좋은 친구가 되려면 나부터 좋은 사람이 되어야겠구나' 하고 생각하는 건 친구가 있어야 비로소 발휘할 수 있는 통찰력입니다.

거짓말을 하면 나쁘다는 걸 당해보지 않으면 느끼기 어렵습니다. 글이나 말로 느끼는 것과 몸으로 체감하는 것을 비교하면 그야말로 하늘과 땅 차이입니다.

그런데 친구를 사귀지 말고 그 시간에 공부를 열심히 해 1등만 되면 모든 게 해결된다고 주입하는 건 타인과는 어울릴 줄도 모르고 용서할 줄도 모르고 사랑할 줄도 모르는, 사회를 좀먹는 인간을 만드는 지름길입니다.

세상 사람 모두가 선생님입니다. 잘난 사람에게선 잘남을 배우고, 못난 사람을 보고선 나의 못남을 없애려 노력하면 됩니다. 착한 사람에게선 선한 인성을 배우고, 악한 사람을 보고선 내 안의 악한 감정을 없애려 노력하면 됩니다. 누구를 만나든 상관없이 오로지 나에게 달려 있습니다.

누구에게나
기회는
찾아온다

기회

열매를 맺는 사람이 되어야 한다

공자께서 말씀하셨다.
"싹이 트였지만 꽃을 피우지 못하는 경우가 있고,
꽃은 피웠지만 열매 맺지 못하는 경우가 있구나."

_「자한」 21장

子曰	자왈
苗而不秀者有矣夫	묘이불수자유의부
秀而不實者有矣夫	수이불실자유의부

子	曰						
아들 자	가로 왈						
苗	而	不	秀	者	有	矣	夫
모 묘	말이을 이	아닐 불	빼어날 수	놈 자	있을 유	어조사 의	지아비 부
秀	而	不	實	者	有	矣	夫
빼어날 수	말이을 이	아닐 불	열매 실	놈 자	있을 유	어조사 의	지아비 부

・
　　・
　　・

안회가 죽자 공자는 이렇게 말했습니다. "싹이 트였지만 꽃을 피우지 못하는 경우가 있고, 꽃은 피웠지만 열매를 맺지 못하는 경우가 있구나." 싹이 나고서 꽃이 피고 못하는 자도 있고, 꽃이 피고서 열매를 맺지 못하는 자도 있다는 말은 바로 안회를 두고 이른 말입니다.

　안회는 배움을 통해 싹을 트고 공자학당의 대표적인 인자(仁者)로서 꽃을 피웠지만, 일찍 죽는 바람에 열매를 맺지 못했습니다. 그는 노나라 사람으로 공자가 가장 사랑하던 제자였습니다.

　안회의 자는 자연(子淵)이었습니다. 그래서 사람들은 안회를 부를 때 그의 자를 따서 안연(顏淵)이라 했습니다. 그는 누추한 마을에 살면서 찢어지게 가난해 끼니 거르기를 밥 먹듯 했으며 술지게미조차 배불리 먹지 못했습니다.

　안회는 공자의 제자 중 배우기를 가장 좋아했던 인물로 하나를 들으면 열을 깨우쳤고[聞一知十], 자신을 이겨 예로 돌아가는 극기복례(克己復禮)의 인과 덕행이 뛰어나 공자도 그로부터 배우고 싶어 할 정도였습니다.

　스승보다 서른 살 연하인 안회는 단명해 공자보다 일찍 죽었습니다. 안회가 죽자 공자는 "내가 안회의 죽음을 슬퍼하지 않는다면 누구를 위해 슬퍼하겠는가?" 하면서 통곡을 멈추지 못했습니다.

안회는 공자의 10대 제자인 공문십철 중 가장 으뜸 제자로 인자의 대명사였습니다.

싹도 틔우지 못하고 세상을 떠난 이

사람의 목숨은 하늘에 달렸기에 인간으로서 아무리 노력해도 들어주지 않을 때가 있습니다. 온갖 정성을 다해 빌고 또 빌어도 모든 게 허사로 돌아갈 때가 있습니다. 그동안의 노력이 허무하게 사라질 때가 있습니다.

사랑하는 사람의 죽음은 세상이 사라지는 것보다 더 큰 아픔입니다. 견뎌내기 몹시 어려운 슬픔입니다. 무한한 가능성이 절절하게 꺾이는 고통입니다.

싹도 틔우지 못하고 세상을 떠나는 아이가 있습니다. 아이는 세상 그 무엇보다 소중한 존재입니다. 무조건 사랑받아야 할 대상입니다. 그 어떤 이유를 들어도 싹도 틔우지 못하고 세상을 떠나야 하는 아이가 있어선 안 됩니다.

어른들의 탐욕스러운 전쟁이 이유가 될 수도, 설익은 부모의 무관심이 이유가 될 수도, 이웃과 사회와 국가의 무책임이 이유가 될 수도 없습니다.

싹은 트였으나 꽃을 피우지 못하고 세상을 떠난 이가 있습니다. 초등학교, 중학교, 고등학교, 대학교의 준비 단계를 거쳐 싱싱하고 아름다운 청춘의 삶을 마무리하지 못하고 세상을 떠난 젊은이가 있습니다. 질병으로, 사고로 가선 안 될 길을 간 이가 있습니다. 일어나선 안 될 사고가 발생하고 터져선 안 될 사건이 발생해 일찍 가선 안 될 청춘이 가는 경우가 많습니다.

꽃은 피웠으나 열매를 맺지 못하고 세상을 떠난 이가 있습니다. 천수를 누리며 인생을 살아도 열매를 맺지 못하고 떠난 이들이 많습니다. 자신이 원하는 인생을 살지 못했거나, 세상에 도움이 되는 가치를 남기고 싶었지만 그러지 못했거나, 만족하지 못했거나, 행복하지 못한 인생을 살다 간 이들이 많습니다.

"싹이 트였지만 꽃을 피우지 못하는 경우가 있고, 꽃은 피웠지만 열매를 맺지 못하는 경우가 있구나." 인생무상을 느끼게 하는 공자의 말입니다. 너무나 인간적인 공자의 모습입니다. 더하지도 덜하지도 않은 담백한 공자의 모습입니다.

가장 사랑하던 제자 안회가 일찍 죽었습니다. 누구보다 총명했고 누구보다 높은 덕을 가지고 있던 제자였기에 공자의 실망과 충격은 이루 말할 수가 없었습니다.

열매를 맺는 사람이 되어야 한다

공자가 제자 안회를 보낸 건 인간으로 어찌할 수 없는 불가항력적인 일이었지만 남아 있는 제자들에겐 이렇게 말하고 있습니다.

"싹이 트였지만 꽃을 피우지 못하는 경우가 있고, 꽃은 피웠지만 열매를 맺지 못하는 경우가 있구나. 싹이 트였지만 꽃을 피우지 못하는 사람이 있다. 꽃은 피웠지만 열매 맺지 못하는 사람이 있다. 하지만 싹이 트였으면 꽃을 피우는 사람이 되어야 한다. 꽃은 피웠으면 열매를 맺는 사람이 되어야 한다. 싹을 틔우고 꽃을 피우고 열매 맺는 사람이 되어야 한다."

사람은 누구나 성공하길 원하지만 다 성공하진 못합니다. 사람마다 환경이 다르고, 처지가 다르고, 능력이 다르고, 각오가 다르기 때문입니다. 공부도 크게 다르지 않습니다. 외부적인 환경 때문에, 가난한 아버지 때문에, 전쟁 때문에, 기근 때문에, 질병 때문에 중도에 학업을 포기하기도 합니다.

더 큰 문제는 외부의 문제가 아닌 자의적인 포기로 학업을 이어가지 못하는 경우입니다. 신학기가 되거나 학년이 바뀌면 새로운 각오로 공부를 시작하지만 적성과 맞지 않는다는 이유로, 공부 방법이 다르다는 이유로, 뭔가 잘 풀리지 않는다는 이유로 싹은 잘 났지만 꽃을 피우기 어렵기에 지레 포기하는 경우가 있습니다.

누구나 비슷합니다. 누구나 고민하고 갈등합니다. 잘하는 학생은 잘하는 학생대로 힘들고, 못하는 학생은 못하는 학생대로 힘듭니다. 공부는 원래 힘든 일이기에 그렇습니다. 공부에는 왕도가 없기에 그렇습니다.

열이면 열, 백이면 백 모두 방법이 다릅니다. 그렇기에 누구나 자기 확신이 어렵습니다. 그만큼 흔들리기 쉽다는 말입니다. 나만 그런 게 아니라 모두가 그렇습니다. 그래서 공자의 말이 다르게 다가오는 것입니다.

싹이 트였지만 꽃을 피우지 못하는 경우가 있고, 꽃은 피웠지만 열매를 맺지 못하는 경우가 있음을 인정하지 않을 수 없습니다. 하지만 의지가 필요한 공부나 꿈의 달성은 다릅니다.

의지와 노력에 따라 세 가지로 나뉩니다. 싹만 틔우고 포기하는 사람, 꽃을 피우고 포기하는 사람, 열매까지 맺는 사람입니다. 누구나 열매까지 맺을 수 있습니다. 시작만 해놓고 포기하는 사람이 될 수도 있습니다. 어느 정도 기반을 잡았지만 중도에 포기하는 사람이 될 수도 있습니다.

선택에 달려 있습니다. 포기는 가장 쉬운 선택입니다. 포기는 언제든 할 수 있습니다. 언제든 할 수 있는 것이기에 가장 마지막에 하는 게 가장 좋은 전략입니다.

스승은 스승답고 학생은 학생다워야 한다

제나라 군주인 경공이 공자께 정치에 관해 물었다.

공자께서 대답하셨다.

"군주는 군주답고 신하는 신하다우며,

아버지는 아버지답고 아들은 아들다운 것입니다."

_「안연」 11장

齊景公問政於孔子	제경공문정어공자
孔子對曰	공자대왈
君君 臣臣 父父 子子	군군 신신 부부 자자

齊	景	公	問	政	於	孔	子
가지런할 제	볕 경	공평할 공	물을 문	정사 정	어조사 어	구멍 공	아들 자

孔	子	對	曰
구멍 공	아들 자	대할 대	가로 왈

君	君	臣	臣	父	父	子	子
임금 군	임금 군	신하 신	신하 신	아비 부	아비 부	아들 자	아들 자

공자 나이 서른다섯 살 때 일입니다. 당시 노나라 군주 소공(昭公)과 정치 실력자 삼환(三桓) 사이에 내전이 일어났습니다. 소공의 군대가 격파당해 노나라 군주가 제나라로 망명하고 말았죠.

이후 노나라 정치 질서가 문란해지자 공자도 제나라로 갔습니다. 정치를 하고 싶어 했던 공자는 제나라 실력자를 통해 제나라 군주인 경공(景公)을 만났습니다. 그때 경공이 공자에게 정사(政事)에 대해 물었습니다.

공자의 대답은 간단하고 명료했습니다. 군주는 군주 노릇을 하고, 신하는 신하 노릇을 하며, 아버지는 아버지 노릇을 하고, 아들은 아들 노릇을 하는 게 정치의 요체라 답했습니다.

공자가 그렇게 말한 이유는 당시 경공의 군주 노릇과 아비 노릇에 문제가 있었기 때문이었습니다.

정치를 게을리해 대부(大夫)에게 정치를 맡기고, 총애하는 여인이 많아 후계자를 세우지 않았습니다. 그렇게 군신과 부자의 도를 잃었습니다.

경공은 공자의 조언을 귀하게 여기며 답했습니다. "좋은 말이오. 진실로 군주가 군주답지 못하고 신하가 신하답지 못하며 아버지가 아버지답지 못하고 아들이 아들답지 못하면, 비록 곡식이 있은들 내가 그것을 먹을 수 있겠는가?"

하지만 경공은 공자의 조언을 좋게는 여겼으나 따르지는 못했습니다. 결국 경공이 죽자 그간 정치의 주도권을 쥐고 있었던 대부가 군사를 일으켜 국정을 혼란으로 빠트렸습니다. 얼마 지나지 않아 군주를 시해하고 나라를 찬탈했죠. 나라의 주인이 바뀌어버린 결과를 초래하고 말았습니다.

왕은 왕다워야 하고 신하는 신하다워야 하며 아버지는 아버지다워야 하고 자식은 자식다워야 한다는 공자의 말씀에 맹자가 몇 가지를 덧붙였습니다. 임금과 신하 사이에는 정의가 있어야 하고, 부모와 자식 사이에는 친밀함이 있어야 하며, 남편은 남편의 역할을 하고 아내는 아내의 역할을 잘해야 하고, 어른과 젊은이는 차례가 있어야 하며, 친구끼리는 믿음이 있어야 한다는 오륜(五倫)입니다.

자리에 맞는 사람, 자리에 맞지 않는 사람

정치가는 정치가다워야 하고, 기업가는 기업가다워야 하며, 스승은 스승다워야 하고, 학생은 학생다워야 하며, 사장은 사장다워야 하고, 직원은 직원다워야 하며, 남편은 남편다워야 하고, 아내는 아내다워야 하며, 아버지는 아버지다워야 하고, 어머니는 어머니다워야 하며, 반장은 반장다워야 하고, 실장은 실장다워야 하며, 공부는 공부다워야 하며, 놀이는 놀이다워야 합니다.

자리가 사람을 만든다고 하지만 자리에 취하고 완장에 취해 오직 자리의 즐거움만 알고 책임과 의무를 망각한다면 오래가지 못할 것입니다.

군주는 군주의 자리를 빼앗기고, 사장은 사장의 자리를 빼앗기며, 직원은 직원의 자리를 빼앗길 것입니다. 스승은 스승의 자리를 빼앗기고, 학생은 학생의 자리를 빼앗길 것입니다.

사람이 일정한 지위에 오르면 그에 어울리는 모습으로 변하게 마련이지만, 공자의 이 가르침은 모름지기 자신이 앉은 자리에 맞는 역할을 해야 한다는 뜻이기도 합니다.

사람들을 힘들게 하는 문제는 대부분 역할을 충실하게 하지 못할 때 발생합니다. 옛날이나 지금이나 다르지 않습니다. 가정이나 지역 사회나 국가 역시 마찬가지입니다. 기업이나 학교나 교회 역시 마찬가지입니다.

강사는 강사답게 수강생은 수강생답게, 의사는 의사답게 간호사는 간호사답게 환자는 환자답게, 주인은 주인답게 손님은 손님답게, 목사는 목사답게 신부는 신부답게 스님은 스님답게 신도는 신도다워야 합니다.

우리 함께 더불어 잘 살아가려면 '~답게'라는 예(禮)를 기억해야 하고 실천해야 합니다.

아이를 살리려면 내 탓을

학교와 가정을 혼동하면 문제가 발생합니다. 집에선 그러지 않는데 학교만 가면 다른 아이가 되니 학교 책임과 교육 문제라고 트집잡는 학부모가 있습니다. 가정교육을 잘못한 탓이지 학교 책임과 교육 문제가 아니라고 딱 잡아떼는 선생님이 있습니다.

집은 학교를 탓하고 학교는 가정을 탓하는 이유는 분명합니다. 학교는 학교답지 못하고 가정은 가정답지 못해서입니다. 남을 탓하면 문제는 점점 커져만 가고, 나를 탓하면 문제는 점점 사라집니다.

아이가 그른 길로 빠지는 건 남의 탓이 아니라 내 탓입니다. 부모 탓이자 선생님 탓입니다. 그 모습이 학교는 학교답고 가정은 가정다운 모습입니다. 순자는 이렇게 말한 바 있습니다.

굽은 나무는 반드시 도지개를 대고 쪄서 바로잡은 뒤에야 곧아지고 무딘 쇠는 반드시 숫돌로 간 뒤에야 날카로워지듯이, 사람의 본성이 악한 건 반드시 스승과 법도의 가르침이 있은 뒤에야 다스려지는 것이다. 스승과 법제에 의해 교화되고 학문을 쌓으며 예의를 실천하고 있는 사람을 군자라 하고, 본성과 감정을 멋대로 버려두고 멋대로 행동하는 데 안주하고 예의를 어기는 자를 소인이라고 한다.

_『순자』「성악」2장

젊어서 경계해야 할 3가지 일

공자께서 말씀하셨다.
"군자에게는 세 가지 경계할 일이 있으니,
젊을 때는 혈기가 안정되지 않았으니 색을 경계해야 하고,
장년이 되면 혈기가 왕성하니 싸움을 경계해야 하며,
늙어서는 혈기가 쇠잔해지므로 탐욕을 경계해야 한다."

_「계씨」 7장

孔子曰
君子有三戒
少之時 血氣未定 戒之在色
及其壯也 血氣方剛 戒之在鬪
及其老也 血氣旣衰 戒之在得

공자왈
군자유삼계
소지시 혈기미정 계지재색
급기장야 혈기방강 계지재투
급기로야 혈기기쇠 계지재득

孔 子 曰
구멍공 아들자 가로왈

君 子 有 三 戒
임금군 아들자 있을유 석삼 경계할계

少 之 時 血 氣 未 定 戒 之 在
적을소 갈지 때시 피혈 기운기 아닐미 정할정 경계할계 갈지 있을재

色
빛색

及 其 壯 也 血 氣 方 剛 戒 之
미칠급 그기 장할장 어조사야 피혈 기운기 모방 굳셀강 경계할계 갈지

在 鬪
있을재 싸울투

及 其 老 也 血 氣 旣 衰 戒 之
미칠급 그기 늙을로 어조사야 피혈 기운기 이미기 쇠할쇠 경계할계 갈지

在 得
있을재 얻을득

빛 색(色)은 빛깔, 기색(氣色), 미색(美色), 여색(女色), 정욕(情慾)의 의미.
굳셀 강(鬪)은 싸움, 경쟁, 투쟁의 의미.
얻을 득(得)은 얻다, 탐하다, 이득, 이익의 의미.

．
．
．

젊은 시절에는 혈기가 안정되지 않으니 이성 관계를 조심하고, 장년 시절에는 혈기가 왕성하니 싸움을 조심하고, 노년이 되면 혈기가 이미 쇠잔해지므로 욕심을 조심해야 합니다. 젊어서 남자는 여자를 조심하고 여자는 남자를 조심해야 하며, 혈기가 왕성한 장년이 되어서는 지나친 경쟁이나 극단적인 투쟁을 조심하고, 노인이 되어서는 지나친 욕심을 조심해야 합니다. 물론 남녀 간의 이성 문제는 젊어서뿐만 아니라 장년이나 노인에게도 조심해야 할 문제입니다.

술을 금하고 여색을 멀리하라

정약용의 『목민심서(牧民心書)』 율기(律己) 6조 중, 제1조 「칙궁(飭躬)」편 중간쯤에 단주절색(斷酒絶色)으로 시작하는 문장이 등장합니다. 공직을 수행하는 목민관은 술을 금하고 여자를 멀리해야 한다는 뜻으로 여러 사례를 들어 소상하게 설명하고 있습니다. 과연 200여 년 전 조선의 관리들에게 정약용은 어떻게 설명했는지 몇 구절을 읽어보도록 하겠습니다.

공직자가 지켜야 할 여러 가지 공직윤리 중에서 다산은 특히 금주(禁酒), 금색(禁色), 금황(禁荒) 이 세 가지를 더 강조했습니다. 목민관은 술을 끊고, 여색(女色)을 금해야 하며, 거칠고 방탕하게 놀아선 안 된다는 뜻입니다.

술을 금하고 여색을 멀리하며 가무(歌舞)를 물리치며 공손하고 단엄하기를 대제(大祭) 받들 듯하며, 유흥에 빠져 정사를 어지럽히고 시간을 헛되이 보내는 일이 없어야 한다.

술을 금하고 여색을 멀리하고, 춤과 노래 향연을 물리치며, 큰 제사를 받들 듯이 공손하고 단엄하게 공무를 수행하고, 유흥에 빠져 정사를 어지럽히고 시간을 헛되이 보내는 일이 없어야 함을 지적했습니다. 술을 끊는 단주(斷酒)에 대해선 중국 송나라 때 학자 육구연이 쓴 『상산록(象山錄)』의 내용을 근거로 들어 설명했습니다.

술을 즐기는 것은 모두 생각이 쓸데없고 싱거운 객기(客氣)에 지나지 않는다. 세상 사람들은 이를 잘못 인식해 맑고 깨끗한 취미인 청취(清趣)로 생각하지만, 객기는 객기를 낳아서 그것이 오랜 습성이 되면 폭음하는 술주정뱅이 주광(酒狂)이 되어 끊으려 해도 끊지 못하게 되니, 진실로 슬픈 일이다. 마시면 주정하는 자, 마시면 말이 많은 자, 마시면 자는 자도 있다. 주정하지 않는 자는 스스로 폐단이 없다고 생각하나, 목민관의 잔소리나 군소리는 아래 관리들이 괴롭게 여기고, 술에 곯아 떨어져 깊이 잠들어 오래 누워 있으면 백성들이 원망할 것이다. 어찌 미친 듯 소리 지르고 마구 떠들어대며 부당한 형벌과 지나친 곤장질을 해야만 정사에 해를 끼친다고 하겠는가. 수령된 자는 술을 끊지 않아 선 안 된다.

또한 정약용은 공직자의 벼슬살이에 다섯 가지 고질적인 병통이 있다고 지적했습니다.

벼슬살이에 다섯 가지 고질적인 병통이 있다. 급히 재촉하고 함부로 거둬들이며 아랫사람에게서 긁어다가 윗사람에게 바치는 것은 세금을 걷는 조세인 조부(租賦)의 병통이요, 엄한 법조문을 함부로 사용해 선악을 분명하게 하지 못하는 것은 형벌과 판결, 형옥(刑獄)의 병통이요, 밤낮으로 주연을 베풀고 국사를 등한히 하는 것은 음주의 병통이요, 백성의 이익을 침해해 자기의 주머니를 채우는 것은 재물의 병통이요, 여인을 골라 음악과 여색을 즐기는 것은 남녀 문제로 생기는 유박(帷薄)의 병통이다. 이 다섯 가지 중에 하나만 있어도 백성은 원망하고 신(神)은 노해, 편안하던 자는 반드시 병이 들고, 병이 든 자는 반드시 죽을 것이다. 벼슬살이하는 자가 이것을 모르고 풍토의 병을 탓하니 또한 잘못된 것이 아닌가.

특히 공직을 수행하는 목민관이 결코 기생을 가까이해선 안 되는 이유를 정약용은 『목민심서』에 소상히 적었습니다.

수령된 자는 결코 몸을 파는 기생인 창기(娼妓)를 가까이해선 안 된다. 한번 가까이하게 되면 그 정령(政令) 하나하나가 의심과 비방을 살 것이며, 비록 공정한 일일지라도 모두 계집의 말에 떨어진 것으로 의심을 받을 것이니 또한 민망하지 아니한가. 매양 보면 소박하고 순진해 바깥출입이 없던 선비가 처음 기생을 가까이하면 홀딱 빠지고 말아 잠자리에서 소곤소곤 이야기한 것을 철석같이 믿으니, 기생이란 사람마다 정을 주어 사람의 본성이 이미 없어지고 따로 정부(情夫)가 있어서 밖으로 누설되지 않는 말이 없다는 것을 모른다. 밤중에 소곤거린 말이 아침이면 이미 성안에 온통 퍼지고 저녁에는 천지사방에 쫙 퍼지는 것이다. 평생에 단정하던 선비가 하루아침에 어리석은 사람이 되니 어찌 애석한 일이 아니겠는가.

충청감사(監司) 한지(韓祉)의 경험담을 들어 정약용은 이렇게 기록하기도 했습니다.

한지가 말하길 "내가 일찍이 호서지방에 공무를 나가 토지를 점검하는 일로 청주(淸州)에 보름 동안 머물러 있었는데, 재색(才色)이 뛰어난 강매(絳梅)란 기생이 늘 곁에 있었다. 사흘째 되던 날 밤 잠결에 무심코 발을 뻗으니 문득 사람의 살결이 닿았다. 물어보니 강매였다. 그녀가 말하길 "잠자리를 모시지 못하면 장차 벌을 주겠다고 명하시기에 부끄러움을 무릅쓰고 몰래 들어왔습니다." 했다. 나는 "그것이야 쉬운 일이다." 하고 곧 이불 속으로 들어오게 했다. 그 후 13일 동안 동침했으나 끝내 어지러운 짓은 하지 않았다. 일이 끝나서 돌아올 적에 강매가 울기에 내가 "아직도 정이 남아 있느냐?" 하니, 강매가 대답하길 "무슨 정이 있겠습니까. 다만 무료했기에 울 뿐입니다." 했다. 강매에게 명을 내렸던 주관이 희롱하길 "강매는 좋지 못한 이름을 만년에 남기고, 한지 사군(使君)은 좋은 이름을 백대에 끼쳤구나." 했다."

정약용은 목민관이 즐기는 향연과 풍악에 대해서도 그 폐해를 정확하게 지적했습니다. 풍악은 백성의 원망을 자아내는 풀무라고 하면서 매번 수령으로서 부모를 모신 사람이 부모의 생일에 풍악을 베푸는데, 자신은 효도라 생각하지만 백성들은 저주한다고 했습니다. 백성들로 하여금 부모를 저주하게 한다면 효도가 아닌 불효인 셈으로 풍악 대신 부모의 생일에 지역 어르신을 초청해 잔치를 겸해 행한다면 백성들이 저주하진 않을 거라 제안하기도 했습니다.

풍악을 울리면 목민관의 마음은 즐겁지만 좌우의 마음이 반드시 다 즐거울 순 없고, 좌우의 마음이 다 즐겁더라도 성안 남녀의 마음이 반드시 다 즐거울 순 없으며, 성안 남녀의 마음이 다 즐겁더라도 사방 백성의 마음이 다 즐거울 순 없다. 그중에는 혹 가난해 춥고 배고프거나, 옥사에 걸려 울부짖고 넘어져 하늘을 봐도 빛이 없고 참담해 세상을 살아가는 즐거움이 없는 자가 있어 한번 풍악을 울리는 소리를 들으면 이마를 찌푸리며 눈을 부릅뜨고 길에서 욕하며 하늘에 저주할 것이다. 배고픈 자가 들으면 그의 주림을 더욱 한탄할 것이요, 옥에 갇혀 있는 자가 들으면 그 갇혀 있음을 더욱 슬퍼할 것이다.

그러니 동양에서 가장 오래된 노래 가사집인 『시경』에서도 비유적으로 노래했습니다. 「소아(小雅) 백화(白華)」에는 "궁중에서 종을 두들기면 소리가 궐문 밖까지 들려 온다."라고 했습니다.

맹목적이지 않고 목적이 분명한 공부

공자께서 말씀하셨다.

"시 삼백 편을 외웠어도 정사를 맡겼을 때 해내지도 못하고,

사방에 사신으로 가서 대응하지도 못하면,

비록 많이 외웠다 한들 무슨 소용이 있겠는가?"

_「자로」5장

子曰	자왈
誦詩三百 授之以政 不達	송시삼백 수지이정 부달
使於四方 不能專對	시어사방 불능전대
雖多亦奚以爲	수다역해이위

子	曰								
아들 **자**	가로 **왈**								
誦	詩	三	百	授	之	以	政	不	達
외울 **송**	시 **시**	석 **삼**	일백 **백**	줄 **수**	갈 **지**	써 **이**	정사 **정**	아닐 **부**	통달할 **달**
使	於	四	方	不	能	專	對		
보낼 **시**	어조사 **어**	넉 **사**	모 **방**	아닐 **불**	능할 **능**	오로지 **전**	대할 **대**		
雖	多	亦	奚	以	爲				
비록 **수**	많을 **다**	또 **역**	어찌 **해**	써 **이**	할 **위**				

자신감 넘치는 아름다운 소녀 이미지의 4세대 걸그룹, 아이브(IVE)의 노래 중 〈I AM〉이라는 히트곡이 있습니다. 노래 가사를 프린트해 손에 쥐고 노래를 들어보니 그동안 들리지 않던 가사가 분명하게 들렸습니다. 평소에는 잘 들리지 않던 가사 내용이 들어오니 이제까지와는 전혀 다른 느낌이었습니다. 그동안은 나와 전혀 다른 세계의 노래로만 치부했는데 그게 아니었습니다. 〈I AM〉의 노래 가사 중 자꾸 흥얼거리게 되는 몇 구절을 옮겨봅니다.

다른 문을 열어
따라갈 필요는 없어
넌 너의 길로
난 나의 길로

하루하루마다 색이 달라진 느낌
밝게 빛이 나는 길을 찾아
넌 그냥 믿으면 돼
보이는 그대로야

어느 깊은 밤, 길을 잃어도 차라리 날아올라

그럼 네가 지나가는 대로 길이거든

나는 네가 누군가가 되고 싶어 하는 사람이 되었으면 좋겠어.

너는 누군가의 이루어진 꿈

〈I AM〉은 젊은이뿐만이 아닌 모든 이가 자신을 사랑하고 믿는 게 얼마나 중요한지 말합니다. 누구나 자신의 길을 찾아야 하고 찾을 수 있고, 자신의 꿈을 이루는 게 가능하다고 노래하고 있습니다. 자기를 사랑하는 자신감, 자기를 사랑하는 자유, 주체적이고 독립적인 삶을 끌고 나가려는 자신감을 경쾌하고 아름다운 선율에 담았다는 걸 느낄 수 있었습니다.

나는 나의 길을 가고 있어! 나는 누군가의 꿈이 될 거야! 나는 나의 꿈을 달성하기 위해 뜨겁게 불타고 있어! 내가 바로 너야!

노래로 춤으로, 희망을 선사하고 있습니다.

2,500년 전 공자가 엮은 노래 가사집

2,500년 전에도 노래가 있었습니다. 공자가 살았던 시대에도 많은 이의 가슴을 두근거리게 한 유행가가 있었습니다. 공자는 노래에 관심이 많았습니다. 당시 사람들이 즐겨 불렀던 수많은 노래 중에

300개 정도의 노래를 엄선 채집해 책으로 엮었습니다.

주나라 개국기인 기원전 1100년 무렵부터 공자가 살았던 춘추시대 중기인 기원전 600년 무렵까지의 약 500년 사이에 불렸던 민간 가요와 사대부들의 노래, 왕실의 연회나 국가적인 행사에 쓰였던 노래를 모았습니다.

이 책의 제목이 중국 최초의 노래 가사집인 『시경』입니다. 이후 『시경』은 『역경(易經)』『서경(書經)』『예기(禮記)』『춘추(春秋)』와 함께 유교 5대 경전의 하나로 인정받아 유학 공부의 필수 과목이 되어 조선 시대에도 학문의 필독서였을 뿐만 아니라 국정을 운영할 때도 자주 인용되었습니다.

노래는 시대를 불문하고 매우 중요한 역할을 했습니다. 서러움에 아픈 마음을 달래주기도 하고, 억압에 짓눌린 답답한 감정을 풀어주기도 했습니다. 국가 행사나 절차에 사용되는 노래는 행사의 품격을 높이고 분위기를 엄숙하게 하는 묘약이었습니다. 흩어진 백성의 마음을 하나로 모으기도 하고 갈등을 풀어주기도 했습니다. 노래와 시는 인간의 순수한 감정에서 우러난 것으로, 정서를 순화하고 다양한 사물을 인식하고 기억하는 데 특히 좋았습니다.

공자는 『시경』에 등재된 노래 300편을 한마디로 말해 생각에 사악함이 없다는 의미의 '사무사(思無邪)'라고 했습니다. 『시경』은 그만큼 모범이 되고 규범이 될 만한 유익한 내용의 노래입니다.

무슨 소용이 있겠는가?

그런데 공자는 이렇게 말했습니다.

"『시경』에 들어 있는 시 300편을 모두 외웠어도 그에게 정사를 맡겼을 때 제대로 해내지 못한다면, 비록 아무리 많이 외운들 무슨 소용이 있겠는가? 여러 나라에 사신으로 나가 다양한 사안에 대응하지 못한다면, 비록 『시경』의 시를 모두 외우고 있다 한들 무슨 소용이 있겠는가?"

아무리 『시경』의 내용이 리더에게 유익하고 익혀야 할 필수 과목이라고 해도, 학습 후 현실에 적용하지 못하거나 응용하지 못한다면 『시경』 300수를 몽땅 외우더라도 아무 소용이 없는 헛된 일이라 지적했습니다. 그러니 당시에도 많은 리더가 '공부 따로 현실 따로'였음을 알 수 있습니다.

2,500년이 지났지만 지금도 마찬가지입니다. 공부는 공부, 현실은 현실인 경우가 많습니다. 옛 리더들이 그 훌륭한 『시경』을 외웠으나 정치 현장이나 외교 현장에서 활용하지 못하고 실천하지 못한 건, 요즘 리더들이 좋은 학교에서 좋은 교육을 받았으나 현장에서 그대로 활용하거나 실천하지 못하고 있는 현실과 다르지 않습니다.

아무리 정의를 배우고 우등으로 졸업했다고 해도 자기의 이익만을 위해, 자기 집단의 이득만을 위해 정의를 무시하고 있다면 무슨 소용이 있을까요? 학교에서 아무리 높은 성적과 학점으로 졸업했다고 해도 그대로 행동하거나 실천하지 못한다면 무슨 소용이 있을까요? 학교에서 아무리 좋은 태도와 성적으로 졸업했다고 해도 미래와 꿈조차 설정하지 못한다면 그간의 교육이 무슨 소용이 있을까요? 맹목적인 공부가 아닌 목적이 분명한 공부면 더 좋겠습니다.

〈I AM〉을 들으며 춤과 노래를 따라 하면서 잠시 휴식의 시간을 보내는 것도 좋겠지만, 〈I AM〉을 들으며 '나도 나의 길을 갈 거야!' '나도 누군가의 꿈이 될 거야!' '나도 나의 꿈을 위해 뜨겁게 노력할 거야!' 하고 각오를 세우면 더 좋겠습니다. 노래를 듣고 노래가 노래로만 끝나는 경우가 있고, 노래가 일상을 바꾸는 계기가 되어 인생을 바꾸는 동기로 작용하기도 하기 때문입니다.

다시 배울 줄 알아야 한다

공자께서 말씀하셨다.

"나면서부터 아는 사람이 상급이고,

배워서 아는 사람이 그다음이고,

곤경에 처해서 배우는 사람은 또 그다음이며,

곤경에 처해도 배우지 않으면 백성 중에서 하급이 된다."

_「계씨」 9장_

孔子曰

生而知之者上也

學而知之者次也

困而學之又其次也

困而不學民斯爲下矣

공자왈

생이지지자상야

학이지지자차야

곤이학지우기차야

곤이불학민사위하의

孔	子	曰
구멍 공	아들 자	가로 왈

生	而	知	之	者	上	也
날 생	말이을 이	알 지	갈 지	놈 자	윗 상	어조사 야

學	而	知	之	者	次	也
배울 학	말이을 이	알 지	갈 지	놈 자	버금 차	어조사 야

困	而	學	之	又	其	次	也
곤할 곤	말이을 이	배울 학	갈 지	또 우	그 기	버금 차	어조사 야

困	而	不	學	民	斯	爲	下	矣
곤할 곤	말이을 이	아닐 불	배울 학	백성 민	이 사	할 위	아래 하	어조사 의

공부와 학습이 쉽고 재밌다면 싫어하는 청소년은 없을 것입니다. 공부와 학습이 즐거운 일이라면 꺼리는 직장인은 없을 것입니다. 하지만 현실은 많은 청소년이 공부하길 좋아하지 않고, 많은 직장인이 반복 학습과 평생 학습을 꺼립니다.

대학 입시라는 현실적으로 피하기 어려운 경쟁이 공부와 학습을 힘들게 합니다. 좋은 대학에 가야 편안한 미래를 보장받을 수 있다는 강한 믿음이 경쟁을 피할 수 없게 합니다. 친구들과의 경쟁은 물론 스스로와의 경쟁도 피할 수 없습니다. 친구와의 경쟁에선 친구를 잃고 자신과의 경쟁에선 자신을 잃습니다.

공자가 나눈 사람의 자질

계절은 봄 여름 가을 겨울로 나뉘고, 방향도 동서남북으로 나뉘듯 공자는 사람의 자질을 생지(生知), 학지(學知), 곤지(困知), 하우(下愚)의 네 가지로 나눴습니다.

생지는 생이지지자(生而知之者)로, 나면서부터 아는 사람입니다.

학지는 학이지지자(學而知之者)로, 배워서 알게 되는 사람입니다.

곤지는 곤이학지자(困而學之者)로, 곤란함을 느끼거나 곤경을 당한 후에 배워 알게 되는 사람입니다.

하우는 곤이불학자(困而不學者)로, 곤경을 당해도 배우려 하지 않는 어리석은 사람을 말합니다.

군이 순위를 따지자면 생지가 1등급이요, 학지는 2등급이요, 곤지는 3등급이요, 4등급을 하우라 칭하면서 곤경에 처해도 배우지 않으면 백성 중에서 하급이 된다고 했습니다.

공자는 본인이 어느 등급에 해당한다고 말했을까요?

공자는 스스로를 두고 두 번째 등급인 학이지지자로 배움을 통해 알게 된 사람이지 태어날 때 이미 특별한 능력을 부여받은 사람은 아니라고 밝혔습니다.

성적과 인성이라는 두 마리 토끼

공부와 학습이 행복한 인생과 꼭 비례하는 건 아닙니다. 틀에 박힌 벽돌처럼 똑같은 모습으로 박제되어 나오는 과정이라면 더욱 그렇습니다. 이미 기울어진 운동장에서 치열한 경쟁으로 꾸며진 시스템의 교육이라면 더욱 그렇습니다.

학교에선 정해진 공부도 잘하고, 취업 후 직장이나 조직에선 알아서 일을 척척 해내며 시키지 않는 일까지도 잘 해낼 수 있는 역량을 가진 사람이 미래에 필요로 하는 인재입니다. 학교에서 시키는 공부는 잘했지만, 취업 후 직장이나 조직에서 스스로 찾아서 할 수 없다면 보통 인재입니다.

공부만 잘하는 사람이 되어선 어렵습니다. 사람들과 함께하는 마음과 함께하는 행동이 없다면, 차라리 공부를 못하는 사람으로 남는 게 많은 이에게 도움이 됩니다. 자기만 생각하고 자기 이익만 생각하는 사람이 공부까지 잘해서 사회를 이끌어가는 높은 자리에 오르면 이보다 더 큰 피해는 없습니다.

겉으로는 조직과 사회와 국가를 위해 일하는 것처럼 보여도 실상은 아니기 때문입니다. 조직과 사회와 국가의 역량을 이용해 자신의 이익만 추구하는 파렴치한이기 때문입니다.

비록 학교에서 시키는 공부는 잘하지 못했지만 취업 후 직장이나 조직에서 스스로 찾아 할 수 있다면, 또 시키지 않는 일도 잘할 수 있다면 미래에 필요로 하는 인재입니다. 공부 능력은 좀 떨어져 사회생활을 조금 늦게 시작했더라도 사람들과 함께하는 마음과 함께하는 행동이 있다면, 공부는 잘하지만 자기만 생각하고 자기 이익만 생각하는 사람보다 훨씬 행복한 삶을 살아갈 것입니다.

피해야 할 사람은 학교에서 시키는 공부도 못하고 직장에서 시키는 일도 잘 해내지 못하는 사람입니다. 조직이나 사회에 짐이 되는 사람입니다.

바람직한 유형은 공부도 잘하면서 사람들과 함께하는 마음을 가진 유형과 비록 공부는 잘하지 못하지만 함께하는 마음을 가진 유형입니다. 피해야 할 유형은 공부는 잘하지만 자기만 아는 유형과 공부도 못하고 함께하는 마음도 갖지 못한 유형입니다.

내가 나만 생각하면 그는 그만 생각하고 그녀는 그녀만 생각합니다. 스무 명이 모이면 스무 명 모두 자기 자신만 생각합니다. 내가 나만 아니면 된다고 생각하면 스무 명 모두 그렇게 생각합니다.

다른 학생이 수업 시간에 딴전을 부리고 떠들면 선생님의 말씀이 잘 들리지 않아 짜증나지만 자신이 그럴 때는 느끼지 못한다면 자기만 생각하고 있다는 증거입니다.

성적은 학습이 만들지만, 행복한 인생은 태도가 만듭니다. 대학 입학이나 기업 입사는 성적이 우선이지만, 행복한 대학 생활이나 직장 생활은 태도가 우선입니다. 인성이 겸비되지 못한 성적은 요리사의 칼이 아니라 아이에게 주어진 칼처럼 위험합니다.

함께하는 사람은 무시하고 자기중심으로만 생각하는 태도, 나만 편하고, 나만 예외이고 싶고, 나만 인정받고 싶고, 나만 특별하게 대해주길 바란다면 인성이 부족하다는 증거입니다.

사람은 혼자서 인성을 함양할 수 없습니다. 두 사람 이상이 모이면 갈등이 일어나고 갈등이 일어날 때 비로소 좋은 인성을 키우는 환경이 만들어지는 것입니다. 그래서 학교는 좋은 인성을 함양하기에 가장 적절한 장소입니다.

성적과 인성이라는 두 마리 토끼를 학창 시절에 잡을 수 있다면 최고의 청소년기를 보낸 것입니다. 성적과 인성 중에 하나를 잡으라면 인성이 먼저입니다. 성적 경쟁에 치우치다 보면 친구나 선생님, 부모님이 눈에 보이지 않습니다. 성적 하나면 그 어떤 잘못도 용서되는 그릇된 함정에 빠질 수 있습니다. 성적은 잡을 수 있을지 모르지만 사람을, 미래를, 인생을 망치게 될 수도 있기 때문입니다.

비록 천재로 태어나진 못했어도 공자처럼 배워 아는 사람이 되려면 먼저 바른 인성을 가져야 합니다. 비록 그간의 공부가 부족해 원하던 곳에 합격하지 못하는 곤란을 겪어도 다시 열심히 배워 합격자 명단에 드는 사람이 되려면 먼저 바른 인성을 가져야 합니다. 남을 탓하기에 앞서 자기 자신을 되돌아보는 사람, 멈춰서 불평하기보다 변화하려고 노력하는 사람이 되어야 합니다.

미래학자 앨빈 토플러는 "21세기 문맹은 읽고 쓸 줄 모르는 사람이 아니라 배우고, 배운 걸 잊고, 다시 배울 줄 모르는 사람"이라고 말했습니다. 누구의 인생이든 굴곡이 있습니다. 곤란함과 근심 걱정은 누구에게나 존재합니다.

곤란함과 걱정이 포기의 이유라면 세상 사람 모두에게 포기할 이유가 있습니다. 배우지 않으면 세상에서 가장 하급 백성이 될 수밖에 없다는 공자의 지적이 지금도 유효한 이유는 지금이 평생 학습의 시대이기 때문입니다. 청소년기에 한 번 배운 지식으로 평생을 살아가는 시대가 아니라 배움이 삶의 수단이 된 시대이기에 그렇습니다.

스스로를 조절하고 다스리는 법

공자께서 말씀하셨다.

"한순간의 분노로 자신을 잊고 나쁜 짓을 해,

부모님에게까지 그 화가 미치게 된다면

그것이 바로 미혹됨이 아니겠느냐?"

_「안연」 21장

子曰	자왈
一朝之忿 忘其身	일조지분 망기신
以及其親 非惑與	이급기친 비혹여

子	曰					
아들 자	가로 왈					
一	朝	之	忿	忘	其	身
한 일	아침 조	갈 지	성낼 분	잊을 망	그 기	몸 신
以	及	其	親	非	惑	與
써 이	미칠 급	그 기	친할 친	아닐 비	미혹할 혹	더불 여

공자에겐 그의 수레를 자주 몰았던 번지(樊遲)라는 제자가 있었습니다. 공자보다 서른여섯 살 연하인 번지는 이름이 수(須)입니다. 자는 자지(子遲)로, 공자와 같은 노나라 사람입니다.

번지는 제나라가 노나라를 침략했을 때 노나라 장수였던 염구의 부관으로 참전해 전투용 마차를 몰기도 했습니다. 공자의 72제자 중 한 명입니다. 번지는 『논어』에 여섯 번 등장하는데, 한 번은 공자에게 평소 궁금하게 생각했던 세 가지를 한꺼번에 물었습니다. 첫 번째 질문은 덕을 높이는 숭덕(崇德), 두 번째는 나쁜 마음을 다스리는 수특(修慝), 세 번째는 어떤 것에 홀려 정신 못차리는 미혹된 마음을 분별하는 변혹(辨惑)입니다.

질문을 조금 더 풀어보면 다음과 같습니다.

첫 번째는 어떻게 덕을 수양할 수 있을까요? 어떻게 하면 정서나 마음 수양을 높은 수준으로 끌어올릴 수 있을까요? 두 번째는 마음을 어떻게 다스릴 수 있을까요? 부정적이고 나쁜 마음을 어떻게 고칠 수 있을까요? 세 번째는 어떻게 하면 어리석지 않게 처신할 수 있을까요? 어떻게 하면 밝은 안목과 맑은 지혜로서 분명하게 볼 수 있을까요?

질문 하나하나가 결코 쉽게 답할 수 있는 주제가 아니었습니다. 일상에서 늘 발생하는 문제지만 쉽게 실천할 수 있는 문제가 아니었습니다. 하지만 공자의 대답은 간명했습니다. "일을 먼저 하고 이득을 뒤로 미룬다면 덕을 높이는 게 아니겠느냐?"

어려운 일을 먼저 성심껏 마치고 이익은 나중에 챙기는 마음이 덕을 높이는 일이라고 했습니다. 즉 '선사후득(先事後得)'이었습니다. 부지런했으나 성품이 거칠고 조급했으며 이익을 챙기기에 인내심이 부족했던 번지에게 주는 맞춤형 대답이었습니다.

어려운 일을 먼저 하고 이득을 뒤로 미뤄라

어려운 일을 먼저 하고 이득을 뒤로 미루는 선사후득 정신, 어려운 일을 먼저 하고 얻음은 뒤로하는 선난후획 정신이 덕 있는 사람이 가져야 할 마음입니다. 상대의 입장으로 생각해본 사람은 얼마나 어려운 일인지 알고 있습니다.

내가 먼저 그의 입장에서 생각하고 그의 위치에서 행동하려 노력하는 일이 바로 선사후득 정신입니다. 내가 먼저 바르게 생각하고 정의롭게 행동하려 노력하는 일이 바로 선사후득 정신입니다. 그게 바로 의(義)로운 사람의 모습입니다.

내가 먼저 상대를 존중하는 마음으로 행동하는 일이 바로 선사후득 정신입니다. 그게 바로 예(禮)를 아는 사람의 모습입니다.

내가 먼저 지혜롭게 생각하고 처신하는 일이 바로 선사후득 정신입니다. 그게 바로 지(智)혜로운 사람의 모습입니다.

내가 먼저 믿음직스러운 행동을 보이는 일이 바로 선사후득 정신입니다. 그게 바로 신(信)뢰받는 사람의 모습입니다.

자식이나 아랫사람들로부터 받을 공경을 생각하기 전에 내가 먼저 부모님이나 어른들을 공경하는 마음으로 행동하는 일이 바로 선사후득 정신입니다. 그게 바로 공경(敬)하는 사람의 모습입니다.

내가 먼저 친구들에게 우정과 믿음을 보여주는 게 바로 선사후득 정신입니다. 친구들은 내가 보여준 그대로를 나에게 보여줄 것입니다. 그게 바로 우(友)애로운 사람의 모습입니다.

내가 먼저 공손함을 보이고, 내가 먼저 부모님께 효도하고, 내가 먼저 자식을 사랑하는 사람이 바로 덕 있는 사람입니다.

나는 나를 조절할 수 있다

'마음을 어떻게 다스릴 수 있을까? 부정적이고 나쁜 마음을 어떻게 고칠 수 있을까?'라는 번지의 두 번째 질문에 공자의 대답은 자기의 나쁜 점은 따지되 타인의 나쁜 점은 따지지 않는 게 마음속에 있는 나쁜 마음을 다스리는 것이라 말했습니다.

일이 잘못되었을 때 사람들은 대개 타인을 탓합니다. 나중에 분석해 자신의 잘못으로 밝혀지는 경우에도 처음에는 타인의 잘못인 양 타인을 원망하기 쉽습니다. 그러나 타인을 탓하기 시작하면 문제는 점점 더 꼬이고 맙니다. 문제의 진짜 원인은 찾지도 못한 채 시간만 소비하는 경우가 많습니다.

살다 보면 누구나 화나는 일이 발생합니다. 그 잘못이 누구에게 있든 상관없이 일단 화가 나기 시작하면 타인을 탓하기 시작하는 사람은 마음의 수양이 덜 된 사람입니다.

그러니 화가 나기 시작하면 마음을 수양할 시간이 왔음을 알리는 신호라 생각하고, 화내고 있는 자신의 모습을 바라봐야 합니다. 마치 내가 타인을 바라보듯 화내기 시작하는 나를 바라보며 수양의 시간이 왔음을 인지합니다. 그리곤 공자의 말처럼 자신의 나쁜 점은 따지되 타인의 나쁜 점은 따지지 않아보는 것입니다.

스스로를 조절할 수 있어도 타인을 조절할 순 없습니다. 화의 원인이 타인에게 있다면 내가 할 수 있는 일은 거의 없습니다. 하지만 나는 나를 조절할 수 있습니다. 화의 원인이 자신에게 있든 타인에게 있든 조절이 가능합니다. 그게 수양입니다. 덕 있는 사람으로 변신할 수 있는 절호의 기회입니다.

마음의 흔들림에 유의하라

"한순간의 분노로 자신을 잊고 나쁜 짓을 해, 부모님에게까지 화가 미친다면 그게 바로 미혹됨이 아니겠느냐?" 변혹은 혹을 분별하고 가려내는 것입니다. 혹은 무엇에 홀려 마음이 흔들리는 것입니다. 옳고 그른 것, 좋고 나쁜 것, 상황과 정세의 판단에 한 치의 흔들림이 없이 분명하다면 미혹함이 없다고 할 수 있습니다.

공자는 마흔을 불혹이라고도 했는데 마흔 정도가 되면 미혹한 사람이 되어야 한다는 말이기도 합니다. 어떻게 하면 어리석지 않게 처신할 수 있을까요? 어떻게 하면 밝은 안목과 맑은 지혜로 분명하게 볼 수 있을까요? 혹을 분별하고 가려내는 게 쉽진 않지만 공자는 번지에게 구체적인 사례를 들어 변혹을 가르치고 있습니다.

평소 부모님과 선생님의 말씀을 잘 듣고 바른 생활을 한다고 해도, 한순간의 분노를 참지 못해 욱하는 마음에 나쁜 짓을 하거나 남의 물건에 손을 대 부모님에게까지 화가 미치면 그게 바로 미혹됨이라고 했습니다.

공자는 번지에게 걱정하시는 부모님을 생각해 늘 조심하라는 가르침을 건넸습니다. 기분이 좋지 않을 때나 상황이 좋지 않을 때 특히 더 마음의 흔들림에 유의하라 일렀습니다. 평소에 그런 마음을 키우고 다잡는 게 흔들리는 마음을 잡아가는 방법입니다. 하루아침에 이뤄지는 것도 없지만 하루아침에 이뤄지지 않는 것도 없습니다.

사람을 알고 사랑한다는 것

번지가 인에 관해 물었을 때 공자께서 말씀하셨다.
"사람을 사랑하는 것이다."
지혜로움에 관해 물었을 때 공자께서 말씀하셨다.
"사람을 아는 것이다."
_「안연」 22장

樊遲問仁	번지문인
子曰 愛人	자왈 애인
問知 子曰 知人	문지 자왈 지인

樊	遲	問	仁	子	曰	愛	人
울타리 번	더딜 지	물을 문	어질 인	아들 자	가로 왈	사랑 애	사람 인

問	知	子	曰	知	人
물을 문	알 지	아들 자	가로 왈	알 지	사람 인

타인을 생각하는 선한 마음

『논어』에는 인(仁)이라는 글자가 100번 넘게 등장합니다. 그만큼 공자는 어진 마음 '인'에 많은 관심을 가지고 있었습니다.

인은 무슨 뜻일까요? 누군가로부터 인을 설명해달라고 요청 받는다면 바로 대답하기가 쉽지 않습니다. '어질다, 인하다'라고 말하면 간단하겠지만 그게 그렇게 간단하지 않습니다.

당시에도 공자께 많은 제자가 인을 물었습니다. 그때마다 공자의 대답은 달랐습니다. 제자의 수준에 따라 다르게 대답해줬기 때문입니다. 서른 살의 제자가 물으면 서른 살에 맞게, 열다섯 살의 제자가 물으면 열다섯 살에 맞게 답했습니다. 공자의 제자 교육법은 이렇듯 맞춤형이었습니다.

공자 최고의 제자 안연이 인을 물었을 때 '인이란 자기를 이겨내는 것'이라 했습니다. 자기의 욕심을 극복하고 타인의 입장으로 행할 수 있는 게 인이었습니다. 내 처지가 아니라 상대의 입장으로 생각해 행동하는 '역지사지(易地思之)'가 바로 인입니다.

그러니 인은 상대에게 달린 게 아니라 나 자신의 문제라는 걸 말하고 있습니다. "자기 자신을 이기고 예로 돌아가는 게 인이다. 인을 행하는 게 자기 자신에게 달려 있지, 남에게 달려 있겠느냐?"

공자의 제자 중에서 가장 지혜로운 제자로 꼽혔던 자공이 인을 물었을 때는 '인이란 자기가 서고 싶으면 남을 세워 주고, 자기가 달성하고 싶으면 남을 달성하게 해주는 사람'이라 했습니다.

자기가 서고 싶으면 타인을 먼저 서게 해주고, 자기가 달성하고 싶으면 타인을 먼저 달성시켜주는 마음이 인한 마음입니다. 팀원이 당당하게 서면 팀장이 당당해지고, 팀원이 실적을 달성하게 도와주면 팀장의 실적이 자연스레 달성되는 이치입니다.

사마우가 인을 물었을 때 공자는 이렇게 말했습니다. "어진 사람은 말을 신중히 한다." 사마우에겐 거리낌 없이 말하는 습관이 있었습니다. 그래서 그에겐 인이란 다른 게 아니라 말을 신중히 하는 것이었습니다.

말을 천천히 하는 게 어려운 게 아니라, 어떤 말이든 실천하기가 쉬운 일이 아니기에 말이 머뭇거려지는 것입니다. 한마디로 말조심하라는 의미입니다. 말이 행동을 앞서지 말라고 당부하고 있는 것입니다. 말로 사람들에게 상처를 주지 말라는 뜻이기도 합니다. 그게 바로 인한 행동이라는 의미입니다.

누군가로부터 인을 설명해달라는 요청을 받는다면 바로 대답하기가 쉽지 않습니다. 우리만 그런 게 아니라 유학의 나라였던 조선의 백성도 마찬가지였던 것 같습니다. 어질다, 인자하다는 뜻의 인을 어려워하는 사람들에게 정약용의 설명은 참으로 간명합니다.

"인이라는 글자는 사람 인(人)과 두 이(二)로 구성되어 있는데 바로 여기에 인의 의미가 들어 있다. 인의 의미는 두 사람이 모였을 때부터 시작한다. 두 사람이 모였을 때 서로 싸우지 않고, 서로 시기하지 않고, 서로 상처주지 않으려고 노력하는 마음을 말한다. 두 사람이 모였을 때 서로 이해하고, 서로 사랑하고, 서로 용서하고, 서로 격려하는 마음을 말한다."

공자의 수레를 자주 몰았던 제자 번지가 인을 물었습니다. 공자는 인은 바로 애인(愛人), 즉 사람을 사랑하는 것이라 했습니다. 글자 속에서 의미를 찾았던 다산의 생각과도 일맥상통합니다.

나와 어머니, 나와 아버지, 나와 형, 나와 동생, 나와 누나, 나와 언니, 나와 고모, 나와 이모, 나와 스승, 나와 제자, 나와 친구, 나와 선배, 나와 후배 모두 둘 간의 문제입니다. 두 사람이 모였을 때 서로 이해하고, 서로 사랑하고, 서로 용서하고, 서로 격려하는 마음을 한 단어로 공자는 '사랑'이라 한 것입니다.

결국 인을 한마디로 표현한다면 '타인을 생각하는 선한 마음' 정도로 볼 수 있습니다. 서로 사랑하고 서로 이해하며 서로 화합할 수 있게 만드는 선한 마음입니다. 그러니 인은 누구에게나 필요한 마음입니다.

부모는 자식 입장에서, 자식은 부모 입장에서, 스승은 제자 입장에서, 제자는 스승 입장에서, 친구는 친구 입장에서, 학부모는 다른 학부모 입장에서 생각할 수 있다면 그게 바로 인한 세상입니다.

그런데 그게 그렇게 어렵습니다. 말처럼 쉽다면 세상은 이미 인한 세상이 되었을 것입니다. 하지만 지금까지 인한 세상은 거의 없었습니다. 불행하게도 앞으로도 인한 세상은 오기 어렵습니다. 그만큼 내가 아닌 타인을 생각한다는 게 어려운 일이기 때문입니다.

그래도 희망을 버릴 순 없습니다. 함께 살아가야 하기 때문입니다. 서로 싸우지 않고 조화롭게 살아가야 하기 때문입니다. 좁게는 가까이 살아가는 사람들과의 화합과 조화, 평화로운 삶이 필요하고 넓게는 전쟁 없는 세상에서 살아가야 하기 때문입니다.

그러니 도전을 멈출 수가 없는 것입니다. 성악설을 주장했던 순자의 말처럼 사람은 욕심이라는 악한 성품을 가지고 태어났지만 그대로 방치할 수는 없습니다. 교육이 필요한 이유입니다. 개인적인 이유와 사회적인 부조리가 교육을 어렵게 해도 교육이 꿋꿋하게 가야 할 이유입니다.

복잡하게 생각하면 한없이 복잡하지만, 간단하게 생각하면 간단한 문제이기도 합니다. 인은 두 사람 간의 문제입니다. 그중에서의 핵심은 바로 '나'입니다. 내가 나만 생각하느냐, 내가 나를 생각하면서도 너를 생각하느냐입니다.

사람을 제대로 볼 줄 아는 지혜

제자 번지가 이번에는 지(知)를 물었습니다. 공자의 대답은 역시 간략했습니다. 지인(知人), 즉 사람을 알아보는 게 지라고 했습니다.

대통령이 제대로 된 인사를 장관으로 임명하는 것, 사장이 제대로 된 인사를 임원으로 승진시키는 것, 자리에 합당한 사람을 채용하고 승진시키는 것이 바로 사람을 알아보는 것입니다. 지자는 사람을 제대로 알아보는 사람입니다.

바른 사람을 바르게 평가하고 그른 사람을 그르게 평가하는 게 최고의 지혜입니다. 바른 사람을 바르지 않다고 평가하고 그릇된 사람을 바르게 평가하는 작태는 매우 위험한 일입니다.

기업이라면 기업이 망하는 지름길입니다. 학교라면 학교가 망하는 지름길입니다. 국가라면 국가가 망하는 지름길입니다. 그러니 리더가 가져야 할, 아니 모든 사람이 가져야 할 지혜 중의 지혜는 사람을 제대로 볼 줄 아는 능력이라고 공자가 말한 것입니다.

신뢰가 없다면 더 볼 것도 없다

공자께서 말씀하셨다.

"사람이 신의가 없으면 사람 노릇을 잘할 수 있을지 모르겠다.

큰 수레에 멍에 채가 없고

작은 수레에 멍에 갈고리 걸이가 없는 격이니,

그렇게 되면 어떻게 수레가 굴러갈 수 있겠는가."

_「위정」 22장

子曰	자왈
人而無信 不知其可也	인이무신 부지기가야
大車無輗	대거무예
小車無軏	소거무월
其何以行之哉	기하이행지재

子曰
아들 자　가로 왈

人 而 無 信 不 知 其 可 也
사람 인　말이을 이　없을 무　믿을 신　아닐 불　알 지　그 기　옳을 가　어조사 야

大 車 無 輗 小 車 無 軏
클 대　수레 거　없을 무　쐐기 예　작을 소　수레 거　없을 무　끌채끝 월

其 何 以 行 之 哉
그 기　어찌 하　써 이　갈 행　어조사 지　어조사 재

자동차에 열쇠가 없다면 자동차는 무용지물이 됩니다. 아무리 고성능의 고가 자동차라 할지라도 마찬가지입니다. 자동차 전자키에 들어 있는 천 원도 안 되는 작은 배터리가 없어 수천만 원의 자동차가 단 한 뼘도 움직이지 못하기도 합니다.

비밀번호 역시 마찬가지입니다. 각종 부호와 숫자를 섞어 만든 비밀번호를 잊어 애먹은 적이 한두 번이 아닙니다. 비밀번호를 잊으면 모든 게 정지됩니다. 컴퓨터가 온라인이 멈추면 오프라인 몸도 멈추는 것 같습니다.

사람이 신의가 없으면 사람 노릇을 제대로 하기 어렵습니다. 아무리 똑똑하고 아무리 멋진 모습이어도 약속을 지키지 못하는 사람이라면 그가 가진 모든 게 허사가 됩니다. 숫자로 헤아리기 어려운 가치를 가진 사람이지만 신뢰라는 열쇠가 사라지면 가치를 따지기 어려울 정도로 형편없는 사람이 됩니다. 사람을 사람답게 하는 비밀번호가 바로 신뢰입니다.

얼마 전까지만 해도 시골에 가면 종종 소달구지를 볼 수 있었습니다. 소가 우마차를 끌고 시골길을 가는 목가적인 풍경은 춘추시대에도 마찬가지였습니다. 공자는 소와 말이 끄는 수레에 비유를 들어 사람이 신뢰가 없으면 아무것도 할 수 없다고 가르쳤습니다.

'큰 수레를 끄는 소의 멍에 끝에 채가 없다면 소와 수레를 어떻게 연결할 수 있겠느냐? 작은 수레를 끄는 말의 멍에에 거는 갈고리가 없다면 수레와 말을 어떻게 이을 수 있겠느냐? 모두 불가한 일이다. 사람에게 믿음과 신뢰는 사람 노릇을 제대로 하게 하는 멍에 채와 멍에 갈고리 같은 것이다. 인간관계에는 이런 핵심 고리가 매우 중요하다. 외형적으로 보면 왜소하기 짝이 없는 작은 쇠붙이 고리에 불과하지만, 고리가 허술하면 만사가 물거품이 되는 경우가 많다.'

신의가 없다면 더 볼 것도 없다

사람에게 신의가 없다면 더는 볼 게 없습니다. 『논어』에는 신의에 관한 이야기가 많이 있습니다. 공자의 제자 증자는 하루에 세 가지를 반성하고 성찰했는데 그중 하나가 '친구와 교류하면서 신의를 지키지 않았는가?'였습니다.

동료와 친구 간의 신뢰를 중요하게 생각해 매일 빠트리지 않고 스스로 되돌아봤음을 알 수 있습니다. 스승으로부터 조금 둔하다는 평가를 받긴 했어도 증자는 공자의 학문을 후대에 연결하는 중요한 역할을 했습니다.

약속을 지키는 건 누구에게나 중요합니다. 선배와의 약속만 중요한 건 아닙니다, 후배와의 약속도 중요합니다. 친구와의 약속만 중요한 게 아니라 가족과의 약속도 중요합니다. 형이나 동생과의 약속은 지키지 않아도 되겠지 하고 생각하기 쉽지만 그렇지 않습니다.

집안에서의 작은 실천이 밖에서의 큰 신용을 좌우합니다. 어려서의 약속 실천이 커서도 그대로 이어집니다. 밥상머리에서의 작은 약속 실천이 기업 조직에서도, 정부 조직에서도 그대로 투영됩니다.

그러니 세 살 버릇 여든까지 간다는 격언은 약속과 실천에서도 그대로 적용됩니다. 지키기 힘든 약속만 지켜야 하는 게 아니라 지키기 쉬운 약속도 지켜야 합니다. 불합리하거나 강압적인 조건에서 맺은 약속이 아니라면 약속은 지켜야 합니다.

공자의 10대 제자 중 하나였던 자하는 이렇게 말하기도 했습니다. "부모를 모실 때는 있는 힘을 다하며, 군주를 모실 때는 죽을 각오로 임하고, 친구와의 교류에 신의가 있으면 혹여 그가 비록 배우지 못했더라도 나는 반드시 그를 배운 사람이라 하겠다."

공자의 핵심 제자였던 자공이 정치에 관해 묻자 공자는 이렇게 말했습니다.

"식량을 풍족하게 하고, 군비를 풍족하게 하고, 백성이 믿게 하는 것이다. 이 중 부득이하게 한 가지를 버려야 한다면 군비를 버려야 한다. 나머지 두 가지 중 하나를 부득이하게 버린다면 식량을 버려야 한다. 이유는 간단하다. 옛날부터 누구에게나 죽음은 있었지만, 백성이 믿지 않으면 국가는 존립할 수 없기 때문이다."

정치가 해야 할 중요한 과제 세 가지는 족식(足食), 족병(足兵), 민신(民信)입니다. 즉 경제와 군대와 정부에 대한 시민들의 믿음입니다. 전쟁 방지와 먹고사는 문제의 해결, 시민들의 믿음은 춘추시대나 지금이나 크게 다르지 않습니다. 그 어떤 경제 위기나 전쟁 위기가 닥쳐도 전 국민의 단결된 마음이 있다면 극복할 수 있습니다.

하지만 국민의 마음이 사분오열되면 은행에 아무리 돈이 많고 항공모함에 핵미사일이 있더라도 국가 부도나 몰락은 피하기 어렵습니다. 국방력이 아무리 중요해도 먹고사는 문제보다 덜 중요하며, 먹고사는 문제가 아무리 중요해도 백성이 믿지 않으면 정부나 국가는 존재하기 어렵습니다.

우리가 할 수 있다는 믿음이 있다면, 우리가 서로 속이지 않는다는 믿음이 있다면, 정부는 국민을 믿고 국민은 정부를 신뢰한다면, 사장은 사원을 믿고 사원은 사장을 신뢰한다면, 시민은 시장을 믿고 시장은 시민을 신뢰한다면, 어른은 아이를 믿고 아이는 어른을 믿는다면 IMF 사태 때처럼 경제 위기가 와도, 6.25 전쟁처럼 전쟁이 일어나도 다시 일어설 수 있습니다.

하지만 사람들이 서로 속이고, 정부는 국민을 속여 국민이 정부를 신뢰하지 못한다면, 사장이 사원을 속여 사원이 사장을 신뢰하지 못한다면, 시민이 시장을 속여 시민이 시장을 신뢰하지 못한다면, 어른은 아이를 속이고 아이는 어른을 속인다면 아무리 경제가 튼튼하고 국방이 튼튼해도 조직은 사라지고 국가는 무너질 것입니다.

사람이 신의가 없으면 사람 노릇을 잘할 수 있을지 모르겠습니다. 큰 수레에 멍에 채가 없고 작은 수레에 멍에 갈고리 걸이가 없는 격이니 어떻게 수레가 굴러갈 수 있을까요.

신(信)은 사람 인(人)과 말씀 언(言)의 합으로 구성된 한자입니다. 사람의 말에만 신의가 있고 사람의 말에는 신의가 있어야 한다는 뜻입니다. 믿음이 없는 말은 사람의 말이 아니고 개소리와 다르지 않다는 뜻입니다. 이 사회엔 개소리가 넘쳐납니다.

위에서 개소리로 짖어대면 아래서도 개소리를 할 수밖에 없습니다. 숨어서 짖는 사람도 있지만 대놓고 개소리를 해대는 사람도 많습니다. 정녕 일부러 그러진 않을 텐데 늑대 소리보다도 더 큰 개소리를 매일 짖어대는 양반들도 있습니다.

신뢰할 수 없는 가짜뉴스도 개소리입니다. 아무리 반듯하고 그럴듯한 미사여구로 속삭여도 실행 없는 말은 모두 개소리입니다. 사회가 정상적이며 문화 선진 사회로 가는 기준은 사람 소리가 개소리를 이기는 데 있습니다. 2,500년 전에도 1천 년 전에도 그리고 지금도 우리에게 신의가 필요한 이유입니다.

청소년기에 사귀었으면 하는 친구들

공자께서 말씀하셨다.
"유익한 친구 세 유형, 해로운 친구 세 유형이 있다.
정직한 친구, 신실한 사람, 견문이 많은 친구는 유익하고
아첨하는 친구, 부드러운 척 잘하는 친구, 말만 잘하는 친구는 해롭다."
_「계씨」 4장

孔子曰
益者三友 損者三友
友直 友諒 友多聞 益矣
友便辟 友善柔 友便佞 損矣

공자왈
익자삼우 손자삼우
우직 우량 우다문 익의
우편벽 우선유 우편녕 손의

孔	子	曰					
구멍 공	아들 자	가로 왈					

益	者	三	友	損	者	三	友
더할 익	놈 자	석 삼	벗 우	덜 손	놈 자	석 삼	벗 우

友	直	友	諒	友	多	聞	益	矣
벗 우	곧을 직	벗 우	믿을 량	벗 우	많을 다	들을 문	더할 익	어조사 의

友	便	辟	友	善	柔	友	便	佞	損
벗 우	아첨할 편	편벽 벽	벗 우	착할 선	부드러울 유	벗 우	편할 편	아첨할 녕	덜 손

矣
어조사 의

아주 오래전입니다. 초등학교를 졸업하고 중학교 입학 예비소집일에 학교에 가니 환경도 어색하고, 초등학교 친구들과는 반이 갈려 처음 본 아이들과 매우 서먹서먹했습니다. 설상가상으로 각 초등학교 출신들을 중심으로 세력이 형성되어 다툼이 시작되었습니다.

지금 생각해보면 아이들의 사소한 싸움에 지나지 않지만 당시에는 학교 가기도 두렵고 혹시 얻어맞진 않을까 노심초사했습니다. 긴장의 연속이었습니다.

하지만 그들보다 더 무서운 건 선생님의 몽둥이였죠. 어느덧 중학교 1년이 지나 우리는 모두 친구가 되었고 그중 일부는 평생을 같이하는 벗으로 남았습니다.

친구(親舊)란 친할 친(親), 옛 구(舊)로 '오래 두고 가깝게 사귄 벗'을 말합니다. '벗'은 친구에 해당하는 순우리말입니다. 보통은 나이나 동창, 동기로 친구나 벗을 규정하지만 옛날엔 꼭 나이로만 규정하지 않았습니다.

벗 우(友)는 친구 혹은 우애가 있다, 우애롭다는 뜻을 가진 글자입니다. 오래된 갑골문에선 '또 우(又)' 두 개를 겹쳐 정답게 손을 맞잡고 있는 모습으로 썼다고 합니다.

청소년기에 '인생에서 진정한 친구 세 명만 있다면 성공한 인생'이라는 말을 들었을 때 '겨우 세 명이야' 하고 혀를 찼지만, 인생에서 진정한 친구 세 명을 만들기란 정말 쉽지 않았음을 고백합니다.

정직한 친구, 성실한 친구, 견문이 많은 친구를 유익한 벗으로 '익자삼우(益者三友)'라 했습니다. 이유는 간단합니다.

정직한 사람을 친구로 사귀면 그로부터 정직을 배울 수 있어 잘못을 범하지 않게 됩니다. 혹여 잘못이 있더라도 나를 바른길로 안내해줍니다. 성실한 친구를 사귀면 그의 성실함을 배울 수 있어 거짓과 위선을 멀리합니다. 견문이 많은 친구를 사귀면 그로 인한 동기와 격려로 나의 지식이 풍부해집니다.

아첨 잘하는 친구, 부드러운 척 잘하는 친구, 말만 잘하는 친구는 해가 되는 벗으로 '손자삼우(損者三友)'라 했습니다. 그 이유 역시 간단합니다.

아첨 잘하는 친구는 생각과 행동이 달라 그로부터 암암리에 표리부동함을 배웁니다. 부드러운 척 잘하는 친구는 겉으로는 그럴듯해 보이지만 필요에 따라 매몰차게 배반하는 잘못된 습관을 은연중에 익힙니다. 말만 잘하는 친구에게선 말만 교묘하게 잘하는 좋지 않은 습성을 배울 수 있습니다.

관포지교, 죽마고우, 지란지교

관포지교, 죽마고우, 지란지교, 막역지우, 금란지교를 비롯해 친구에 관한 사자성어가 많습니다.

춘추시대 제나라 환공을 죽이려 했던 이력을 가지고 있는 관중을 당시 개국공신이었던 포숙아가 환공에게 추천했습니다. "환공께서 제나라로 만족하신다면 저로서도 충분하지만, 패권국이 되고자 하신다면 관중이 꼭 필요합니다."

결국 관중은 제나라 재상이 되었습니다. 어린 시절 집안이 가난했던 관중은 분배가 있을 때마다 친구인 포숙아를 속였지만 포숙아는 가난했던 관중을 이해해 모르는 척 덮어줬습니다. 재상이 된 관중은 큰 수완을 발휘해 환공을 춘추시대 패자로 만들었습니다.

관중은 훗날 포숙아의 의리에 대해 "나를 낳아주신 분은 부모님이지만, 진정으로 나를 알아준 사람은 포숙아였다"라고 했습니다. 서로 이해하고 이끌어주는 아름다운 우정을 '관포지교(管鮑之交)'라 부릅니다.

'죽마고우(竹馬故友)'란 대나무 말을 타며 놀던 어린 시절의 친구를 뜻합니다. 철 모르고 순수했던 유년 시절 추억 속의 우정을 말합니다. 나이를 먹어감에 따라 시대는 변하지만, 가슴속 깊이 새겨져 있는 친구들과의 우정은 변함 없습니다. 죽마고우는 각박한 세상을 이겨내는 강력한 동력이 되기도 합니다.

'지란지교(芝蘭之交)'는 지초(芝草)와 난초(蘭草) 같은 향기롭고 고상한 교제를 의미합니다. 깊은 숲속에서 자라는 지초와 난초는 사람이 찾아오지 않는다고 향기를 풍기지 않는 일이 없듯, 군자는 도를 닦고 덕을 세우는 데 있어 곤궁함을 이유로 절개나 지조를 바꾸는 일이 없어야 합니다. 착한 친구와의 교제는 지초나 난초가 있는 방에 들어간 것처럼 오랫동안 서서히 향기와 동화되기 때문입니다.

'막역지우(莫逆之友)'는 서로 거스름이 없이 없는 막역한 친구, 허물이 없이 아주 친한 친구를 말합니다.

쇠처럼 단단하고 난초처럼 향기로운 사이를 두고 '금란지교(金蘭之交)'라 합니다.

"술 먹고 밥 먹을 때는 형, 동생 하며 살가워하는 친구가 천 명에 이르지만, 정작 급하고 어려울 때는 나를 도와주는 친구가 한 명도 없다."

_『명심보감』

"성실하지 못한 친구를 가질 바에는 차라리 적을 가지는 편이 낫다. 성실하지 못한 친구처럼 위험한 사람은 없기 때문이다."

_윌리엄 셰익스피어

진정한 친구와 친구로 삼지 말아야 할 부류

절대로 잊으면 안 되는 네 가지가 있습니다.

힘들 때 누가 내 곁을 지켜줬는지, 힘들 때 누가 내 곁을 떠났는지, 잘되었을 때 누가 기뻐했는지, 안 되었을 때 누가 기뻐했는지입니다. 진정한 친구는 어려울 때 알 수 있습니다. 상황이 어려움에도 불구하고 떠나지 않고 도움을 주는 친구가 진정한 친구입니다.

생각해봅니다. '나는 과연 친구에게 그런 친구였는가.' '나는 그렇지 못했는데 친구는 그러해야 한다고 생각하고 있진 않았는가.' 예로부터 친구로 삼지 말아야 할 '오무(五無)'가 내려옵니다. 무정(無情)하고 무례(無禮)하고 무식(無識)하고 무도(無道)하고 무능(無能)한 사람입니다.

'우리 아이는 어떤 친구를 사귀는 게 좋을까? 우리 아이의 미래를 위해 어떤 친구를 만나는 게 유익할까? 우리 아이는 친구들에게 어떤 영향을 줄 수 있을까?' 부모가 되어서도 마찬가지입니다.

어제보다 더 나은 내일이 되기 위해

공자께서 말씀하셨다.
"옛것을 익혀 새로운 것을 알게 되면,
스승이 될 수 있을 것이다."
_「위정」11장

子曰	자왈
溫故而知新	온고이지신
可以爲師矣	가이위사의

子	曰
아들 자	가로 왈

溫	故	而	知	新	可	以	爲	師	矣
익힐 온	옛 고	말이을 이	알 지	새 신	옳을 가	써 이	할 위	스승 사	어조사 의

온고지신(溫故知新)은 '옛것을 익혀 새로운 것을 안다'라는 뜻의 유명한 사자성어입니다. 온고지신은 수백 년 전 조선의 왕들도 공부했던 주제입니다.

『조선왕조실록』에는 조선 후기의 성군 정조가 신하인 이유경과 온고지신에 대해 나눈 짧은 이야기가 실려 있습니다.

새로운 의미까지 알게 된다

정조가 묻기를 "온고지신은 무슨 말인가?"

신하 이유경이 아뢰기를 "옛글을 익히고 새 글의 뜻을 안다는 말입니다."

정조가 말하기를 "그렇지 않다. 초학자(初學者)들은 대부분 그렇게 보는데, 옛글을 익히면 그 속에서 새로운 의미를 알게 되어 몰랐던 것까지 더더욱 알게 된다는 말이다." 했다.

_『조선왕조실록』 정조 1년 2월

정조도 온고지신을 공부하면서 새로운 걸 밝혀냈습니다. 온고지신은 단순히 옛것을 공부하고 새로운 글의 뜻을 아는 수준을 넘어, 옛글을 공부해 익히면 그 속에서 새로운 의미를 알게 되어 지금까지 몰랐던 것까지 더욱 알게 된다는 뜻입니다.

남의 스승이 될 만하다

'고(故)'는 옛것, 옛날, 연고(緣故), 까닭, 이유(理由)를 의미하는 글자입니다. '고'를 옛것, 옛날로 본다면 '옛것을 익혀 새것을 안다면 남의 스승이 될 만하다. 지난 것을 익혀 새로움을 얻어낼 수 있다면 그는 남의 스승이 될 만하다. 옛것을 공부해 새로운 이치를 터득할 수 있다면 스승이 될 수 있다.'입니다. 배움에 있어 예전에 배운 것을 익히면서 새롭게 터득함이 있으면 배움은 한번 배운 것으로 끝나는 게 아니라 그 응용은 무한하다는 의미이기도 합니다.

'고'를 까닭, 이유로 본다면 '까닭을 익혀 새것을 안다면 남의 스승이 될 만하다. 이유를 밝혀 새로운 깨달음을 얻어낼 수 있다면 그는 남의 스승이 될 만하다.'입니다. 사물의 이치를 분명하게 밝혀 지식을 확고하게 하는 격물치지(格物致知)의 정신으로 원인과 이유를 밝혀가면서 공부해 새로운 이치를 알아낸다면 타인을 가르치는 스승이 될 만하다는 뜻입니다.

스승다운 스승이 되는 법

'옛것을 익혀 새것을 안다면 남의 스승이 될 만하다.'를 정약용은 역으로 해석하기도 했습니다. 스승다운 스승이 되기 위해선 더욱더 옛것을 익히고 새것을 공부하는 평생학습인이 되어야 한다고 했습니다.

어떤 일이든 마찬가지입니다. 훌륭한 엔지니어가 되고자 더욱더 지난 이론과 기록을 공부해 새로운 이치를 만들어낸다면 그보다 더 좋은 일은 없을 것입니다. 훌륭한 예술가가 되고자 더욱더 지난 이론과 기록을 공부해 새로운 작품을 창조해낸다면 그보다 더 좋은 일은 없을 것입니다. 훌륭한 정치가가 되고자 더욱더 지난 정치와 사례를 공부해 국민에게 이득이 되는 정치다운 정치를 창조해낸다면 그보다 더 좋은 일은 없을 것입니다.

학교에선 온고, 기업에선 지신

학교에선 온고(溫故)가, 기업에선 지신(知新)이 먼저일 것입니다.

학교에서의 공부는 대부분 지난 것에 관한 학습입니다. 역사, 철학, 문학, 수학, 과학, 언어, 음악, 미술 등 지금까지 이룩한 학문적, 예술적 토대가 축적된 결과를 공부합니다.

성냥이나 라이터를 주지 않고 장작에 불을 붙이기 위해선 부싯돌을 비벼대는 수밖에 없습니다. 지금까지 축적한 기술이나 지식을 공부하지 않고 살아갈 방법은 다시 원시시대로 돌아가는 길밖에 없습니다. 그러니 지금 살기 위해서라도 온고는 피할 방법이 없습니다. 가장 최근에 나온 교과서도 오래된 옛것입니다. 교과서에 실릴 정도의 지식이 되려면 검증에 검증을 거치는 짧지 않은 시간을 들여야 하기에 이미 지난 지식인 것이지요.

기업에서의 공부는, 즉 직장인의 공부는 지신에 더 집중합니다. 새로운 제품, 발전된 시스템을 만들어야 생존이 가능하기에 공부는 학습의 결과로 자연스럽게 얻어지는 새로운 아이디어가 아니라 새로운 아이디어를 캐내기 위해 공부를 하는 것이지요.

발전하는 사람, 퇴보하는 사람

시간이 지날수록 발전하는 사람이 있고 시간이 지날수록 퇴보하는 사람이 있습니다.

초등학교 때보다 중학생이 되어 발전하는 학생이 있고 중학생이 되어 오히려 퇴보하는 학생이 있습니다. 초등학교 때는 인사를 잘했는데 중학생이 되어선 인사를 하지 않는 학생이 있습니다. 중학생 때보다 고등학생이 되어 발전하는 학생이 있고 고등학생이 되어 오히려 퇴보하는 학생이 있습니다. 중학교 때는 수학을 잘했는데 고등학생이 되어선 수학을 멀리하는 학생이 있습니다. 초등학교 때는 글짓기를 잘했는데 중학생이 되어선 글짓기를 멀리하는 학생이 있습니다. 중학교 때는 건강 습관이 좋았는데 고등학생이 되어선 건강 습관이 나빠진 학생이 있습니다.

시간이 지날수록 발전하는 사람은 온고지신을 실천하는 사람입니다. 옛일과 지난 시간을 되돌아보며 한 가지라도 잘못된 점을 고치려고 노력하는 사람이 온고지신하는 사람입니다.

그런 사람은 중학생 때보다 고등학생 때 더 발전하며, 고등학생 때보다 대학생 때 더 발전합니다. 그러니 발전하는 사람의 삶의 과정에는 온고지신이 가득합니다.

책 한 권을 독서할 때도 온고지신이어야 합니다. 책 한 권을 읽어도 책에서 무엇을 배우고 무엇을 실생활에 적용해야 할지 생각하면서 읽는 게 좋습니다. 책은 이미 옛것입니다. 옛것을 공부해 새로운 것을 알아낸다면 리더로서의 자질이 충분합니다. 남을 가리킬 만한 자질이 있습니다.

그러니 우리의 삶 자체가 온고지신입니다. 어제보다 더 나은 매일은 온고지신의 결과입니다. 시간이 지날수록 발전하는 사람의 인생 노하우가 바로 온고지신의 정신입니다.

간절하다면 문제될 게 없다

도전

역부족을 이기는 징검다리 전략

염구가 말했다.
"스승님의 도를 기뻐하지 않는 것은 아니지만, 힘이 부족합니다."
공자께서 말씀하셨다.
"힘이 부족한 자는 중도에서 그만두는데,
지금 너는 획을 긋고 있구나."
_「옹야」 10장

冉求曰
非不說子之道 力不足也
子曰
力不足者中道而廢
今女畫

염구왈
비불열자지도 역부족야
자왈
역부족자중도이폐
금여획

冉 求 曰
나아갈 염 / 구할 구 / 가로 왈

非 不 説 子 之 道 力 不 足 也
아닐 비 / 아닐 불 / 기쁠 열 / 아들 자 / 갈 지 / 길 도 / 힘 력 / 아닐 부 / 발 족 / 어조사 야

子 曰
아들 자 / 가로 왈

力 不 足 者 中 道 而 廢
힘 력 / 아닐 부 / 발 족 / 놈 자 / 가운데 중 / 길 도 / 말이을 이 / 폐할 폐

今 女 畵
이제 금 / 너 여 / 그을 획

염구(冉求)는 공자보다 스물아홉 살 젊은 제자로, 자가 자유(子有)라 염유(冉有)라고 불렸습니다. 그는 말을 잘했고 유능한 행정력을 갖춰 노나라의 실세였던 계씨 가문의 가신으로 등용되었으며 제나라와의 전쟁에선 장군 역할을 맡기도 했습니다.

그런가 하면 과도한 세금 정책으로 계씨 가문의 부를 키우는 데 노력해 공자에게 미움을 사기도 했습니다. 자로가 과감한 성격이었던 반면 염구는 신중한 성격이었습니다.

사마천의 『사기』「중니제자열전」 염구 편에 염구의 성격이 잘 드러나는 이야기가 실려 있습니다.

염구가 공자에게 물었습니다. "의로운 일을 들었으면 바로 행동으로 옮겨야 합니까?" 공자는 "행동으로 옮겨야 한다."라고 했습니다.

옆에 있던 자로가 공자에게 비슷한 질문을 했습니다. "의로운 일을 들었으면 바로 실천해야 합니까?" 공자는 "부형이 건재하신데, 들었다고 어찌 바로 행동으로 옮길 수 있겠는가?"라고 답했습니다.

함께 있던 자화가 괴이하게 여겨 공자에게 물었습니다. "질문은 같은데 답이 달라서 감히 여쭙습니다." 공자는 "염구는 머뭇거리기에 격려한 것이고, 자로는 성급하게 남을 이기려 하기에 억제한 것이다."라고 했습니다.

염구의 성격은 공부에도 그대로 나타났습니다. 한 번은 염구가 공자에게 말했습니다. "스승님의 도를 기뻐하지 않는 건 아니지만, 힘이 부족합니다."

스승의 가르침을 기쁘게 따르고 싶지만, 말씀을 그대로 따르기에는 너무 힘이 들기에 따르기 어렵다고 푸념하고 있습니다. 힘이 부족하다고 겸손하게 말하는 것처럼 보이지만 핑계를 대고 있는 것입니다.

힘들다고 푸념하는 제자에게 공자는 단호했습니다. "힘이 부족한 자는 중도에서 그만두는데, 지금 너는 획을 긋고 있구나."라고 말이죠. 하기도 전에 스스로 '나는 힘이 부족해'라고 말하는 사람치고 일을 끝까지 해내는 사람을 본 적이 없다는 말이었습니다. '왜 해보지도 않고 도전하지도 않고 지레 포기를 하려느냐? 왜 마음에 안 된다는 부정의 획을 긋고 있느냐?' 하고 호통치고 있는 것입니다.

2,500년 전 노나라 도읍의 곡부 공자학당에서 이뤄지고 있는 생생한 교육 현장을 보는 듯합니다.

'역부족(力不足)'이라는 말이 탄생하는 순간입니다. 역부족은 힘이 부족하다는 뜻입니다. 누구나 힘이 부족할 수 있습니다. 능력이 떨어질 수 있습니다. 정말 어려울 수 있습니다. 하지만 대부분은 이겨낼 수 있습니다. 능력의 문제가 아니라 마음의 문제입니다. 힘이 아니라 마음이 문제입니다.

해보지도 않고 어렵다, 힘들다, 가망 없다고 생각하는 일은 결국 그렇게 됩니다. 얇은 백지 한 장도 양면이 있듯 아무리 사소한 일도 긍정적인 면과 부정적인 면이 있게 마련입니다. 어느 쪽을 선택하느냐가 결과를 만들고 못 만드냐를 갈리게 합니다. 같은 상황이라면 긍정을 선택해야 가능성이 생깁니다.

말이 기준이 되는 경우가 많습니다. 말이 몸을 따르는 게 아니라 몸이 말을 따르는 경우가 많습니다. 능력이 모자란다고 함부로 말하지 말아야 합니다. 있는 능력도 사라지고 맙니다. 안 된다고 반대만 하지 말아야 합니다. 된다고 해도 불안한데 안 된다고 하면 시도조차 할 수 없게 되기 때문입니다.

그게 바로 금여획(今女畫), '지금 너는 획을 긋고 있구나'입니다. '지금 너는 부정의 획을 긋고 있구나'입니다.

그런데 부정의 획은 언제든 그을 수 있습니다. 일을 진행해보고 실천해보면서 정말 힘들 때가 오면 그때 그을 수 있습니다. 그때 포기해도 늦지 않습니다.

정말 참기 어려울 때 포기해야 후회가 없습니다. 최선을 다해 노력한 다음 하는 포기는 포기가 아닙니다. 최선을 다한 사람만이 누릴 수 있는 후련한 특권이기 때문입니다.

역부족을 이기는 징검다리 전략

그래서 필요한 게 징검다리 전략입니다. 역부족을 이기고 금여획을 이길 수 있는 전략이 있다고 하면, 징검다리 전략일 수 있습니다. 징검다리가 없다면 혹은 징검다리의 폭이 너무 넓다면, 강을 건널 엄두조차 내기 어렵습니다.

예를 들어 강을 건너기에 열 개 정도의 징검다리가 필요한 강폭이라면 열두 개 정도의 징검다리를 가설하면 더 여유롭게 건널 수 있습니다.

한 권의 책을 쓸 때도 마찬가지입니다. 한 권의 책을 쓰는 일도 결코 쉬운 일이 아닙니다. A4 용지 100페이지의 글을 쓰는 대작업이기에 엄두조차 내기 어려운 일입니다.

하지만 20페이지의 글을 쓰는 것이라면 얘기가 달라집니다. 이를테면 다섯 개의 징검다리만 건너면 되는 일입니다. 징검다리 하나씩을 건널 때마다 자기 자신에게 작은 보상이라도 해주면 일은 더 수월해집니다.

20페이지의 글 역시 엄두가 나지 않는다면 다시 작은 열 개의 징검다리를 놓아보세요. 생각보다 글쓰기가 훨씬 수월해집니다. 2페이지의 글을 열 개만 쓰면 되기에 그렇습니다. 그렇게 다섯 번만 더 하면 한 권의 책이 완성됩니다.

공부가 어려운 일이긴 하지만 그 또한 마찬가지입니다. 몰아서 하고자 한다면 그 어떤 능력자라도 어렵습니다. 재밌는 일이라면 징검다리가 꼭 필요하지 않겠지만 재미도 없으면서 꼭 해야만 하는 일이라면 중간 목표나 중간 징검다리는 일의 완성에 꼭 필요한 도구가 됩니다.

핑계는 맞지만 가치가 없다는 말을 많이 합니다. 핑계는 핑계를 낳습니다. 핑계를 대면서 성취를 이룩하거나 성공한 경우는 없습니다. 내가 핑계를 댄다는 건 내가 약해졌다는 증거입니다. 아무리 그럴듯한 핑계를 가져다 붙인다고 해도 지고 있는 게임일 뿐입니다.

사람의 마음엔 누구나 부정과 긍정이 공존합니다. 같은 환경과 같은 조건임에도 불구하고 긍정을 선택하는 사람이 있고 부정을 선택하는 사람이 있습니다. 어느 쪽을 선택하든 개인의 문제이긴 하지만 결과는 하늘과 땅 차이만큼이나 클 것입니다.

긍정을 선택하면 할 수 있다는 긍정의 에너지가 생기고 부정을 선택하면 할 수 없다는 부정의 에너지가 커집니다. 역부족을 선택하면 점점 힘이 떨어지고 가능성을 선택하면 힘이 납니다.

선택은 습관이 됩니다. 부정을 선택하든 긍정을 선택하든 점점 습관이 되어갑니다. 그래서 부정을 선택해온 사람은 계속 부정을 선택하고 긍정을 선택해온 사람은 계속 긍정을 선택할 것입니다.

노나라의 훌륭한 행정관료와 장수로 활동했던 염구도 학교에선 우등생이 아니었습니다. 우등생은커녕 오히려 뒤처지는 학생이었습니다. 뒤로 처져 우물쭈물하기에 공자로부터 지적을 받고 훈육을 들었습니다. 스스로는 힘이 부족하다고, 역부족이라고 여겼습니다. 하지만 그는 누구보다고 멋진 인생을 살았습니다. 공자의 10대 제자 반열에 오를 정도로 실천적이었습니다.

부정의 획을 긍정의 획으로 바꿔준 스승 공자의 노력이 있었지만 염구 스스로 부정의 획을 버리고 긍정의 획을 수없이 그었기 때문이 아닐까 합니다.

끈기

포기도 성취도 내가 하는 것

공자께서 말씀하셨다.
"비유컨대 산을 만드는데
흙 한 삼태기가 모자라 중지했다면
내가 중지한 것이며,
비유컨대 평지를 만드는데
흙 한 삼태기를 부어 진전했다면
내가 나아간 것이다."

_「자한」 18장

子曰	자왈
譬如爲山 未成一簣	비여위산 미성일궤
止 吾止也	지 오지야
譬如平地 雖覆一簣	비여평지 수복일궤
進 吾往也	진 오왕야

子	日								
아들 자	가로 왈								

譬	如	爲	山	未	成	一	簣	止	吾
비유할 비	같을 여	할 위	메 산	아닐 미	이룰 성	한 일	삼태기 궤	그칠 지	나 오

止	也
그칠 지	어조사 야

譬	如	平	地	雖	覆	一	簣	進	吾
비유할 비	같을 여	평평할 평	땅 지	비록 수	덮을 복	한 일	삼태기 궤	나아갈 진	나 오

往	也
갈 왕	어조사 야

한 삼태기, 한 끗

'한 삼태기 차이로 이뤄지지 않는다.' 산을 만드는데 마지막 한 삼태기의 흙 때문에 이루지 못한다는 뜻입니다. 건물을 짓는데 마지막 벽돌 한 장 때문에 완성되지 못한다는 의미입니다. 마지막까지 노력을 소홀히 하면 일이 성사되지 못함을 비유하는 말입니다.

"비유해서 말하자면 흙을 쌓아 산을 만듦에 있어 완성되기까지 흙한 삼태기가 부족한 채 중지했다면 내가 중지한 것이고, 비유해서 말하자면 계곡을 메꿔 땅을 평평하게 고름에 있어 한 삼태기를 부었을지라도 진전했다면 내가 진전한 것이다."

비단을 한 번 접은 두께만큼의 차이를 '한 끗 차이'라고 합니다. 그눈곱만큼의 차이, 사소하고도 미세한 차이 때문에 결과가 달라지는 경우가 많습니다.

합격 기준이 80점이라면 79.9점은 탈락합니다. 80점과 80.1점의 0.1점은 별 차이가 아니지만, 79.9점과 80점의 0.1점은 합격과 탈락을 가르는 큰 차이입니다.

물은 99도에서 끓지 않습니다. 100도가 되어야 끓기 시작합니다.

물은 1도에서 얼지 않습니다. 0도가 되어야 얼기 시작합니다. 액체가 기체가 되고 액체가 고체가 되는 변화의 시작은 단 1도 이하에서 갈립니다.

완성과 미완성의 차이는 한 끗 차이입니다. 그 임계점에서의 작은 차이가 완성과 미완성을 결정합니다. 1등과 2등도 한 끗 차이입니다. 3등과 4등도 한 끗 차이입니다. 그러니 일류 대학과 이류 대학도 한 끗 차이입니다. 부자와 가난도 시작은 한 끗 차이입니다.

경쟁 없는 세상에 살고 있다면 한 끗 차이는 아무것도 아닙니다. 같은 것이나 다름없습니다. 하지만 우리는 경쟁하는 세상에서 살고 있습니다. 경쟁하는 세상에서의 한 끗 차이는 비단을 한 번 접은 두께만큼의 차이가 아닙니다. 그 한 끗이 대학을 바꾸고 직장을 바꾸며 인생까지 바꿉니다. 그러니 지구 두께만큼이나 두껍고 무거운 차이입니다.

100미터만 더, 한 번만 더

중고등학교 다닐 때 천 미터 오래달리기를 너무 힘들어 했습니다. 100미터 단거리는 그럭저럭 중간은 갔는데 천 미터 달리기는 매번 꼴찌를 벗어나기 어려웠습니다. 나이가 40대가 되었을 때 우연한 기회에 단축 마라톤 참가를 위해 달리기를 시작했는데 마흔이 되어도 여전히 장거리 달리기는 너무 힘들었습니다.

그래도 다행스러운 건 중고등학교 때처럼 체력장 점수를 따기 위한 운동이 아니라는 점이었습니다. 그럼에도 달리기의 고통은 마찬가지였습니다. 숨을 할딱거리며 달리는 장거리 달리기는 매번 힘들었습니다.

힘들었지만 그래도 전략은 간단했습니다. "딱 한 발짝만 더!" "100미터만 더!" 달리기를 시작한 지 두 계절이 지났을 때 5킬로미터 단축 마라톤 메달을 받았고 다시 두 계절이 지났을 때 하프 마라톤 완주 메달을 목에 걸 수 있었습니다. 한 걸음을 더 뛰는 것도 내가 해야 하는 일이고 한 걸음의 멈춤도 내가 하는 일이었습니다.

누구든 20년 장기 투자를 하면 주식으로 큰돈을 벌 수 있다고 합니다. 성장성이 좋은 주식을 하나 사서 땅속에 묻어두듯 기다리기만 하면 되는 쉬운 일이라고 합니다. 문제는 20년을 버티지 못하고 팔고 사기를 반복하기에, 결국 부실해지거나 개인은 손해를 보는 반면 증권회사는 수수료 수입으로 부자가 되는 것입니다.

저는 첫 책을 쓸 때 베스트셀러 작가가 될지도 모른다고 생각했습니다. 정말 많은 관심과 노력과 열정을 쏟았기에, 운만 따라준다면 그렇게 될지도 모른다고 생각했습니다. 하지만 헛된 꿈이었습니다. 베스트셀러는커녕 1쇄도 팔지 못했습니다.

그로부터 두 번째, 세 번째, 네 번째, 다섯 번째, 여섯 번째, 일곱 번째, 여덟 번째, 아홉 번째, 열 번째, 열한 번째, 열두 번째, 열세 번째,

열네 번째, 열다섯 번째, 열여섯 번째 책을 내도 이른바 베스트셀러 작가 타이틀을 얻지 못했습니다.

첫 책을 쓴 지 20여 년이 지나고 있었는데도 베스트셀러는 깜깜 무소식이었습니다. 매년 한 권의 책을 쓰면서 매번 자신을 속였습니다. '이번 책은 꼭 10만 부를 넘길 거야' 하고 말이죠. 매년 희망 고문의 희생양이 되었지만 '한 번만 더'를 주문하면서 쓰고 또 쓰기를 반복했습니다. 능력 좋은 사람은 한두 번만에 베스트셀러 작가가 되기도 하지만, 저는 그런 능력이 없었음을 한해 한해 시간이 지나면서 점점 더 확실하게 알았습니다.

그러다 열일곱 번째 책으로 드디어 베스트셀러 작가가 되었습니다. 10만 부를 학수고대했는데 두 배가 넘는 20만 부를 넘었습니다. 열여섯 번째에서 책 쓰기를 포기했다면 열일곱 번째의 행운은 없었을 것입니다.

수많은 포기와 선택의 길

2,500년 전 공자의 성취 방식, 성공 방식이 아직도 다양하게 적용된다는 걸 알 수 있습니다. 공부, 수양, 학문, 업무, 운동, 인간관계 등 많은 것이 이와 같습니다. 환경이 중요한 변수가 되기도 하지만 성취와 포기는 결국 자신이 하는 것입니다. 한 발짝 내디딤도 내가 결

정하는 것, 멈춤도 내가 결정하는 것입니다.

집중은 포기라는 말이 있습니다. 마음을 하나로 모으기 위해선 하나를 제외한 다른 건 포기해야 합니다. 손이 두 개지만 한 번에 두 가지 일을 하는 건 어렵습니다. 눈이 두 개지만 한 번에 두 개를 보는 건 쉽지 않습니다. 발이 두 개지만 한 번에 두 곳을 갈 수 없습니다. 수학책과 음악책을 펴놓고 수학과 음악을 함께 공부하기란 쉽지 않습니다.

양손에 무엇인가 쥐고 있다면 그중 하나는 놓아야 새로운 걸 잡을 수 있습니다. 더 좋은 걸 잡고 싶다면 덜 좋은 걸 포기해야 합니다.

부산에서 서울을 가는 와중에 수많은 양갈래 길을 만납니다. 그때마다 한쪽 길을 버리고 다른 한쪽 길을 선택해야 합니다. 수많은 반복을 거쳐야만 서울로 갈 수 있습니다. 서울이라는 한 가지 목표에 집중하는 건 다른 아흔아홉 가지 길을 포기하는 일입니다.

수많은 포기가 쌓여 산이 됩니다. 수많은 포기가 쌓여 평지가 됩니다. 서울 목전에서 다른 길로 빠지면 서울 도착은 불가능합니다. 서울 가는 길이 아니면 모두 포기해야 합니다. 아무리 도로가 아름답고 뻥 뚫려 있어도 서울 가는 길이 아니라면 포기해야 합니다. 포기가 쌓이고 쌓여야 비로소 원하는 목적지에 도착할 것입니다.

어떻게 해야 하지, 어떻게 해야 할까

공자께서 말씀하셨다.

"""어찌해야 할까? 어찌해야 할까?"라고

말하지 않는 사람은 나도 이미 어찌할 수가 없구나."

_「위령공」 15장

子曰	자왈
不曰如之何如之何者	불왈여지하여지하자
吾末如之何也已矣	오말여지하야이의

子	曰							
아들 자	가로 왈							

不	曰	如	之	何	如	之	何	者
아닐 불	가로 왈	같을 여	갈 지	어찌 하	같을 여	갈 지	어찌 하	놈 자

吾	末	如	之	何	也	已	矣
나 오	끝 말	같을 여	갈 지	어찌 하	어조사 야	이미 이	어조사 의

공부가 중요하지 않다고 생각하는 학생은 없을 것입니다. 좋은 성적을 마다할 학생 또한 마찬가지일 것입니다. 열심히 공부하고 싶은 마음이 있다고 다 잘하는 건 아닙니다. 굳은 결심으로 다시 시작하길 반복해도 과정이나 끝이 별로 좋지 않게 마무리되는 학생도 적지 않습니다.

청소년의 부모 나이인 40, 50대 직장인도 마찬가지입니다. 직장에서 자신의 업무가 중요하지 않다고 생각하는 직장인은 없을 것입니다. 좋은 성과를 마다할 직장인 또한 없을 것입니다. 열심히 일하고 싶은 마음이 있다고 다 잘하는 건 아닙니다. 굳은 결심으로 다시 시작하길 반복해도 성과나 업무고과가 별로 좋지 않게 마무리되는 직장인도 적지 않습니다.

학생들을 가르치는 선생님도 마찬가지입니다. 학교에서 스승으로서의 책무가 중요하지 않다고 생각하는 선생님은 없을 것입니다. 좋은 성과를 마다할 선생님 또한 없을 것입니다. 열심히 가르치고 싶은 마음이 있다고 다 잘되는 건 아닙니다. 굳은 결심으로 다시 시작하길 반복해도 학생의 성적이나 태도 변화가 좋지 않게 마무리되는 경우도 적지 않습니다.

세상이 그런 것 같습니다. 학생은 학생이라 어렵고 부모는 부모라서 어렵고 직장인은 직장이라 어렵고 선생님은 선생님이라 어렵습니다. 그러니 어려움에 집중하면 세상에 어렵지 않은 게 없습니다.

더 어렵고 덜 어려운 사람이 있을 순 있지만, 각자의 처지로 본다면 '나 자신'이 가장 어려울 것입니다. 어려움 속에서도 누군가는 어려움을 풀어내려 하고 있습니다. 누군가는 방법을 찾아보려고 애쓰고 있습니다. 누군가는 궁리에 궁리를 더하며 해결책을 찾아내려 노력하고 있습니다.

어찌 할까, 어찌해야 할까

2,500년 전 학생들도 공부가 중요했습니다. 매일 새로운 결심을 반복하지만, 마음처럼 쉽게 풀리지 않았습니다. 그들에게도 어렵긴 마찬가지였습니다. 누군가 짠 하고 나타나 분명한 방법을 알려주면 좋으련만, 그때도 특별한 방법은 없었습니다. 그러니 공자도 이렇게 말한 것입니다.

"어찌해야 할까? 어찌해야 할까?"라고 말하지 않는 사람은 나도 이미 어찌할 수가 없구나.

여지하는 '어찌 할까, 어찌해야 할까'입니다. 공부를 어떻게 해야 더 잘할 수 있을까 하고 노심초사 심사숙고하는 걸 말합니다. 그렇게 스스로 궁리하지 않으면 스승인 공자도 제자를 어찌할 수가 없다고 했습니다. 하늘은 스스로 돕는 자를 돕는다는 서양 격언과 일맥상통합니다. 발버둥치는 듯한 간절함이라도 보이지 않는데 스승이 먼저 다가와 해결해주는 경우는 거의 없습니다.

공부가 힘들지 않은 학생은 거의 없을 것입니다. 성적이 좋은 학생은 성적이 좋은 대로, 좋지 않은 학생도 나름대로 고민과 걱정이 많습니다. 하지만 스스로 방법을 찾으려고 궁리하지 않는 학생과 진지하게 노력하지 않은 학생이라면, 도와주고 싶어도 어찌할 방도가 없습니다. '어떻게 공부를 할까. 더 좋은 방법은 없을까.' 이렇게 묻는다는 건 우등생으로 가는 자격을 갖추는 일과 같습니다.

40, 50대 직장인도 마찬가지입니다. 좋은 직장에 다니는 직장인도 좋지 않은 직장에 다니는 직장인도 똑같이 고민과 걱정이 많습니다. 하지만 스스로 방법을 찾으려고 궁리하지 않는 직장인이나 진지하게 노력하지 않은 직장인이라면, 도와주고 싶어도 어찌할 방도가 없습니다. '어떻게 성과를 낼까. 더 좋은 방법은 없을까.' 이렇게 묻는다는 건 유능한 직장인으로 가는 자격을 갖추는 일과도 같습니다.

학교에서 학생을 가르치는 선생님도 마찬가지입니다. 어떤 학교에서 누구를 가르치든 고민과 걱정이 많습니다. 하지만 스스로 방법을 찾으려고 궁리하지 않는 선생님이나 진지하게 노력하지 않는 선생님이라면 도와주고 싶어도 어찌할 방도가 없습니다. '어떻게 더 훌륭한 교육을 할까. 더 좋은 방법은 없을까.' 이렇게 묻는다는 건 유능한 선생님으로 가는 자격을 갖추는 일과도 같습니다.

공부가 재능일 수도 기술일 수도 있지만, 여지하 정신에 달려 있다고 해도 과언이 아닙니다. 업무가 능력일 수도 기술일 수도 있지만, 여지하 정신에 달려 있다고 해도 과언이 아닙니다. 교육과 훈육이 역량일 수도 기술일 수도 있지만, 여지하 정신에 달려 있다고 해도 과언이 아닙니다.

낡은 습관을 깨끗이 없애야 한다

이이는 『격몽요결』에서 "사람이 비록 학문에 뜻을 두었다고 해도 용감하게 앞으로 나아가고 전진해서 무슨 일을 이루지 못하면 과거의 습관이 그 뜻을 막아 흐려버리고 만다. 좋지 않은 오래된 습관을 채찍질해서 깨끗이 없애버리지 않으면 끝내 아무것도 배우지 않은 사람이 되고 말 것이다."라고 하면서 몇 가지를 사례로 들었습니다.

마음과 뜻을 게을리하고 행동거지를 아무렇게나 버려두면 다만 제 한 몸 편안하게 지내는 것만 생각하고 예절이나 올바른 일에 구속되는 걸 싫어하는 습관, 마음을 지키려고 애쓰지 않으며 어지럽게 드나들면서 말만 하고 세월을 보내는 습관, 악하고 이상한 걸 좋아하고 행동을 조심하려고 해도 남들이 괴상히 여길까 두려워하는 습관, 쓸데없는 행동이나 술 마시기를 일삼으며 놀고 자신만 가장 맑은 운치를 가지고 사는 체하는 습관, 부자로 살거나 귀하게 지내는 사람을 부러워하고 가난하고 천하게 지내는 걸 싫어하며 좋지 못한 옷과 좋지 못한 음식을 부끄러워하는 습관 등 다양한 사례를 들었습니다.

어떻게 하면 낡은 습관을 버리고 새로운 습관을 들일 수 있을까 생각하지 않으면 아무리 뜻을 그럴듯하게 세웠다고 해도 발전이 쉽지 않습니다. '어찌해야 할까? 어찌해야 할까?' 반복하며 궁리하는 모습은 예나 지금이나 필요한 인생 전술이 아닐 수 없습니다.

어려운 일을 먼저 하는 지혜

번지가 인에 관해 묻자, 공자께서 말씀하셨다.
"인자는 어려운 일을 먼저 하고 얻는 것을 뒤로하니,
이러면 어질다고 할 수 있다."
_「옹야」 20장

樊遲問仁	번지문인
子曰 仁者先難而後獲	자왈 인자선난이후획
可謂仁矣	가위인의

樊	遲	問	仁					
울타리 **번**	더딜 **지**	물을 **문**	어질 **인**					

子	曰	仁	者	先	難	而	後	獲
아들 **자**	가로 **왈**	어질 **인**	놈 **자**	먼저 **선**	어려울 **난**	말이을 **이**	뒤 **후**	얻을 **획**

可	謂	仁	矣					
옳을 **가**	이를 **위**	어질 **인**	어조사 **의**					

괴롭고 고달프지만, 그 또한 고마운 과정

맹자는 공자의 뒤를 이어 인의가 중심이 되는 왕도 정치야말로 격변의 전국시대를 극복할 대안이라 주장했습니다.

그는 공자와 마찬가지로 여러 제후국을 다니면서 자신의 정치사상을 피력했으나 채택되지 못했습니다. 맹자는 자신의 이름을 딴 『맹자』라는 책을 남겼습니다.

『맹자』「고자하(告子下)」를 보면 다음과 같은 명문장이 실려 있습니다.

하늘이 장차 이 사람에게 큰일을 맡기려 하면 반드시 먼저 그가 마음의 뜻을 세우기까지 괴로움을 주고, 그 육신을 고달프게 하며, 그 몸을 굶주리게 하고, 그 몸을 궁핍하게 한다. 그가 하려는 바를 힘들게 하고 어지럽게 하는 건 마음을 쓰는 중에도 흔들리지 않을 강인한 성품을 기르고, 부족한 능력을 해낼 수 있도록 키우기 위함이다.

좋은 고등학교에 갈 수 있을까? 좋은 대학에 갈 수 있을까? 나는 무엇을 잘할까? 미래에 어떤 일을 하면서 살아야 행복할까? 어떤 전공을 선택해야 내가 진정 원하는 인생을 살게 될까? 성공한 사람들은 청소년기에도 정말 모범적인 생활을 했을까? 나도 열심히 하면 그런 사람이 될 수 있을까? 무슨 일을 해야 특별한 사람이 될 수 있을까? 학교라는 시스템을 따라가야만 할까? 주어진 틀을 깨고 나갈 수는 없을까? 매일 숨 가쁘게 반복되는 이 고정된 굴림 통에서 빠져나가면 안 될까?

고민을 상담할 선생님은 어렵고, 고민을 털어놓고 싶지만 뻔한 대답과 질책만 예상되는 부모님은 힘들고, 마음 통하는 친구들과 얘기해보지만 뚜렷한 대안을 찾기 힘들고, 찾아갈 사람도 없고 다가오는 사람도 없는 이 적막한 환경을 탓하게 됩니다. 나만 힘들고 나만 슬프고 나만 뒤처질 것 같은 조급함에 안정을 찾기 힘듭니다.

그런데 방법을 찾기 시작하면 일이 더 복잡해집니다. 어떤 경우나 딱 맞는 방법은 없기 때문입니다. 누구나 자신에게 펼쳐진 상황이 가장 어렵다고 느끼기에 그것에 딱 맞는 확실하고 시원한 방법을 제시해주길 바라지만 방법은 방법이 아닐 수 있습니다.

방법을 알려줘도 어떤 사람은 일을 해결하지 못합니다. 방법을 알려주지 않아도 어떤 사람은 일을 보란 듯이 해결합니다. 그 차이는 어디에 있을까요? 힘든 상황에서 방법이나 방식을 알려줘도 왜 받아들이는 사람에 따라 적용 방식도 처리 방식도 다를까요?

일을 해결하고 밀린 숙제를 풀어내는 데 방법이 전부일 것 같지만, 방법은 한계가 있습니다. 세상에 같은 문제만 있는 게 아니기 때문입니다. 시간에 따라 변하기 때문입니다.

어제는 A라는 문제가 힘들게 했지만, 오늘은 A´라는 문제가 혹은 B라는 문제가 힘들게 합니다. A라는 문제를 푸는 방법을 누군가에게 들었다고 해서 A´라는 문제까진 몰라도 B라는 문제가 풀리는 건 아니기 때문입니다.

그러니 '방법'도 중요하지만, 더 중요한 건 문제를 바라보는 '마음'입니다. 내가 풀어내려고 하는 독립적인 마음입니다. 내가 최선을 다해보고 도움을 요청하려는 마음입니다. 마음이 방법보다 더 중요하고 더 강력한 무기라는 걸 인정하기 쉽지 않지만, 지금까지 수많은 현인이 선택했던 방법이었습니다.

조금 냉정한 말이지만 나는 어머니가 아닙니다, 나는 아버지가 아닙니다, 나는 선생님이 아닙니다, 나는 친구가 아닙니다. 내가 부모님, 선생님, 친구들의 도움을 받을 순 있지만 어디까지나 도움은 도움일 뿐입니다.

잘되어도 내가 잘되는 것이고 못되어도 내가 못되는 것입니다. 부모님, 선생님, 친구들 때문이라고 핑계를 대본들 결국 아무런 소용이 없습니다.

그러니 아주 오래전 맹자가 생각했던 것처럼 생각해보는 게 필요합니다. 인생의 목표를 세우기 어렵다는 건 고마운 일입니다. 장차 훌륭한 사람이 될 것이기에 그렇습니다. 목표를 대충 세우거나 목표를 세우지 않으면 당장은 편하고 마음이 가벼울진 몰라도 멋진 인생을 만들기 어렵기 때문입니다. 그러면 지금의 고민이 행복한 고민이 될지도 모릅니다.

지금 공부하기에 너무 괴롭다면, 몸과 마음이 너무 고달프다면 그 또한 고마운 과정이라고 생각해보는 것입니다. 더 앞서 나가는 삶을, 더 행복한 삶을 만들기 위해 그런 것이니까요.

어려운 일을 하고 후에 보상받는다

정신을 혼란스럽게 하는 이유는 그런 과정을 거치게 함으로써 강한 정신력을 키우게 하려 함입니다. 몸을 피곤하게 만들고 행동에 제약을 주는 이유는 그런 과정을 거치게 함으로써 고난을 경험하게 함입니다. 강한 정신력이나 고난을 거친다는 게 강의를 듣거나 좋은 말 몇 마디로 가능한 게 아니기 때문입니다.

그래서 공자도 '어려운 일을 먼저 하고 얻음은 뒤로하는 사람이 바로 어진 사람'이라 한 것입니다. 공자가 평생을 가장 중요하게 생각했던 리더의 가장 큰 덕목인 인을 이루는 방법으로 이를 지칭했던 이유입니다.

인자는 어려운 일을 먼저 하고 결실을 얻는 일은 뒤로 돌리는 것이니 이렇게 되면 어질다고 할 수 있다.

여기서 만들어진 사자성어가 '선난후획(先難後獲)'입니다. 난(難)은 어렵고 고된 것을 말하고, 획(獲)은 얻게 되어 이로운 것을 말합니다. 먼저 어려운 일을 하고 보상은 뒤에 받는다는 뜻입니다.

특히 하고자 하는 일이 정의롭고 바른 일이라면 더욱 그렇습니다. 나중에 받을 보상의 유불리에 따라 이익이 되면 열심히 하고 이익이 적으면 대충하는 사람이라면 그런 사람을 리더라 보기에는 한계가 있습니다.

간절하다면 문제될 게 없다

'산앵두꽃이 한쪽으로 기울어져 있네!
어찌 그대를 생각하지 않으리오마는 집이 멀리 있구나.'
공자께서 말씀하셨다.
"생각하지 않은 것이지, 어찌 멀게 있겠는가?"
_「자한」30장

唐棣之華 偏其反而	당체지화 편기반이
豈不爾思 室是遠而	기불이사 실시원이
子曰	자왈
未之思也 夫何遠之有	미지사야 부하원지유

唐	棣	之	華	偏	其	反	而
당나라 **당**	산앵두나무 **체**	갈 **지**	빛날 **화**	치우칠 **편**	그 **기**	돌이킬 **반**	말이을 **이**

豈	不	爾	思	室	是	遠	而
어찌 **기**	아닐 **불**	너 **이**	생각 **사**	집 **실**	이 **시**	멀 **원**	말이을 **이**

子	曰
아들 **자**	가로 **왈**

未	之	思	也	夫	何	遠	之	有
아닐 **미**	갈 **지**	생각 **사**	어조사 **야**	지아비 **부**	어찌 **하**	멀 **원**	갈 **지**	있을 **유**

간절하다면 문제가 되지 않는다

멀리 떨어져 있는 사랑하는 사람에 대한 안타까운 마음을 노래한 가사 한 편이 『논어』에 실려 있습니다. 2,500년 전이나 지금이나 그리운 마음은 늘 애처롭습니다.

공자는 당시까지 전해 내려오던 3천여 수의 노래 중 300여 수를 뽑아 동양 최초의 노래 시집인 『시경』을 편집했습니다. 『시경』에는 실리지 않았지만 『논어』 「자한」에는 공자가 당대의 시 한 수를 평가한 대목이 등장합니다.

'산앵두꽃이
봄바람에 흔들리는구나.
내 어찌 그대를 생각하지 않으리오마는
그대는 너무 멀리 떨어져 있구나'
공자께서 이 노래를 듣고 평하시길
"간절한 마음이 적은 거지,
마음이 간절하다면 거리가 무슨 문제겠는가?"

사랑하는 마음이 간절하지 않은 것이지 거리는 문제가 아니라는 공자의 평가는 인에서도 마찬가지라는 뜻을 함유하고 있습니다. 사람들이 인을 어렵게 여기며 자신과 동떨어진 것으로 생각하는데 그게 아니라는 은유적인 표현이기도 합니다.

타인을 가엽게 여기고 사랑하는 마음은 마음만 먹으면 가능한 일임에도 거리가 먼 것으로 여기는 사람들을 빗대 이른 말입니다. "인이 멀리 있단 말인가? 내가 인을 바라면 인은 곧 내게로 다가온다"라는 말이기도 합니다.

간절함은 관계를 변화시키는 힘입니다. 냉혈 인간으로 여겼던 사람도 절실한 마음으로 다가가면 머지않아 마음의 문을 열 것입니다. 간절함은 굳게 닫혀 있는 마음의 문을 여는 열쇠입니다.

우리는 초등학교, 중학교, 고등학교, 대학교 입학과 졸업을 통과하면서 기대와 후회를 반복합니다. 신입생으로 돌아갈 수만 있다면 더 잘해낼 수 있을 것으로 생각하지만 그 또한 핑계에 불과하다는 걸 잘 알고 있습니다.

2학년이 되면 1학년 때를 후회합니다. 1학년 때로 돌아갈 수만 있다면 조금 더 계획적인 생활과 체계적인 학습 방법으로 더 잘할 수 있지 않을까를 생각합니다. 그러다 3학년이 되면 2학년 때 그러지 못한 걸 후회합니다.

우리의 꿈도 그렇습니다. 시간이 지나면 꿈 없이 지나온 시간을 후회하고 변명합니다. 당장 공부할 시간도 없는데 한가하게 꿈 찾을 시간이 있냐고 생각했던 과거를 안타까워합니다. '간절한 마음이 문제지, 마음이 간절하다면 시간이 무슨 문제겠는가' 공자의 말처럼 들립니다.

수학 과목이 그럴 수 있습니다. '내 어찌 수학을 중요하지 않다고 생각하겠냐마는, 수학은 나와 인연이 아닌 것 같구나.' 수학이나 영어를 미리 포기하는 친구들은 아주 오래전에도 있었습니다. 그만큼 어렵고 잘하기가 쉽지 않기 때문이겠지만 그 시작은 아주 사소한 경우가 적지 않습니다.

'인수분해'를 배우는 날에 마침 결석한 게 수학을 포기하는 계기가 되기도 합니다. '간절한 마음이 문제지, 마음이 간절하다면 인수분해 하나가 무슨 문제겠는가' 공자의 말처럼 들립니다.

생각의 문제일 뿐 다 핑계에 불과하다

봄에 꽃이 핍니다, 겨울에는 꽃이 피지 않습니다. 꽃을 피우기 위해 아무리 발버둥 쳐도 겨울에는 꽃이 피지 않습니다. 가을에는 낙엽이 집니다. 아무리 새순 돋기를 바라고 바라도 가을에는 새순 돋기가 어렵습니다. 성장하는 시기가 정해져 있고 노화하는 시기가 정해져 있습니다.

사람도 마찬가지입니다. 인생의 봄 여름 가을 겨울을 어기기가 어렵습니다. 그런데 사람들은 참 묘한 데가 있습니다. 공부할 때는 놀고 싶고 놀 때는 공부하고 싶습니다. 공부해야 할 때는 이 핑계 저 핑계 대면서 밖으로 나가고 싶고, 막상 밖으로 나가면 금방 후회합니다. 잡으면 뿌리치고 싶고 뿌리치면 다시 잡고 싶습니다.

그래도 때가 있음을 잊어선 안 됩니다. 그때를 놓치면 다신 돌아오지 않기 때문입니다. 그때를 놓치면 수학도 영어도 국어도 미술도 어려워집니다. 그때를 놓치면 사랑도 애인도 친구도 선생님도 부모님도 어려워집니다. 그때를 놓치면 인생도 힘들어집니다.

직장도 마찬가지입니다. 대리는 사원 시절을 아쉬워합니다. 과장은 대리 때를 아쉬워합니다. 부장은 과장 때를 아쉬워합니다. 퇴직해도 마찬가지입니다. 더 있을 수 있었는데 일찍 나온 걸 후회하는 게 아니라 열심히 일하지 못했던 걸 아쉬워합니다. 명예퇴직이나 정년퇴직도 마찬가지입니다. 더 좋은 결과를 만들어낼 수 있었는데 하며 더 멋진 성과를 만들어낼 수 있는 충분한 시간이 있었음에도 그렇게 하지 못했던 것에 후회와 연민을 가집니다. 인생도 마찬가지입니다. 나의 삶이 참으로 독립적이고 창의적이라 해도 평균의 삶으로부터 멀리 벗어나지 못한다는 걸 잘 압니다.

봄바람에 살랑대는 연한 봄꽃을 보면서 떠나간 연인이 생각나고 또 보고 싶지만, 이미 너무 멀리 떠나갔음에 단념으로 마음 정리를 하는 어떤 이를 기리는 노래입니다. 너무 보고 싶지만 이미 떠난 이를 어떻게 할 수 없음을 안타깝게 노래하고 있습니다.

그런데 공자가 그 노래를 듣고 생각의 문제이지 거리의 문제가 아니라고 단칼에 평가했습니다. 정말 마음 깊이 사랑한다면 아무리 먼 곳에 있어도, 산을 넘고 강을 건너간다는 말입니다. 다 핑계라는 뜻입니다.

10년만 젊었어도 다시 시작할 수 있을 텐데, 10년 전에 그렇게 하지 못했음을 후회할 것입니다. 수천 년을 이어온 후회와 아쉬움의 고리를 끊는 방법을 공자에게 배울 수 있습니다. 공자의 가르침은 간절함이었습니다. 간절하면 못할 게 없다는 말입니다.

기준

인생이 모호할 때 필요한 기준 2가지

공자께서 말씀하셨다.
"지자는 물을 좋아하고, 인자는 산을 좋아한다.
지자는 동적이고, 인자는 정적이다.
지자는 즐겁게 살고, 인자는 오래 산다."

_「옹야」21장

子曰	자왈
知者樂水 仁者樂山	지자요수 인자요산
知者動 仁者静	지자동 인자정
知者樂 仁者壽	지자락 인자수

子	曰
아들 자	가로 왈

知	者	樂	水	仁	者	樂	山
알 지	놈 자	좋아할 요	물 수	어질 인	놈 자	좋아할 요	메 산

知	者	動	仁	者	静
알 지	놈 자	움직일 동	어질 인	놈 자	고요할 정

知	者	樂	仁	者	壽
알 지	놈 자	즐거울 락	어질 인	놈 자	목숨 수

『논어』500여 어구 중에도 사람들의 입에 오르내리는 유명한 어구들이 있는데 '요산요수(樂山樂水)'가 그중 하나입니다. 옛날에는 한자 글자 수가 지금처럼 많지 않았기에 한 글자에 여러 의미를 붙여 달리 불렀습니다. '락(樂)'도 그렇습니다. 락은 좋아할 요, 즐길 낙, 노래 악으로 쓰입니다. 여기선 '좋아하다'는 뜻으로 '요'라고 읽습니다. 이 어구를 지자와 인자를 기준으로 나눠보면 이해가 더 명확해집니다. 공자는 지자와 인자의 특성을 각각 세 가지씩 들었습니다.

흘러가는 강물처럼 활동적인 사람

먼저 지자입니다. 지자요수(知者樂水), 지자동(知者動), 지자락(知者樂)입니다. 사전적 의미로 지자는 지식이 많고 사리에 밝은 사람이지만, 공자는 물을 좋아하고 활동적이며 즐겁게 사는 사람이라고 했습니다. 지식은 정지된 듯 보이기도 하지만 사실은 고정되어 있지 않습니다. 학문은 늘 발전하고 있으며, 하루에도 수많은 책이 출간되고 새로운 정보가 무수하게 만들어집니다. 마치 흘러가는 강물처럼 매우 활동적인 특징을 가지고 있습니다.

지식이 많고 사리에 밝은 사람은 지식을 가까이하기에 인생이 즐겁습니다. 고정관념에 빠져 자기가 아는 게 세상의 전부인 양 생각하는 고루한 사람이 아니라, 빠르게 변화하고 발전하는 새로운 지식을 가까이하니 삶이 다양하고 인생이 즐거운 것입니다. 새로운 책과 정보를 통해 빠르게 돌아가는 세상을 선도하는 자세로 살아가는 건 즐거운 일이 아닐 수 없습니다.

산처럼 깊고 조용한 사람

다음은 인자입니다. 인자요산(仁者樂山), 인자정(仁者靜), 인자수(仁者壽)입니다. 인자는 마음이 어진 사람입니다. 공자는 산을 좋아하고 조용하며 오래 사는 사람이라고 했습니다. 어진 사람의 마음은 수시로 변하는 물이 아니라 산을 닮았습니다. 자식을 사랑하는 부모의 마음처럼 깊고 움직임이 없는 마음입니다. 이해하고 용서하고 포용하는 마음입니다.

누군가로부터 사랑받는 느낌도 행복하지만, 누군가를 사랑하는 마음은 더 행복합니다. 누군가로부터 용서받는 느낌도 편안하지만, 누군가를 용서하는 마음은 더 편안합니다. 행복하고 편안한 사람이 건강해지는 건 당연한 결과입니다.

삶의 기준이 모호할 때는 지자와 인자

누구나 흔들리며 살아갑니다. 분명한 꿈과 목표를 가지고 살아가도 흔들릴 때가 있습니다. 꿈과 목표가 희미할 때는 더 말할 나위가 없습니다. 그래서 사람들은 누구나 시간을 다잡아줄 인생 기준이 필요할 때가 있습니다. 아이도 청소년도 성인도 어른도 노인도 비슷합니다. 그런 삶의 기준이 모호할 때 필요한 두 개의 기준이 있다면, 지자와 인자의 마음입니다.

공부를 좋아하는데 인성이 바르지 못한 친구, 공부도 좋아하고 인성도 바른 친구, 공부는 좋아하지 않는데 인성이 바른 친구, 공부도 좋아하지 않고 인성도 바르지 못한 친구가 있습니다.

여기서 공부를 좋아함은 지자의 특성이고 인성이 좋다함은 인자에 가깝다는 의미입니다.

공부를 좋아하는 친구는 이미 지자로서의 좋은 역량을 가지고 있다고 볼 수 있습니다. 청소년기에 공부를 좋아할 수만 있다면 정말 크나큰 행운입니다. 청소년기가 지루할 틈 없이 즐겁고 빠르게 지나갈 것이기에 그렇습니다.

인성이 바른 친구는 이미 인자로서의 좋은 역량을 가지고 있다고 볼 수 있습니다. 청소년기의 반 이상은 친구들과 함께합니다. 인성의 바름은 좋은 친구로 선택될 확률이 매우 높다는 의미입니다. 누구나 상대를 배려하고 이해하고 사랑할 줄 아는 이를 좋아하게 마련이기 때문입니다.

친구가 공부도 좋아하고 인성도 바르다면 더할 나위 없이 좋을 테지만 현실은 그렇지 않습니다. 공부하기도 힘든데 인성까지 챙기라는 건 과한 욕심으로 보입니다.

그렇지만 인생에 정말 더 필요한 건 성적보다 친구들과 함께하는 마음, 타인에 대한 배려심, 타인의 마음 이해하기, 함께 살아가는 공동체 의식의 함양입니다. 바로 인자의 마음입니다.

이유는 어렵지 않습니다. 공부와 성적을 위해서라면 인성 같은 건 필요 없다고 생각하는 사람이 일류 대학을 나와 지도자나 리더가 된다면 어떤 일이 벌어질지 불 보듯 분명합니다. 자신의 이익을 위해서라면 맹렬하게 사회나 조직, 국가에 해를 가하기 때문입니다. 함께 살아가는 공동체에 해가 되기 때문입니다.

그러니 지자와 인자에 순서가 있는 건 아니지만 지자의 자격을 어느 정도 갖췄다고 생각된다면 인성 갖추기에 더 노력해야 합니다. 그것이 본인을 살리고 우리 모두를 살리는 길입니다.

인성을 갖췄는데 성적이나 실력이 떨어지는 경우도 마찬가지입니다. 이제부턴 성적 올리기에 더 열을 올려야 합니다. 그래야 훌륭한 리더가 될 수 있기 때문입니다.

지자의 자세, 인자의 자세

선배나 선생님 혹은 부모님 앞에선 지자의 자세로 바꾸는 게 좋습니다. 하나라도 더 배우겠다는 의지와 자세로 임한다면 선배나 선생님이나 부모님은 정성을 다해 가르쳐줄 것입니다.

하지만 '나도 이미 알 건 다 알아. 나이 많은 꼰대가 우리를 이해나 하겠어. 잔소리나 하겠지.'라고 생각하면서 대한다면 아무리 좋은 걸 가르쳐준다고 해도 소 귀에 경 읽기가 되는 것입니다.

반면 후배나 제자 혹은 자식 앞에선 인자의 자세로 바꾸는 게 좋습니다. 지식으로 후배나 제자나 자식을 이겨본들 큰 의미가 없습니다. 후배나, 제자, 자식 앞에서 자존심을 찾겠다고 우겨본들 의미 없는 짓에 불과합니다.

후배, 제자, 자식은 원래 선부르고 부족한 게 정상입니다. 그러니 먼저 가르치고 이해하고 용서하며 포용하는 게 우선입니다. '나도 너 때는 그랬지. 나도 그때는 물불 가릴 줄 몰랐지.'라고 생각하면서 때를 기다리는 여유를 보여야 합니다. 그게 함께 잘 살아가는 아름다운 사회의 모습이기 때문입니다.

즐거움이 좋아함을 이긴다는 진리

공자께서 말씀하셨다.
"아는 것은 좋아하는 것만 못하고,
좋아하는 것은 즐기는 것만 못하다."
_「옹야」 18장

子曰	자왈
知之者不如好之者	지지자불여호지자
好之者不如樂之者	호지자불여락지자

子	曰						
아들 **자**	가로 **왈**						

知	之	者	不	如	好	之	者
알 **지**	갈 **지**	놈 **자**	아닐 **불**	같을 **여**	좋아할 **호**	갈 **지**	놈 **자**

好	之	者	不	如	樂	之	者
좋아할 **호**	갈 **지**	놈 **자**	아닐 **불**	같을 **여**	즐거울 **락**	갈 **지**	놈 **자**

새로운 것을 안다는 건 새로운 게 내게 이롭다는 사실을 안다는 의미이기에 필요하고도 중요한 일입니다. 그래서 사람들은 다양한 책을 읽고 그중에서 더 관심 가는 분야의 독서나 공부를 시작합니다.

수학을 좋아하는 사람은 수학에 관한 책을 더 읽고, 문학을 좋아하는 사람은 문학에 관한 책을 더 찾습니다. 새로운 운동을 접하면 관심이 생기고 이로운 부분이 나타나면 더 집중합니다.

그러다 이롭지 않다는 걸 알거나 흥미가 떨어지면 다른 분야를 찾지만 이롭다면 꾸준히 추구하다가 좋아집니다. 좋아하면 더 가까이 보고 가까이 보면 더 이롭게 여깁니다. 단순히 잘 알고 있는 단계를 넘어 좋아하면 속도와 가속도가 붙어 더 잘합니다.

잘하면 잘할수록 더 좋아지는 건 당연한 이치입니다. 수학을 잘하면 수학이 더 좋아지고, 문학을 잘하면 문학이 더 좋아지며, 축구를 잘하면 축구가 더 좋아집니다. 좋아지면 꾸준히 하는 것입니다.

즐긴다는 건 좋아하는 걸 이미 달성해 편안하게 여긴다는 뜻입니다. 늘 편안하게 입는 옷처럼 삶의 일부분으로 들어와 함께한다는 의미입니다. 물론 그렇게 되기까지 많은 시간이 필요합니다. 10년, 20년 혹은 50년이 필요할지도 모릅니다.

즐길 수 있게 되었다는 게 그 분야에서 최고가 된다는 의미는 아닙니다. 최고의 경지가 아니더라도 수학, 문학, 축구를 좋아하고 사랑하면서 편히 즐길 수 있다면 가능하기 때문입니다. 거기서 행복을 느낄 수 있다면 누구나 가능합니다.

지지자, 호지자, 락지자

지지자(知之者)도 행복합니다. 삶에서 새로운 걸 안다는 사실 하나만으로도 가슴 설레기 때문입니다. 세상은 넓고 할 일은 많다는 말이 있긴 하지만, 내가 찾지 않고 내가 구하지 않으며 내가 공부하지 않으면 내겐 없는 것이나 마찬가지입니다.

그러니 아는 사람이 된다는 건 대단한 일이 아닐 수 없습니다. 크리스토퍼 콜럼버스가 신세계를 발견했던 일과도 같습니다. 인생이 바뀌는 대단한 순간이기도 하기 때문입니다.

호지자(好之者)는 더 행복한 사람입니다. 삶에서 좋아하는 일을 하는 사람은 그리 많지 않습니다. 좋아하는 일을 찾았다는 사람도 많지 않습니다.

지지자의 단계를 너무 소홀히 대했던 반증이기도 합니다. 빨리 뛰는 것도 중요하지만 어디로 향할 것인가를 정하는 데 걸리는 시간을 너무 아깝게 생각했습니다.

좋아하면 더 가까이 다가가고, 가까이 보면 더 이롭게 여기니 결국 더 집중합니다. 집중하면 잘하고 잘하면 더 좋아함은 당연한 이치입니다.

락지자(樂之者)는 정말 행복한 사람입니다. 일을 즐기면서 놀이나 오락, 여행처럼 할 수 있는 이는 정말 행복한 사람입니다. 타인에게 보여주는 삶이 아닐 수 있는 이유는 일을 즐기기 때문입니다. 최고가 아니더라도, 높은 수입이 아니더라도 일을 만족하면서 하는 사람은 과시의 삶을 보여줄 필요가 없기 때문입니다.

그는 여기가 천국이고 여기가 극락이며 여기가 파라다이스인 삶을 살아갑니다. 그러니 공자가 앎은 좋아함만 못하고, 좋아함은 즐김만 못하다고 했던 게 아닐까요.

아는 것, 좋아하는 것, 즐기는 것

커피 종류에 따라 맛의 특징과 매력을 잘 집어내는 전문성이 있다 해도 커피를 좋아하지 않는다면 일이 크게 행복하진 않을 것입니다. 커피를 좋아하고 사랑하는 사람보다 열정이 크지 않을 것입니다. 그저 사업의 하나로 선택한 비즈니스라면 커피 역시 일에 불과할 뿐이기 때문입니다. 그러니 커피를 잘 아는 사람은 커피를 좋아하는 사람만 못하고, 커피를 좋아하는 사람은 커피를 즐기는 사람만 못하다고 볼 수 있습니다.

인생을 이론적으로 잘 안다고 해도 삶을 좋아하는 사람에겐 미치지 못하고, 삶을 좋아해도 사랑하는 사람과 즐기는 사람에겐 미치지 못합니다.

아무리 잘 알아도 좋아하는 것만 못하고, 아무리 좋아해도 즐기는 것만 못합니다. 잘 알고 있는 사람이 좋아하는 사람을 이길 수 없고, 좋아하는 사람이 즐기는 사람을 이길 수 없습니다.

학생들의 공부 단계에도 적용해볼 수 있습니다.

초중학교 때는 다양한 지식과 정보를 이해하고 축적해야 합니다. 고등학교 때는 여러 과목 중에서 특별히 좋아하는 분야를 선택해야 합니다. 다른 과목과 차별화할 수 있는 과목 한두 개를 선별합니다. 대학에서 그 분야를 집중적으로 공부한다면 졸업하기도 전에 최고의 전문성과 학문을 즐기는 경지에 오를지도 모릅니다.

또한 누구도 인생을 혼자 살아가진 못합니다. 함께 살아야 하는 운명적 존재이기 때문입니다. 그러니 남들과 잘 어울릴 수 있는 사람이 더 유리합니다. 성공적인 삶에도, 행복한 삶에도 그렇습니다. 좋아하는 일을 하면서 사람들과 잘 어울릴 수만 있다면 최상의 삶이 아닐 수 없습니다.

그러니 누군가가 이렇게 말합니다. "꼴등을 하더라도 학교는 다니는 게 낫다." 특히 코로나 시국을 거치면서 더 많은 이가 그렇게 느꼈습니다. 학교는 어울림의 장이기 때문입니다. 남들과 함께 잘 어울려 놀 수 있는 곳으로 우리 아이를 놓아줘야 합니다. '우리 아이만 특별하게'라는 생각이 우리 아이를 친구로부터 멀게 합니다. 불행한 인생을 만드는 원인이 됩니다.

인의예지신과 지호락

옛사람들은 공자의 이 말씀을 인의예지신에 적용했습니다.

3단계의 학습 단계와 삶을 강조했습니다. 인이 그렇습니다. 사랑을 아는 건 사랑을 좋아하는 것만 못하고, 사랑을 좋아하는 건 사랑을 즐기는 것만 못합니다. 의도 그렇습니다. 옳음을 아는 건 옳음을 좋아하는 것만 못하고, 옳음을 좋아하는 건 옳음을 즐기는 것만 못합니다. 예도 그렇습니다. 예의를 아는 건 예의를 좋아하는 것만 못하고, 예의를 좋아하는 건 예의를 즐기는 것만 못합니다. 지도 그렇습니다. 지혜를 아는 건 지혜를 좋아하는 것만 못하고, 지혜를 좋아하는 건 지혜를 즐기는 것만 못합니다. 신이 그렇습니다. 믿음을 아는 건 믿음을 좋아하는 것만 못하고, 믿음을 좋아하는 건 믿음을 즐기는 것만 못합니다.

일과 학습, 그리고 직업과 공부

자하가 말했다.

"벼슬을 하면서 여력이 있으면 학문을 하고,

학문을 하면서 여력이 있으면 벼슬을 하라."

_「자장」13장

子夏曰	자하왈
仕而優則學	사이우즉학
學而優則仕	학이우즉사

子	夏	曰		
아들 자	여름 하	가로 왈		
仕	而	優	則	學
벼슬 사	말이을 이	넉넉할 우	곧 즉	배울 학
學	而	優	則	仕
배울 학	말이을 이	넉넉할 우	곧 즉	벼슬 사

사마천의 『사기』 67번째 열전은 공자 제자들의 이야기인 「중니제자열전」입니다. 당시 공자에겐 3천여 명의 제자가 있었다고 합니다. 「중니제자열전」에는 공자의 제자 중 육예(六藝, 당시 진행되었던 중요한 6과목의 교육)에 통달했던 남다른 능력의 일흔일곱 제자들이 기록되어 있습니다.

그중 특히 열 명의 제자를 공자가 네 분야로 구분했습니다.

덕행에 우수했던 네 명의 제자로 안연, 민자건, 염백우, 중궁을 들었고 정치에 우수한 역량을 보였던 두 명의 제자로 염유, 계로를 들었으며 언변이 특출해 외교 정치에서 역량을 보였던 두 명의 제자로 재아, 자공을 들었고 고전과 문학에 훌륭한 역량을 보였던 두 명의 제자로 자유, 자하를 들었습니다.

후대에 이 열 명의 제자를 두고 특별히 공문십철, 즉 '열 명의 탁월한 제자'라 칭했습니다.

공자의 주요한 제자들

『논어』에는 150여 명의 다양한 인물이 등장하는데 그중 공자의 제자가 약 30여 명입니다. 그중에서 이 책에 등장하는 주요한 제자들 몇 명을 요약해보면 다음과 같습니다.

안회는 노나라 사람으로 자는 자연, 공자보다 서른 살 아래였습니다. 안회는 그의 자를 따서 안연으로 부르기도 했습니다. 안회는 공자의 10대 제자인 공문십철 중 가장 으뜸 제자로 인자의 대명사였습니다. 누추한 마을에 살면서 찢어지게 가난해 끼니 거르기를 밥먹듯 했으며 술지게미조차 배불리 먹지 못했습니다. 그는 공자가 가장 사랑하던 제자였습니다. 또한 공자의 제자 중 배우기를 가장 좋아했던 인물로, 하나를 들으면 열을 깨우쳤고 자신을 이겨 예로 돌아가는 극기복례의 인과 덕행이 뛰어나 공자도 그로부터 배우고 싶어 할 정도였습니다.

자로는 노나라 사람으로 유 혹은 계로라는 이름으로 불렀으며 공자보다 아홉 살 아래였습니다. 건달 출신으로 성격은 거칠었으나 용감한 장수로 활동한 충직한 제자였습니다. 자로가 제자로 들어온 이후 공자에 대한 나쁜 소리가 들리지 않았습니다.

자공은 위나라 사람으로 성 단목, 이름은 사, 공문십철의 한 사람으로 공자보다 서른한 살 아래입니다. 논리적인 언변으로 외교술이 뛰어나 외교 무대에서 활약했으며 상업에도 능해 노나라에서 제일가는 거부가 되기도 했습니다. 노나라와 위나라에서 재상을 역임하기도 했으며 공자의 다섯 손가락 안에 들어가는 훌륭한 제자였습니다. 공자가 죽자 무덤 옆에 움막을 짓고 6년 상을 치렀습니다.

　자하는 위나라 사람으로 성명이 복상, 공문십철의 한 사람으로 공자보다 마흔네 살 아래였습니다. 시와 고전에 능해 문학으로 특출났습니다. 성품은 넓지 못했으나 정미한 의론에 있어선 당대 그를 따를 이가 거의 없었습니다. 공자 사후 서하에서 제자들을 가르쳤는데, 전국시대 위나라 제후인 문후가 자하를 스승으로 삼았다고 합니다. 자하는 공자의 사상을 후세에 전하는 데 크게 기여했습니다.

　염유는 노나라 사람으로 성명은 염구, 자는 자유, 공문십철의 한 사람으로 공자보다 스물아홉 살 아래입니다. 유능한 행정력을 갖춰 노나라의 실세였던 계씨 가문의 가신으로 등용되었으며 제나라와의 전쟁에서 장군 역할을 맡기도 했습니다. 탁월한 관리력을 발휘해 과도한 세금 정책으로 계씨 가문의 부를 키우는 데 노력해 공자에게 미움을 사기도 했습니다. 자로가 과감한 성격이었던 반면 염유는 머뭇거리는 신중한 성격이었습니다.

유자는 노나라 사람으로 성명은 유약, 자는 자유이며 공자보다 마흔세 살 아래입니다. 『논어』에는 공자의 제자 중 오직 유자, 증자 두 사람만이 '선생님'이라는 의미의 자를 붙였습니다. 유자와 증자의 제자들이 『논어』를 만드는 데 중추적인 역할을 했기 때문입니다.

증자는 노나라 사람으로 성명은 증삼, 자는 자여, 공자보다 마흔여섯 살 아래입니다. 증자의 편저서는 『논어』 『대학』 『효경』 『증자십편』 등이 있습니다. 그는 효성이 지극했고 공자의 학문을 후대에 연결하는 가교 역할을 했습니다.

번지는 노나라 사람으로 성명은 번수, 자는 자지입니다. 공자보다 서른여섯 살 아래입니다. 그는 공자의 수레를 자주 몰았습니다. 제나라가 노나라를 침략했을 때 노나라 장수였던 염구의 부관으로 참전해 전투용 마차를 몰기도 했습니다.

공자 제자들의 이면

평소 공자가 제자들에게 건넨 그들의 단점을 중심으로 사마천은 『사기』 「중니제자열전」 초입부에 이렇게 기록했습니다.

자장은 치우치고, 증자는 느렸으며, 자고는 서툴고, 자로는 거칠었으며, 안회는 가난했고, 자공은 부자가 되었다.

상상력을 조금 덧붙인다면 '자장은 정상에서 벗어나 치우치게 생각하거나 괴팍하게 행동하는 문제가 있고, 증자는 지나치게 게을러 지각을 밥 먹듯이 했으며 행동은 굼뜨고 느려터져 속이 뒤집힐 지경이었다. 자고는 하는 행동마다 서툴고 미숙했고, 자로는 성격이 불같이 급하고 괴팍해 주변 사람들이 두려워했으며 위아래도 모르는 망나니에 가까웠다. 안회는 집안이 너무도 빈곤해 가진 게 아무것도 없어 밥 먹듯이 밥을 굶었다. 자공은 어려서 가난했지만 장성해 거부가 되었다.' 정도가 아닐까 싶습니다.

모두 대단한 학자, 행정가, 장군, 정치가로 칭송받는 공자의 핵심 제자들이지만, 단점을 중심으로 보면 모두 보통에도 들지 못했습니다. 하지만 그들은 당대 최고의 획을 그었던 인물이 거듭났습니다.

그러니 자장처럼 정상에서 벗어나 치우치게 생각하거나 괴팍하게 행동하는 문제가 있다고 해도, 증자처럼 지나치게 게을러 지각을 밥 먹듯이 했으며 행동은 굼뜨고 느려터져 속이 뒤집힐 지경이라고 해도, 자고처럼 하는 행동마다 서툴고 미숙하다고 해도, 자로처럼 성격이 불같이 급하고 괴팍해 주변 사람들이 두려워하는 망나니에 가깝다고 해도, 안회처럼 집안이 너무도 빈곤해 가진 게 아무것도 없이 밥 먹듯이 밥을 굶는다고 해도 너무 성급하게 걱정할 필요는 없습니다.

자하가 말했습니다. "벼슬을 하면서 여력이 있으면 학문을 하고, 학문을 하면서 여력이 있으면 벼슬을 하라." 잘 배웠으면 일을 해야 합니다. 배움을 혼자만의 만족으로 끝내는 게 아니라 밖으로 나와 사회나 공공을 위해 써야 한다는 말입니다.

고위직의 리더가 될수록 인품과 지혜가 더해져야 품격이 높아집니다. 책을 놓아선 안 되는 이유입니다. 학문이 깊어지면 결과를 타인과 나눠야 합니다. 실력 있는 학자가 학교와 연구소에만 묻혀 있어선 안 되는 이유입니다.

학교에서 학문을 열심히 연마해 공조직이든 사조직이든 사업이든 현장으로 나가 열심히 일해야 합니다. 그러다 여력이 있으면 배워야 합니다. 배우면서 일하고 일하면서 배우는 단계를 거치면 누구든 훌륭한 사람으로, 또 존경받는 사람으로 성장할 수 있습니다.

결국 좋아하는 걸 따라야 하는 이유

공자께서 말씀하셨다.
"부가 구해서 되는 거라면 비록 말채찍을 잡는 일이라도 하겠지만,
구하는 게 가능하지 않다면 나는 좋아하는 바를 따르겠다."
_「술이」 11장

子曰	자왈
富而可求也	부이가구야
雖執鞭之士 吾亦爲之	수집편지사 오역위지
如不可求 從吾所好	여불가구 종오소호

子	曰							
아들 자	가로 왈							
富	而	可	求	也				
부유할 부	말이을 이	옳을 가	구할 구	어조사 야				
雖	執	鞭	之	士	吾	亦	爲	之
비록 수	잡을 집	가죽회초리 편	갈 지	선비 사	나 오	또 역	할 위	갈 지
如	不	可	求	從	吾	所	好	
같을 여	아닐 불	옳을 가	구할 구	따를 종	나 오	바 소	좋아할 호	

누군가는 한마디 말에 감동해 미래가 바뀌기도 합니다. 누군가는 한마디 문장에 매료되어 변하기도 합니다. 한 권의 책을 읽고 인생을 바꾸기도 합니다.

현인들은 많은 말을 남겼습니다. 어떤 말이나 책이 100년이 훌쩍 넘었는데도 많은 이에게 계속 감동과 통찰을 준다면 분명 소중한 가치가 있기 때문입니다. 사람들은 그런 책을 가리켜 '고전'이라고 부릅니다.

지금 우리가 읽고 있는 『논어』는 지난 2,500년 동안 수많은 사람이 읽었던 고전 중의 고전입니다.

정치를 한 사람들은 『논어』에서 바른 정치의 길을 배웠고, 학문을 한 사람들은 『논어』에서 바른 학문의 길을 익혔으며, 사람을 상대한 사람들은 『논어』에서 인간관계의 좋은 방법을 배웠습니다.

누군가는 인생의 길을 찾았고, 누군가는 사업의 길을 밝혔습니다.

좋아하는 바를 따라야 한다

『논어』에는 평생 기준으로 삼아도 좋을 만한 명언들이 매우 많습니다. 그중 하나가 '종오소호(從吾所好)'라는 말입니다. 공자가 살아보니 그랬다는 것입니다. 빈천하게 태어난 공자가 수십 년을 살아내고 난 뒤 지나온 인생을 회고하면서 던진 말입니다.

부가 구해서 되는 거라면 비록 말채찍을 잡는 일이라도 하겠지만, 구하는 게 가능하지 않다면 나는 좋아하는 바를 따르겠다.

'네가 좋아하는 게 뭐니? 네가 좋아하는 과목이 뭐니? 네가 좋아하는 일을 하면 행복하단다.' 귀에 못 박히도록 자주 들었던 말일 것입니다. 그렇게 말하는 선생님, 부모님, 선배님, 어른들을 보면 자신들도 그렇게 하지 못하면서 말만 반복적으로 한다는 느낌을 지울 수 없을 것입니다.

왜 어른들은 그래야만 하는 걸까요? 공자의 이 어구를 조금 더 자세히 생각해볼 필요가 있습니다.

부가 구해서 되는 거라면 비록 말채찍을 잡는 일이라도 하겠지만 공자가 이 말을 언제 누구에게 했는지 정확히 알 수는 없습니다. 30대 초반일 수도 있고 인생 후반전을 시작할 때일 수도 있습니다. 공자는 돈에 관한 말은 입에 올리지도 않았을 것 같지만 그렇지도 않습니다. 20대 전후 공자의 첫 번째, 두 번째 직업은 그리 대단한 게 아니었습니다. 가축을 키우는 축사의 관리인, 창고의 출납을 담당했던 창고지기였습니다. 빈천하게 태어난 공자도 먹고살기 위해선 일을 해야만 했기 때문입니다.

돈벌이를 위한 일이라면 사람들이 하찮게 여기는 말채찍 잡는 마부의 일이나 가축 키우는 일이나 감사히 생각했음을 알 수 있습니다. 직업엔 귀천이 없다는 말과도 같은 뜻입니다. 누구나 그렇듯 먹고사는 일이라면 혹은 돈을 벌 수 있는 일이라면 고된 일도 마다하지 않았다는 공자의 회고입니다.

구하는 게 가능하지 않다면

공자는 젊어서부터 정치를 하고 싶어 했습니다. 바른 정치를 실천해 위기에 빠진 춘추시대 노나라를 살기 좋은 나라로 만드는 데 일조하고 싶어 했습니다. 하지만 공자는 나이 오십이 넘도록 기회를 얻지 못했습니다.

열다섯 나이에 학문에 뜻을 세운 공자는 그로부터 15년이 지난 서른 즈음에 공자학당을 열었습니다. 교육사업이야말로 그가 가장 잘할 수 있는 일이었습니다. 하지만 공자는 정치의 꿈을 버리지 않았습니다. 제자들을 열심히 가르치면서도 끝없이 자기 수양을 했으며, 결국 오십이 넘어서 평생 소명을 실천할 수 있었습니다.

50대 초반에서 중반까지 약 4, 5년 정도 작은 읍의 읍장 격인 중도재를 시작으로 사법부를 관장하는 법무부 장관 격인 대사구를 거쳐 재상의 일을 겸직하는 높은 직위까지 올랐습니다.

하지만 노나라 내부 정치 상황에 밀려 노나라를 떠나 14년 동안 일곱 개 나라를 돌아다니면서 자신의 정치사상을 피력하고자 했습니다. 이 시기를 공자의 '주유천하(周遊天下)'라고 부릅니다.

공자는 68세에 노구를 끌고 노나라 고국으로 돌아와 73세에 죽었습니다. 『시경』과 함께 『춘추』라는 노나라 역사책을 쓰면서 인생의 마지막 시기를 보냈습니다.

사람들은 누구나 잘하고 싶어 합니다. 아이도, 청소년도, 청년도, 직장인도, 인생 전반전도, 인생 후반전도 이왕 하는 일이라면 잘하고 싶고 인정받고 싶어 합니다. 문제는 방법입니다. 방법 중에서도 더 쉬운 방법입니다. 그 방법만 알면 쉽게 해볼 수 있기 때문입니다.

하지만 불행하게도 모두에게 적용되는 쉬운 방법은 존재하지 않습니다. 쉬운 방법이라면 이미 모든 이가 그렇게 되었을 것입니다.

오래 하면 잘할 수 있습니다

어떤 일이든 오랫동안 하면 잘하게 됩니다. 이미 모두에게 증명된 방법입니다. 오래 하려면 어떤 일을 해야 하는지도 이미 알고 있습니다. 좋아하는 일이라면 그렇게 할 수 있습니다.

그러니 누구나 말합니다. "네가 좋아하는 게 뭐니? 네가 좋아하는 과목이 뭐니? 네가 좋아하는 일을 하면 행복하단다."라고 말이죠. 그렇게 말하는 선생님, 부모님, 선배님, 어른들이 조금은 이해가 됩니다. 나는 여러 조건이 맞지 않아 못했지만, 자식이나 제자 혹은 후배만큼은 본인이 좋아하는 일을 하며 행복하게 살길 바라는 마음이기 때문입니다. 또한 하고 싶은 일은 언제든 하게 되어 있습니다. 좋아하는 일을 해야 삶이 행복하기 때문입니다.

인생 전반이든 인생 후반이든 마찬가지입니다. 그러니 가능하다면 조금이라도 빨리 좋아하는 걸 찾게 하려는 간절한 마음이 있기에 꼰대 같은 말임을 알면서도 말을 건네는 것입니다. 좋아하면 오래할 수 있고, 어떤 일이라도 오래 하면 잘할 수 있습니다.

올바른 방법만이 정답이다

공자께서 말씀하셨다.
"부귀는 사람들이 원하는 것이지만,
정도로써 얻은 것이 아니라면 처하지 말아야 한다.
빈천은 사람들이 싫어하는 것이지만,
정도로써 얻은 것이 아니라면 면하려 들지 말아야 한다."

_「이인」5장

子曰

富與貴 是人之所欲也

不以其道得之 不處也

貧與賤 是人之所惡也

不以其道得之 不去也

자왈

부여귀 시인지소욕야

불이기도득지 불처야

빈여천 시인지소오야

불이기도득지 불거야

子	曰
아들 자	가로 왈

富	與	貴	是	人	之	所	欲	也
부유할 부	더불 여	귀할 귀	이 시	사람 인	갈 지	바 소	하고자할 욕	어조사 야

不	以	其	道	得	之	不	處	也
아닐 불	써 이	그 기	길 도	얻을 득	갈 지	아닐 불	곳 처	어조사 야

貧	與	賤	是	人	之	所	惡	也
가난할 빈	더불 여	천할 천	이 시	사람 인	갈 지	바 소	미워할 오	어조사 야

不	以	其	道	得	之	不	去	也
아닐 불	써 이	그 기	길 도	얻을 득	갈 지	아닐 불	갈 거	어조사 야

부자를 꿈꿔보지 않은 사람은 거의 없을 것입니다. 귀한 사람으로 인정받고 싶은 마음을 가져보지 않은 사람 역시 마찬가지일 것입니다. 가난하게 살고 싶은 사람은 없을 것입니다. 천한 사람으로 하대받으며 살고 싶은 사람 역시 마찬가지일 것입니다. 서양인이든 동양인이든 옛날 사람이든 요즘 사람이든 어린 사람이든 나이 든 사람이든 마찬가지입니다.

부당한 방법으로 부자가 되었다면 부를 누릴 자격이 없습니다. 정당한 방법으로 이룬 귀함이 아니라면 역시 마찬가지입니다. 부정한 방법으로 이룬 부귀는 물거품과 같습니다.

가난과 어려움에서 벗어나는 길이 부당한 방법밖에 없다면 차라리 가난과 어려움에서 벗어나려 하지 말아야 합니다. 부정한 방법으로 벗어나면 곧이어 더 큰 고통이 따라오기 때문입니다.

우등생의 경우

우등생을 꿈꿔보지 않은 학생은 거의 없을 것입니다. 성실한 학생으로 인정받고 싶은 마음을 가져보지 않은 학생 역시 마찬가지일 것입니다. 열등생으로 남고 싶은 학생은 없을 것입니다. 불성실한 사람으로 눈치받으며 살고 싶은 학생 역시 마찬가지입니다.

부당한 방법으로 우등생이 되었다면 누릴 자격이 없습니다. 정당한 방법으로 이룬 성적이 아니라면 역시 마찬가지입니다. 부정한 방법으로 이룬 우등생의 칭호는 물거품과 같습니다.

열등생에서 벗어나는 길이 부당한 방법밖에 없다면 차라리 열등생에서 벗어나려 하지 말아야 합니다. 부정한 방법으로 벗어나면 곧이어 더 큰 고통이 따라오기 때문입니다.

존경받는 부모의 경우

존경받는 부모를 꿈꿔보지 않은 부모는 거의 없을 것입니다. 품위있는 부모로서 인정받고 싶은 마음을 가져보지 않은 부모 역시 마찬가지일 것입니다. 가난하게 살고 싶은 부모는 없을 것입니다. 못난부모로 무덤덤하게 살고 싶은 부모 역시 마찬가지입니다.

부당한 방법으로 존경받는 부모가 되었다면 누릴 자격이 없습니다. 정당한 방법으로 이룬 존경과 품위가 아니라면 역시 마찬가지입니다. 부정한 방법으로 이룬 존경의 칭호는 물거품과 같습니다.

못난 부모에서 벗어나는 길이 부당한 방법밖에 없다면 차라리 못난 부모에 머물러 있어야 합니다. 부정한 방법으로 벗어나면 곧이어 더 큰 고통이 따라오기 때문입니다.

직장인 승진의 경우

승진을 꿈꿔보지 않은 직장인은 거의 없을 것입니다. 높은 연봉으로 인정받고 싶은 마음을 가져보지 않은 직장인 역시 마찬가지일 것입니다. 한직으로 살고 싶은 직장인은 없을 것입니다. 낮은 연봉으로 하대받으며 살고 싶은 직장인 역시 마찬가지입니다.

부당한 방법으로 승진했다면 누릴 자격이 없습니다. 정당한 방법으로 이룬 연봉이 아니라면 역시 마찬가지입니다. 부정한 방법으로 이룬 승진과 연봉은 물거품과 같습니다.

한직이나 낮은 연봉에서 벗어나는 길이 부당한 방법밖에 없다면 차라리 한직이나 낮은 연봉에 머물러 있어야 합니다. 부정한 방법으로 벗어나면 곧이어 더 큰 고통이 따라오기 때문입니다.

정치인의 경우

    국회의원을 꿈꿔보지 않은 정치인은 거의 없을 것입니다. 막강한 권력으로 인정받고 싶은 마음을 가져보지 않은 정치인 역시 마찬가지일 것입니다. 낙선을 반복하며 살고 싶은 정치인은 없을 것입니다. 능력 없는 사람으로 취급받으며 살고 싶은 정치인 역시 마찬가지입니다.

    부당한 방법으로 당선되었다면 누릴 자격이 없습니다. 정당한 방법으로 잡은 권력이 아니라면 역시 마찬가지입니다. 부정한 방법으로 이룬 당선과 권력은 물거품과 같습니다.

    낙선이나 무능력을 벗어나는 길이 부당한 방법밖에 없다면 차라리 그냥 머물러 있어야 합니다. 부정한 방법으로 벗어나면 곧이어 더 큰 고통이 따라오기 때문입니다.

톱스타의 경우

    톱스타를 꿈꿔보지 않은 연예인은 거의 없을 것입니다. 명작으로 인정받고 싶은 마음을 가져보지 않은 연예인 역시 마찬가지일 것입니다. 무명으로 살고 싶은 연예인은 없을 것입니다. 가난한 광대라 하대받으며 살고 싶은 연예인 역시 마찬가지입니다.

부당한 방법으로 톱스타 반열에 올랐다면 누릴 자격이 없습니다. 정당한 방법으로 이룬 명예가 아니라면 역시 마찬가지입니다. 부정한 방법으로 이룬 인기와 명예는 물거품과 같습니다.

무명의 늪에서 벗어나는 길이 부당한 방법밖에 없다면 차라리 무명에 머물러 있어야 합니다. 부정한 방법으로 벗어나면 곧이어 더 큰 고통이 따라오기 때문입니다.

10대에 논어를
접해야 하는 이유

『논어』를 모르면서 『논어』를 욕하는 사람은 있어도, 제대로 알면서 욕하는 사람은 아직 들어보지 못했습니다. 우리나라 사람 치고 『논어』를 모르는 이는 거의 없겠지만 『논어』를 끝까지 읽어본 사람 역시 거의 없을 것입니다.

특히 청소년들은 『논어』를 읽고 배울 기회조차 없기에 더욱 그렇습니다. 하지만 『논어』는 접할 기회가 없을 뿐이지 필요 없는 책은 절대로 아닙니다.

사람들이 성경을 읽는 이유는 이스라엘을 사랑하고 이스라엘 사람을 흠모하기 때문이 아닙니다. 불경도 『논어』도 그리스 로마 신화도 마찬가지입니다. 우리가 고전을 읽는 이유는 위대한 현인들의 지혜를 배우려는 이유일 뿐입니다.

세계적으로 인정받은 고전은 수많은 이에게 긍정적인 영향을 끼쳐왔습니다. 고전이 너무 유명하고 너무 흔한 이름이라 읽었다고 착각할 수는 있어도 읽을 필요가 없는 책은 분명 아닙니다.

그런데 그게 어렵습니다. 청소년은 공부와 수험에 바쁘고, 청년은 취업에 바쁘며, 직장인은 일에 바쁘기 때문이기도 합니다. 『논어』도 예외가 아닙니다. 원문은 배운 적도 없는 한문, 『논어』 주석은 들어도 이해되지 않는 조선 시대 어법, 시대와 동떨어진 공자 왈 맹자 왈 구문은 청소년들에게 더욱 그렇습니다.

왜 읽어야 하는지에 대한 설명도 없고, 왜 지금 들어야 하는지에 대한 이해도 없으며, 왜 이 바쁜 시간에 그런 지루하고 낡은 이야기를 들어야 하는지를 모르기 때문입니다.

부모와 아이가 읽는 논어와 데미안

헤세의 소설 『데미안』을 성장 소설의 대명사쯤으로 여겨 수많은 청소년이 읽고 있으나, 정작 『데미안』을 제대로 이해하는 청소년은 찾기 힘듭니다. 저도 중학교 때 읽었는데 이해하기가 어려웠던 기억밖에 없습니다.

『데미안』이나 『논어』나 좋은 책이라고 하는데, 청소년들이 꼭 읽어야 하는 필독서라고들 하는데, 정작 읽어도 이해가 안 되고 지루하기만 한 이유는 어디에 있을까요?

『데미안』은 헤세의 자전적 소설입니다. 마흔이 되었을 때 자신의 과거를 회상하면서 썼던 소설입니다. 어린 시절을 되돌아보면서 마흔의 사고와 마흔의 언어를 사용해 썼기에 열다섯 살 청소년이 이해하기가 쉽지 않습니다.

그러니 『데미안』은 청소년이 읽어도 좋지만 청소년을 자식으로 둔 마흔 넘은 부모가 읽기에 적당한 소설입니다.

『데미안』을 읽으면 열 살 소년의 마음, 열두 살 소년이 죽고 싶을 만큼의 고통을 느끼는 갈등, 열다섯 살 청소년이 종교를 어떻게 받아들이는가, 열일곱 살 청소년이 사랑의 신비를 느낄 때 어떤 반응이 나오는가를 알 수 있습니다.

마흔의 작가가 쓴 소설을 비슷한 경험을 가진 마흔의 독자가 읽는 건 그리 어려운 일이 아닙니다.

『논어』도 크게 다르지 않습니다. 『논어』는 10대 청소년을 자식으로 둔 마흔 넘은 부모가 읽기에 아주 적당한 고전입니다. 40대 부모가 10대 자식을 생각하면서 읽어내려가는 『논어』는 분명 다릅니다. 처음에는 가르치고 싶은 생각으로 읽을지 모르지만, 자신이 더 많이 배우고 있음을 알게 될 것이기 때문입니다. 저 또한 그 범주에서 벗어나지 못했습니다.

공부가 벅찬 이들을 위한 논어

『논어』는 '학습'이라는 단어로 시작합니다. 배우고 익히는 게 기쁘다며 시작됩니다. 왜 공자와 제자들은 학습을 기쁜 일이라 했을까요? 정말 공자의 모든 제자가 공부는 즐겁고 기쁜 일이라 했을까요?

스승을 따르기에 역부족이라고 했던 염구의 경우를 들어보면 꼭 그렇지만도 않았던 것 같습니다. 그는 "공부를 따라가기가 벅차다. 역부족이다. 힘이 부족하다. 이제는 좀 포기하고 싶다."라고 말했습니다. 공부가 힘든 일인 건 예나 지금이나 다르지 않은 것 같습니다.

그런데 공자는 염구에게 "너는 왜 해보지도 않고 안 된다는 선을 긋고 있느냐"라며 호통쳤습니다. 스승의 가르침 역시 예나 지금이나 다르지 않은 것 같습니다. 공부가 기쁘다는 공자의 제자들도 실은 어려움이 있었고 역부족이라 생각했습니다.

그런데 염구는 훗날 큰 인물이 되었습니다. 행정의 달인이라는 칭호를 들을 정도로 뛰어난 인재로 거듭났습니다. 그러니 지금 교실에서 공부 따라가기가 벅차다, 역부족이다, 힘이 부족하다고 말하는 학생이 있다면 그도 훗날 큰 인물이 될 사람입니다.

미리 실망할 필요가 없습니다. 지금은 잠시 역부족이라는 생각이 들지 모르지만 다른 학생 대부분도 그렇습니다. 조금 처지고 늦어도 포기하지 않는다면 그중에서 반드시 인재가 나오고 리더가 나오기에 더욱 그렇습니다.

10대 청소년이 꼭 읽어주길

　좀 더 쉽고 읽기 편한 글을 쓰고 싶었습니다만『논어』와 청소년에 대한 저의 이해와 공부가 부족해 이렇게 마칩니다.『논어』를 처음 대하는 청소년들은 쉽지 않겠지만『논어』의 기본을 살리려 노력했습니다. 기본이 서면 응용이 가능하기 때문입니다.

　10대 청소년을 둔 40, 50대 부모님들을 생각하면서도 글을 썼습니다.『논어』한 어구가 중요한 게 아니라 그 어구를 통해 아주 작은 변화라도 체감할 수 있다면, 10대 아이에게 열 권의『논어』를 읽게 한 것과 다름없기 때문입니다.

　마지막으로 얼마 지나지 않으면 초등학생이 될 손자 우찬, 우진이가 청소년이 되었을 때 꼭 읽어주길 바라는 마음 가득합니다.

논어 원문

제1강 선택

01. 子曰 吾十有五而志于學 三十而立 四十而不惑 五十而知天命 六十而
    耳順 七十而從心所 欲不踰矩 (위정 4장)

02. 子曰 三軍可奪帥也 匹夫不可奪志也 (자한 25장)

03. 子曰 文質彬彬 然後君子 (옹야 16장)

04. 子貢問爲仁 子曰 工欲善其事 必先利其器 居是邦也 事其大夫之賢者
    友其士之仁者 (위령공 9장)

05. 子曰 吾少也賤 故多能鄙事 (자한 5장)

06. 孟武伯問孝 子曰 父母唯其疾之憂 (위정 6장)

07. 有子曰 其爲人也孝弟而好犯上者 鮮矣 不好犯上而好作亂者 未之有
    也 君子務本 本立而道生 孝弟也者 其爲仁之本與 (학이 2장)

08. 子夏問 巧笑倩兮 美目盼兮 素以爲絢兮 何謂也 子曰 繪事後素 曰 禮
    後乎 子曰 起予者 商也 始可與言詩已矣 (팔일 8장)

09. 孔子曰 益者三樂 損者三樂 樂節禮樂 樂道人之善 樂多賢友 益矣 樂驕

樂 樂佚遊 樂宴樂 損矣 (계씨 5장)

10. 子曰 可與共學 未可與適道 可與適道 未可與立 可與立 未可與權 (자

한 29장)

제2강 변화

11. 子曰 君子不器 (위정 12장)

12. 子曰 君子求諸己 小人求諸人 (위령공 20장)

13. 子曰 君子有九思 視思明 聽思聰 色思溫 貌思恭 言思忠 事思敬 疑思問 忿思難 見得思義 (계씨 10장)

14. 子曰 過而不改 是謂過矣 (위령공 29장)

15. 子曰 性相近也 習相遠也 (양화 2장)

16. 子曰 君子恥其言而過其行 (헌문 29장)

17. 子曰 主忠信 毋友不如己者 過則勿憚改 (자한 24장)

18. 子曰 不患無位 患所以立 (이인 14장)

19. 子曰, 年四十而見惡焉 其終也已 (양화 26장)

20. 子貢問曰 有一言而可以終身行之者乎 子曰 其恕乎 己所不欲 勿施於人 (위령공 23장)

제3강 학습

21. 子在川上曰 逝者如斯夫 不舍晝夜 (자한 16장)

22. 子曰 學而時習之不亦說乎 有朋自遠方來不亦樂乎 人不知而不慍不亦
君子乎 (학이 1장)

23. 子曰 學而不思則罔 思而不學則殆 (위정 15장)

24. 子曰 吾嘗 終日不食 終夜不寢 以思無益 不如學也 (위령공 30장)

25. 子曰 學如不及 猶恐失之 (태백 17장)

26. 子曰 君子不重則不威 學則不固 主忠信 (학이 8장)

27. 子曰 由 誨女知之乎 知之爲知之 不知爲不知 是知也 (위정 17장)

28. 子路有聞 未之能行 唯恐有聞 (공야장 13장)

29. 曾子曰 吾日三省吾身 爲人謀而不忠乎 與朋友交而不信乎 傳不習乎
(학이 4장)

30. 子曰 三人行必有我師焉 擇其善者而從之 其不善者而改之 (술이 21장)

제4강 기회

31. 子曰 苗而不秀者有矣夫 秀而不實者有矣夫 (자한 21장)

32. 齊景公問政於孔子 孔子對曰 君君 臣臣 父父 父父 (안연 11장)

33. 孔子曰 君子有三戒 少之時 血氣未定 戒之在色 及其壯也 血氣方剛 戒
    之在鬪 及其老也 血氣旣衰 戒之在得 (계씨 7장)

34. 子曰 誦詩三百 授之以政 不達 使於四方 不能專對 雖多亦奚以爲 (자
    로 5장)

35. 孔子曰 生而知之者上也 學而知之者次也 困而學之又其次也 困而不
    學 民斯爲下矣 (계씨 9장)

36. 子曰 一朝之忿 忘其身 以及其親 非惑與 (안연 21장)

37. 樊遲問仁 子曰 愛人 問知 子曰 知人 (안연 22장)

38. 子曰 人而無信 不知其可也 大車無輗 小車無軏 其何以行之哉 (위정
    22장)

39. 孔子曰 益者三友 損者三友 友直 友諒 友多聞 益矣 友便辟 友善柔 友
    便佞 損矣 (계씨 4장)

40. 子曰 溫故而知新 可以爲師矣 (위정 11장)

제5강 도전

41. 冉求曰 非不說子之道 力不足也 子曰 力不足者中道而廢 今女畫 (옹야 10장)

42. 子曰 譬如爲山 未成一簣 止 吾止也 譬如平地 雖覆一簣 進 吾往也 (자한 18장)

43. 子曰 不曰如之何如之何者 吾末如之何也已矣 (위령공 15장)

44. 樊遲問仁 子曰 仁者先難而後獲 可謂仁矣 (옹야 20장)

45. 唐棣之華 偏其反而 豈不爾思 室是遠而 子曰 未之思也 夫何遠之有 (자한 30장)

46. 子曰 知者樂水 仁者樂山 知者動 仁者靜 知者樂 仁者壽 (옹야 21장)

47. 子曰 知之者不如好之者 好之者不如樂之者 (옹야 18장)

48. 子夏曰 仕而優則學 學而優則仕 (자장 13장)

49. 子曰 富而可求也 雖執鞭之士 吾亦爲之 如不可求 從吾所好 (술이 11장)

50. 子曰 富與貴 是人之所欲也 不以其道得之 不處也 貧與賤 是人之所惡也 不以其道得之 不去也 (이인 5장)

10대를 위한
1일 1페이지 논어 50

초판 1쇄 발행 2024년 3월 26일

지은이 | 최종엽
펴낸곳 | 믹스커피
펴낸이 | 오운영
경영총괄 | 박종명
편집 | 김형욱 최윤정 이광민 김슬기
디자인 | 윤지예 이영재
마케팅 | 문준영 이지은 박미애
디지털콘텐츠 | 안태정
등록번호 | 제2018-000146호(2018년 1월 23일)
주소 | 04091 서울시 마포구 토정로 222 한국출판콘텐츠센터 319호(신수동)
전화 | (02)719-7735   팩스 | (02)719-7736
이메일 | onobooks2018@naver.com   블로그 | blog.naver.com/onobooks2018

값 | 19,500원
ISBN 979-11-7043-517-4 43140